DIE

LONGI TEMPORIS PRAESCRIPTIO

IM KLASSISCHEN RÖMISCHEN RECHTE

VON

JOSEF PARTSCH

LEIPZIG
VERLAG VON VEIT & COMP.
1906

Druck von Metzger & Wittig in Leipzig.

SEINEN VEREHRTEN LEHRERN

PAUL JÖRS

LUDWIG MITTEIS

IN DANKBARKEIT

DER VERFASSER

Vorwort.

Im Anfang des Jahres 1902 stellte die juristische Fakultät der Universität Breslau eine Preisaufgabe über die „Geschichte der *longi temporis praescriptio* im römischen Rechte“. Aus der von mir eingereichten Bearbeitung, welche am 27. Januar 1903 mit dem Preise gekrönt wurde, ist die vorliegende Arbeit durch eine wesentliche Umgestaltung hervorgegangen. Erhalten blieben im Gedankengange nur die Abschnitte über die *bonae fidei possessio* im Verjährungsrechte und über die Vorgänger der *longi temporis praescriptio* im Kaiserrechte. Im übrigen haben die Beschäftigung mit der Papyruskunde, in welche mich mein verehrter Lehrer Ludwig Mitteis einführte, und das allmähliche Eindringen in die römische und griechische Literatur mich zu anderen Grundauffassungen und anderer Quellenverwertung im einzelnen geführt. Das Gewicht der Arbeit liegt jetzt in der Erfassung des klassischen Institutes. Daher traf auch der ursprüngliche Titel nicht mehr zu.

Der vollere Ausbau dieser Arbeit hatte sich manch wertvoller Unterstützung zu erfreuen. Aus dem Berliner Index wurden vor allem die Sammlungen für *praescribere*, *praescriptio* benutzt, und mein verehrter Freund Privatdozent Dr. Brassloff-Wien stellte mir seine Bearbeitung des großen Artikels *possessio* zur Verfügung. Eine vollständige Verwertung des syrisch-römischen Rechtsbuches wurde mir durch die überaus dankenswerte Güte des Herrn Geheimrat Prof. Dr. Sachau-Berlin ermöglicht, der mir die Übersetzung des Verjährungsrechtes in den römischen Handschriften zu Einsicht und unbeschränkter Benutzung überließ. Für das Verhältnis der Übersetzungen des syrischen Spiegels zu dem veröffentlichten syrischen Texte hat mir Herr Professor Dr. Fränkel-Breslau in gütiger Hilfsbereitschaft das Verständnis erschlossen. Herr Professor Dr. Wilcken-Halle verpflichtete mich durch gütige Mitteilung einer neuen Lesung für P. Par. 69. Während der Drucklegung, die schon vor dem Erscheinen des 26. Bandes der Zeitschrift der Savigny-Stiftung beginnen mußte, war mir die Mitwirkung meines verehrten Freundes Professor Dr. E. Rabel-Leipzig bei den Korrekturen von besonderem Werte; seine kritische Aufmerksamkeit hat mich vor manchem Versehen bewahrt.

Meinen verehrten Lehrern Paul Jörs-Wien, Ludwig Mitteis-Leipzig verdankt auch die vorliegende Schrift viel. Sie haben beide das Manuskript der akademischen Preisschrift durchgeprüft. Wenn auch beide keinen unmittelbaren Einfluß mehr auf die Bearbeitung der *praescriptio longi temporis* in der vorliegenden Form ausgeübt haben, so werde ich doch nie vergessen, in wie entscheidender Weise ihre erfahrungsreiche Führung mir Ziele und Wege gewiesen hat für rechtshistorische Forschung.

Leipzig, im Dezember 1905.

Dr. iur. J. Partsch.

Inhalt.

Erster Teil.

Die *longi temporis praescriptio* im Rechte der klassischen Juristen.

II. Die *ltp.* an Sachen im Prozesse.

B. Die *ltp.* an dem Inhalt der verschiedensten Herrschafts- und Persönlichkeitsrechte.

Zusammenfassung.

Zweiter Teil.

Die Entstehung der *longi temporis praescriptio.*

Dritter Teil.

Die Entwickelung der *longi temporis praescriptio.*

Erster Teil.

Die *longi temporis praescriptio* im Rechte der klassischen Juristen.

[Αὐτοκ]ρ[άτωρ] Καῖσαρ [Λούκιος Σεπτίμιος Σεουῆρ]ος Περ[τ]ίναξ [Σε]βαστὸς [Ἀραβικὸς Ἀδιαβη]νικὸς .... [Πάρθικος Μέγιστος] καὶ Αὐτοκρά[τωρ] Καῖσαρ [Μᾶρκος Αὐρή]λιος Ἀντωνεῖνος Σεβαστὸς Ἰουλιανῇ Σω[σθ]ενιανοῦ διὰ Σωσθένους ἀνδρός.

[Μ]ακρᾶς νομῆς παραγραφης[1] *τοῖς δικαία[ν] αἰτ[ί]αν ἐσχηκόσι καὶ ἄνευ τινὸς ἀμφισβητήσεως ἐν τῇ νομῇ γενομένοις πρὸς μὲν τοὺς ἐν ἀλλοτρίᾳ πόλει διατρείβοντας ἐτῶν εἴκοσι ἀριθμῷ βεβαιοῦται, τοὺς δὲ ἐπὶ τῆς αὐτῆς δέκα.*

Προετέθη ἐν Ἀλεξανδρείᾳ η‴ Τῦβι γ'.[2]

So normierte eine Konstitution von Septimius Severus und Caracalla die Einrede aus dem langen Besitz. Die Formulierung der Rechtstatsachen, auf welche die *ltp.* begründet war, befestigt im allgemeinen die bisherigen Anschauungen über diese Einrede aus dem langen Besitze. Aber im einzelnen kann diese Quelle zusammen mit dem neuen Fund der Papyrusfragmente aus Ulpians Disputationen manche zu Unrecht festgewordene Anschauung über die *ltp.* der Klassiker berichtigen, und mit ihrer Auslegung wird

[1] Über diesen Schreibfehler vgl. Gradenwitz, Einführung in die Pap.-Kunde S. 2 A. 1.

[2] B. G. U. I 267; Mommsen, Z. S. St. XVI, S. 195—198; Mitteis, Hermes 30, 612; Dareste, Nouv. rev. hist. 18, 692; Karlowa, Rechtsgesch. II, 1, 1276; Girard, Manuel³, 298, 1 und 3; Gradenwitz, Einführung S. 2. Cuq, institutions II, 249. Übersetzt von Gradenwitz a. a. O.: *Longae possessionis praescriptio eis qui iustam causam* (Mitteis a. a. O.: *iustum initium*) *habent et sine ulla controversia in possessione fuerant, adversus eos qui in alia civitate degunt annorum XX spatio munitur, adversus eos vero qui in eadem, decennio.*

eine erneute Durchsicht der Überlieferung notwendig, welche die klassische *praescriptio* als ein Institut der Rechtsordnung im Zeitalter der Antonine zeigt.

Μακρὰ νομή.

Longae possessionis praescriptio, *μακρᾶς νομῆς παραγραφή* heißt die Einrede aus langem Besitze im vorwiegenden Sprachgebrauche der klassischen Juristen;[1] sie bezeichnen damit als ihre Wirkung den Schutz eines langjährigen Besitzers. *Si paret .... possedisse* lautete die *intentio* der *actio in factum*, deren Erteilung die Juristen nach dem Ablauf der langen Frist an den Besitzer gegen jeden Dritten befürworteten.[2] Also hatte der Kläger einen langjährigen Besitz zu beweisen. Wie sich dieser Besitz zu den beiden großen Kategorien der klassischen römischen *possessio*, zu Interdikten- und Usukapionsbesitz verhielt, wird einer Prüfung bedürfen. Jedenfalls war der sogenannte juristische Eigenbesitz des römischen Rechtes nötig. Der Mieter hat nicht die *ltp.*[3]

Auf eine *possessio* konnte die *ltp.* begründet werden, und als klassisches Anwendungsgebiet ihres Schutzes muß nach den Quellen, welche das Institut nicht auf gewisse Besitzobjekte beschränken, zunächst jeder Tatbestand, der rechtlich *possessio* war, betrachtet werden. Gerade bei der Darstellung der *ltp.* hat man oft übersehen, daß der Begriff *possessio* im Zeitalter Papinians, Ulpians und Paulus' nicht nur an dem Besitze von körperlichen Sachen, beweglichen wie unbeweglichen, haftete, sondern auch die tatsächliche Ausübung des Inhaltes der verschiedensten privaten und öffentlichen Rechte umfaßte. Man sprach vom Besitze an der Prädialservitut, der ohne Freilassung als Freier auftretende Sklave war *in possessione libertatis*, selbst eine *possessio civitatis*,[4]

---

[1] Papin. (10. respons.) D. 41, 3, 45; Ulp. (3. disput.) D. 44, 3, 5, 1; Paul. (6. respons.) D. 18, 1, 76, 1; (16. respons.) D. 44, 3, 12; B. G. U. I 267; *longi temporis praescriptio* Paul. (10. ad Sab.) D. 12, 6, 15, 1; Sent. V 2, 3; Cod. 7, 33, 1; *praescriptio X annorum* Vat. fr. 7; *longa praescriptio* (?) Paul. V, 5a, 8.

[2] Lenel, Sitzungsber. d. Berl. Akad. (1904) XXXIX, XL. 1161: Fragm. b. ... *exceptio ei prosit et, quod attinet ad formulae conceptionem possederit, quia extraneus possessor est.*

[3] Alex. Cod. 7, 30, 1.

[4] Ed. Claudii de civ. Anaun. C. I. L. 5, 538 n. 5050; Bruns, Fontes[6] S. 241 v. 27.

eine *possessio privilegii*[1] findet sich, um die Ausübung dieser öffentlichen Rechte durch einen Unberechtigten zu bezeichnen. Und die ältesten klassischen Quellen zeigen zu gleicher Zeit die ltp. bei den mannigfaltigen Erscheinungsformen des Begriffes *possessio*.

Ohne den willkürlichen Ausschluß bestimmter Anwendungsfälle des Institutes wird die Grundlage der historischen Erkenntnis fester und breiter. Auszugehen ist allerdings auch hier vom Sachbesitz, der den größten Raum in den Quellen einnimmt.

A. Die *ltp.* und der Sachbesitz.

I. Voraussetzungen des Präskriptionsschutzes.

1. Besitzobjekte.

In den klassischen Quellen tritt die *ltp.* an körperlichen Sachen aller Art, beweglichen wie Immobilien, auf.[2] Ob die Einrede aus dem langen Besitze von je her so unbeschränkte Anwendung fand wie bei den Jüngsten,[3] ist vielumstritten. Marcian[4] berichtet, Caracalla habe die *ltp.* an Mobilien sanktioniert. Diese Nachricht wurde bisher von der herrschenden Meinung als Beweis für eine späte Ausdehnung der ursprünglich nur an Grundstücken möglichen Berufung auf den langjährigen Besitz angesehen. Wichtige andere Zeugnisse stützen die Auffassung, daß die Einrede aus langem Besitze für Prozesse um bewegliche Sachen ursprünglich nicht in Betracht kam. Eine Konstitution Caracallas, nach welcher jemand einen *aquaeductus exemplo rerum mobilium tempore quaesiit*,[5] scheint eine beschränktere Geltung des Präskriptionsschutzes anzudeuten, und es wäre im Hinblick auf die

[1] ep. Severi et Caracallae ad Tyranos C. I. L. 3, 147 n. 781, vgl. p. 1009; Bruns, Fontes[6] S. 247, lin. 19.

[2] „*res*“ als Gegenstand des Präskriptionsbesitzes in Pap. Vat. fr. 7; Cod. 7, 33, 1; Ulp. D. 44, 3, 5, 1; Paul. V, 2. 3—5; „*pignus*“ Paul. D. 44, 3, 12 „*locus*“ Pap. D. 41, 3, 45 pr.; *res mobiles* Marcian D. 44, 3, 9; *praedia* und *mancipia* Mod. D. 44, 3, 3.

[3] Mod. D. 44, 3, 3.

[4] 9. regular, D. 44, 3, 9.

[5] Cod. 3, 34, 2 (a° 215).

sicher bezeugte schon ursprüngliche Anwendbarkeit der *ltp.* bei Immobilien eine verlockende Annahme, mit einer Handschrift des 11. Jahrhunderts[1] „*immobilium*" zu lesen und so ein Zeugnis für jenen älteren Rechtszustand zu gewinnen.

Ausdrücklich berichtet Justinian in der wohl den Marcianischen Institutionen entlehnten[2] Stelle Inst. II, 6, 7, daß Kaiserkonstitutionen die *ltp.* für den Besitz an *res soli* eingeführt hätten. Aus der grammatischen Struktur von Modestins Fragment:[3] „*longae possessionis praescriptionem non tam in praediis quam in mancipiis locum habere manifestum est,* dürfte, auch wenn man hinter dieser ungewöhnlichen Zusammenstellung keine Interpolation vermuten will,[4] wenig hervorgehen. Größere Sicherheit läßt sich aus den Berichten des syrisch-römischen Rechtsbuches[5] gewinnen.

L. 66. P. 77, Ar. 48 R. II 48. R. III, 66 stammen deutlich aus einer Vorlage, die in einer juristischen Darstellung das älteste bekannte klassische Recht über die *ltp.* enthielt. Das ist deutlich in der Stellung zur *bonae fidei possessio,*[6] in der Auffassung der Wirkung der Klaganstellung auf den zum Präskriptionserwerb fähigen Besitz,[7] in der Behandlung der ltp. gegen den Soldaten,[8] und endlich aus dem Rubrikentitel „über Kauf und Verkauf", der der Rubrik „*de emptionibus et venditionibus*" als gewöhnlicher Überschrift der Darstellung der *ltp.* entspricht.[9] Diese Feststellung, daß die Darstellung des Institutes im syrischen Spiegel, einen

---

[1] Krüger in der editio ad h. l. Cuiacius (paratitl. ad Cod. VII, 34) verfocht die Lesart der Handschrift des Bynkerhoek (opusc. tom. II, p. 101) „*rerum soli*". Savigny fand diese Lesart auch in einer unglossierten Handschrift der Leipziger Ratsbibliothek (Unterholzner, Verjährungslehre I, 39), die aber im Anfange des 19. Jahrhunderts unterging. (May, Char. d. ordentl. Eigent.-Ersitzung nach d. const. un. Cod. de usuc. transf. Bamberg 1847, S. 27 n. 36). Die Basiliken (58, 7, 2) bestätigen das „*rerum mobilium*".

[2] Ferrini, Bull. dell' Ist. di dir. rom. 13, 152.

[3] D. 44, 3, 3.

[4] Lenel (Paling. Modest. fr. 19).

[5] L. 66; P. 77; Ar. 48; R. II, 48. Nicht wage ich hier R. I, 30 zu nennen, da hier die ausschließliche Erwähnung von Grundstücken als Objekt der *ltp.* Einfluß des justinianischen Ersitzungsrechtes sein kann, welches gerade in dieser Quelle deutlich hervortritt. Vgl. unten S. 64 Anm. 1.

[6] Unten S. 10 ff.

[7] Unten S. 32 ff.

[8] Unten S. 56 ff.

[9] Vgl. unten S. 17 f.

klassischen Juristentext zur Vorlage hat, entspricht den Ergebnissen von MITTEIS' Forschungen,[1] nach welchen die eine Handschriftengruppe des Spiegels ihre Fragmente zum Teil nach dem Sabinus-System ordnet.

Die von SACHAU übersetzten Versionen des Rechtsbuches sind alle für die Frage wichtig, ob die *ltp.* ursprünglich nicht bei Mobilien statthaft war. In allen Texten tritt der Grundbesitz scharf hervor:

„ein Grundstück oder eine andere *νομή*" (L. 66.)

nur: „ein Grundstück oder ein Haus oder Hof" (P. 77.)

„ein Landgut oder ein Haus oder etwas anderes" (Ar. 48.)

„ein Landgut oder ein Haus oder ein Garten oder etwas anderes" (Arm. 39.)

„ein Dorf oder Haus oder *νομή* (?)[2] oder Höfe" (R. II, 48),[3] unscharf R. III, 66: „eine Sache".[4]

Die ausdrücklich alleinige Nennung von Immobilien in dem in vielen Beziehungen gegenüber L. selbständigen Texte von P.

---

[1] Abhandlungen der königl. preuß. Akademie d. Wiss. Vorgelegt in der Sitzung v. 1. XII. 1904 (1905). S.-A. S. 24 ff.

[2] Das Fragezeichen stammt von SACHAU.

[3] R. II 48 lautet vollständig in SACHAUS Übersetzung: Wenn ein Mann kauft ein Dorf oder Haus oder *νομή* (?) oder Höfe und er ist in der *νομή* der Sache 10 Jahre, ohne daß jemand ihn belästigt, wenn die Sache, die jener Mann verkauft hat, als Pfand oder aus irgend einer andern Ursache gesetzt war, so erlangt er die Herrschaft über diese Sache, denn niemand hat ihm eine *παραγγελία* in Geschriebenem (Schriftstücken) geschickt. Wenn zufällig der Forderer in demselben Orte ist, so ist gültig der Kauf, den er gekauft hat, weil niemand ihn belästigt, noch ihm die *παραγγελία* geschickt hat.

Wenn aber der Forderer an einem fernen Orte ist, sei es als Händler, sei als Römer (Soldat), sei es als Armee-Arbeiter, und er kommt aus solchem fernen Lande, so gibt ihm das Gesetz Raum bis zu 20 Jahren, daß er fordere seine *ἀγωγαί* oder etwas, das er als Pfand gesetzt hatte, von demjenigen, der es gekauft und der die *νομή* hat ohne Befehl nach dem Gesetze.

[4] R. III 66: Wenn ein Mann eine Sache kauft und bis zum Ablauf von 10 Jahren niemand wegen derselben mit ihm prozessiert, ist sein Kauf gültig, ganz besonders wenn der (etwa) Prozessierende in der Nähe ist.

Ist er aber in der Ferne, wie ein Kaufmann oder wie ein Ritter, so kann er bis zum Ablauf von 20 Jahren seine Forderung erheben, später nicht mehr.

ist bemerkenswert und das Fehlen einer deutlichen Nennung der Mobilien in allen Versionen wirkt um so schärfer, als bei der Darstellung der theodosischen Klagverjährung in dem Spiegel Mobilien neben den Grundstücken genannt werden.[1] Man könnte allerdings überall in den Versionen des Spiegels eine Einwirkung des justinianischen Ersitzungsrechtes vermuten, das ja die *ltp.* nur an Grundstücken als Eigentumsersitzung kennt. Denn auch für L. ist das früher allgemein angenommene vorjustinianische Alter durch Mitteis' Forschungen sehr fraglich geworden.[2] Aber die Reinheit des klassischen Rechtes in den Versionen L., P., Ar., R. II spricht dafür, daß hier die älteste Redaktion vor der Spaltung der Versionengruppen klassisches Recht aufnahm.

So wird allerdings wahrscheinlich, daß die *ltp.* vor Caracalla nicht an Mobilien gegolten habe. Daß Paulus in den vor 215 verfaßten[3] Sententiae nichts von der Unfähigkeit der Mobilien zur Präskription sagt, kann kaum Anstoß erregen: die Möglichkeit einer Kürzung des Urtextes durch die westgotischen Redaktoren verhindert eine besondere Bewertung des Schweigens des Paulinischen Berichtes über diesen Punkt.

Nimmt man den anfänglichen Ausschluß der Mobilien von der *ltp.* als richtig an, bezieht man Cod. 3, 34, 2 auf „*res immobiles*", so muß die Konstitution des Antoninus Magnus, welche die *ltp.* auf Mobilien ausdehnte, zwischen 215 und 217, dem Todesjahr des Kaisers, ergangen sein.

Die Wahrscheinlichkeit, daß die *ltp.* an Mobilien zuerst unmöglich gewesen ist, schien die Annahme zu rechtfertigen, daß die älteste *ltp.* als Ergänzungsinstitut für eine Lücke des Grundstückseigentums-Ersitzungsrechtes entstanden sei: Man sah, daß die *usucapio* am *fundus Italicus* allein möglich war, daß sie für Mobilien im ganzen Reiche galt: die Provinzialgrundstücke genossen durch die *usucapio* keinen Schutz. Sie glaubte man durch die *ltp.* geschützt, die ein Usucapionssurrogat gewesen sei, in den Erfordernissen der Usukapion nachgebildet. Daß tatsächlich die

[1] L. 107; P. 76a; Ar. 45; Arm. 53; R. II, 45; R. III, 107.

[2] Vgl. Mitteis a. a. O. S. 32, 59.

[3] Fitting, Alter der Schriften S. 48; Mommsen, Ztschr. f. Rechtsgesch. 9, 114 f.; Karlowa, Rechtsgesch. I, 748; Krüger, Quellen S. 212, 111.

älteste *ltp. adversus dominum* nur an provinzialen nicht an italischen Grundstücken galt, hat durch die neuen Ulpianfragmente erhöhte Wahrscheinlichkeit erhalten.[1] Inwiefern die Parallele zwischen den beiden Instituten für die klassische Zeit zutrifft, darüber wird erst auf Grund einer erneuten Durchsicht der gesamten klassischen Quellen ein Urteil zu gewinnen sein. Aber wenn man die Provinzialgrundstücke als anfänglich ausschließlichen Gegenstand der klassischen *ltp.* betrachten will, muß man auf die Grundlage in den klassischen Quellen verzichten: die ersten Quellen, welche die *ltp.* in der römischen Rechtsordnung zeigen, sind B. G. U. I, 267 (a° 197) und Papinian, Vat. fr. 7.[2] Man mag sie auf Grundstücke allein beziehen und wird wohl das Richtige treffen. Aber nur drei Jahr jünger als diese Zeugnisse ist ein Brief Severs an die Leute von Tyra,[3] und dort spricht der Kaiser aus, daß ein echtes *iustum initium possessionis* die Vorbedingung für eine *praescriptio temporis* auch an einer *possessio privilegii* sei Damals hatte die *ltp.* also schon einen viel weiteren Anwendungsbereich als den Grundstücksbesitz.

Wenn man die *ltp.* einseitig als Eigentumsersitzung der Provinzialgrundstücke auffaßt, wie erklärt man ihre Geltung auch gegenüber anderen Klagen aus dinglichem Rechte?

Diese Bedenken warnen über die allein quellengetreue Feststellung hinauszugehen: die *ltp.* der klassischen Quellen im Zeitalter der Antonine galt zunächst nicht an Mobilien.

2. *δικαία αἰτία.* Ihr Tatbestand.

Nur die *iustum initium possessionis habentes*,[4] die ἐκ δικαίας αἰτίας ἐν τῇ νομῇ γενόμενοι[5] waren zur Aufstellung der *ltp.* gegen eine Klage aus dinglichem Rechte befugt. Bis zur Entdeckung

---

[1] Unten S. 81 ff.

[2] Fitting, Alter d. Schr. S. 31; Karlowa, Rechtsgesch. II, 1, 1276.

[3] a. S. 3, 1 a. O.

[4] Paul. V, 2. 3. Der Ausdruck *iustum initium possessionis* muß in den von der *ltp.* handelnden Rechtsquellen, welche der Anwendung des Institutes zugrunde lagen, enthalten gewesen sein. Er ist auffallend häufig in den Konstitutionen: Cod. 3, 44, 6; 4, 26, 10; 7, 33, 8, 1; 7, 31, 1, 3; 7, 33, 12, 3b.

[5] B. G. U. 267.

von B.G.U. 267 hatte die übereinstimmende Meinung der Forschung das *iustum initium possessionis* als *iusta causa et bona fides* im Erwerb des Besitzes erklärt,[1] und nur PERNICE legte an einer leicht zu übersehenden Stelle seines Labeo [II¹ S. 151 n. 1] gegen die Annahme, zur *ltp.* sei *bona fides* des Besitzers ebenso wie bei der *usucapio* erforderlich gewesen, einen kaum beachteten[2] Widerspruch ein. Jetzt nennt B. G. U. 267 ausschließlich die *δικαία αἰτία*, also die *iusta causa possessionis*, und angesichts des Zweckes des Reskriptes, die Fragestellerin über die rechtlichen Voraussetzungen des Einredeschutzes zu unterrichten, muß die Übergehung der *bona fides* unter diesen Voraussetzungen um so schwerer wiegen, als neben der *iusta causa possessionis* die verschiedene Dauer der Fristen, wie deren notwendig ungestörter Lauf ausdrücklich bezeichnet werden. Die früher unbeschränkt herrschende Meinung ist trotzdem durch die neue Quelle nicht wesentlich erschüttert worden.[3] Sie hat mit der Aufstellung des Erfordernisses eines gutgläubigen Erwerbs für die diokletianische Erscheinungsform des Institutes zweifellos Recht.

In der Zeit der Klassiker, im ältesten bekannten Präskriptionsrechte, war die *bona fides* des Erwerbers für die Geltendmachung der *ltp.* gleichgültig. Das mag eine Prüfung der Quellen zeigen.

Nach dem Berichte des Paulus war ein *iustum initium possessionis* zur Begründung der *ltp.* erforderlich. Dieser Begriff erscheint bei den Juristen im Zusammenhange mit der Streitfrage, ob die *bona fides*, welche für den Erwerber eines Usukapionsbesitzes erforderlich ist, im Augenblicke des Kaufvertrages — des Regelfalles der Quellen — oder bei der *traditio* vorhanden sein müsse. *Initium possessionis* bedeutet dabei entweder den Kaufvertrag oder die *traditio*. Dig. 41, 3, 10 pr. spricht in diesem Sinne von

---

[1] UNTERHOLZNER I, S. 306ff.; REINHARDT, *usucapio* und *praescr.* (1832) S. 194; HAMEAUX, *usucapio* und *praescr.* (1835) 139; PUCHTA, Inst. II, 211; v. SAVIGNY, System VI, S. 298; DERNBURG, Pand. II, 1, 10, S. 118; DEMELIUS, Abhandlungen I, 91; APPLETON, Propr. prétor. I, 266; SCHULIN, Röm. Rechtsgesch. 300.

[2] GIRARD, Manuel³ 298, 3; vgl. übrigens BRINZ, Pand. I, 396.

[3] KARLOWA, Röm. Rechtsgesch. II, 1, 1276; VOIGT, Röm. Rechtsgesch. II, 648; JÖRS bei BIRKMEYER, Enzyklop.¹ S. 113. Richtig CUQ, Institutions 2, 250.

initium traditionis, und ähnlich steht *initium secundae possessionis* für die Wiedererlangung eines verlorenen Besitzes in Dig. 41, 3, 15, 2; Dig. 41, 4, 7, 4. Anderseits steht in Dig. 41, 3, 10 pr. *initium emptionis*, und in Dig. 41, 3, 44, 2 *initium contractus*, und auch in Dig. 41, 4, 2, 13 ist diese Bedeutung deutlich. Überall bezeichnen hier die Quellen die *mala fides* des Erwerbers als einen dem Besitze anhaftenden Makel (*vitium*), sie nennen die *bona fides* des Erwerbers bei diesem *initium* „gegenwärtig". Nirgends geht die *bona fides* in dem *initium possessionis* als dessen Element wie etwa bei dem Begriff „*bonae fidei possessio*" derart auf, daß sie unter „*iustum initium*" mitverstanden werden könnte. Und wenn auch Salvius Julianus [1] und unter seinem Einflusse stehende Spätere — besonders Ulpian — die *bona fides* als Element der *iusta causa* in diesem Begriffe derart als wesentlich dachten, daß sie ein *pro emptore possidere* mit *mala fide emere* für unverträglich erklärten, so war doch am Ende des zweiten Jahrhunderts ein wirksamer Rückschlag gegen solche Tendenz aufgetreten: Daß gerade Paulus,[2] in dessen *sententiae* eine Darstellung der *ltp.* überliefert ist, in der *iusta causa* wieder das bloße rechte Erwerbsgeschäft ohne Rücksicht auf den guten Glauben des Kontrahenten erblickte, stellt die hier vertretene Deutung von *iustum initium* ausschließlich als des rechten Geschäftes sicher. Noch späte Zeiten kannten diese Bedeutung von *iustum initium*: Die *interpretatio* zu Paul. 5, 2, 3 in der l. Visigothorum definiert: *iustum initium est emtionis hereditatis donationis legati fideicommissi et ceterarum rerum similium quae per legitimas scripturas atque contractus ad unius cuiusque dominium transire noscuntur*. Für die klassische Zeit war das *iustum initium* nur *iusta causa*.

Daß noch die justinianischen Kompilatoren des Fehlens der *bona fides* unter den Erfordernissen der klassischen *ltp.* sich bewußt waren, zeigt Cod. 7, 33, 1. In einer für die Sprache der Klassiker unmöglichen Wendung ist hier gesagt, daß *res ad nova*

---

[1] Jul., D. 41, 3, 33, 1: *Si quis emerit fundum sciens ab eo cuius non erat, possidebit pro possessore: sed si eundem a domino emerit, incipiet pro emptore possidere.* ... Ulp., D. 5, 3, 13, 1.

[2] D. 41, 4, 2, 1.

dominia bona fide transierint[1]: *bona fides* erhielt die subjektive Beziehung, die es doch nur auf den Erwerber haben kann, auf *res*! Paulus, der in sent. 5, 2, 5 augenscheinlich den ursprünglichen Text von Cod. 7, 33, 1 vor Augen hatte, sagt „*emptione transierit*". Auf die offenkundige Interpolation *bona fide* in Cod. 7, 33, 1 hat schon Paul Krüger in der Ausgabe des *corpus iuris*[3] hingewiesen;[4] wenn er die Stelle bei Paulus wie in Cod. 7, 33, 1 auf die Servitutenersitzung bezieht, welche bekanntlich das Erfordernis der *bona fides* des Erwerbers nicht kannte,[5] scheitert dies natürlich an der Erwähnung von *res* wie daran, daß Paulus die Stelle bei der Lehre vom Sachbesitzerwerbe bringt. Vielmehr zeigt gerade die Interpolation in Cod. 7, 33, 1, daß man das Bedürfnis empfand, auch in Stellen aus klassischer Zeit die Notwendigkeit des *bona fide*-Erwerbs deutlich zu machen.

Mit der Tatsache, daß in der Zeit des Septimius Severus nur eine *iusta causa possessionis* zur Begründung eines präskriptionsfähigen Besitzes nötig war, stimmt überein, daß keine der klassischen Juristenstellen bei dem *emere* oder *possidere* den Zusatz „*bona fide*" enthält, der ja für den Usukapionsbesitz typisch ist. Die Versionen des syrischen Spiegels sprechen nur davon, daß „jemand ein Grundstück kauft", ohne daß eine Spur von *bona fides* sich findet. Und diese scheint auch noch nicht in der Anwendung des Institutes in dem Prozesse aus dem Jahre 232 erörtert zu werden, den Par. Pap. 69 überliefert.[6]

---

[1] Vgl. die Verbindungen von *bona fide* im Lexikon des Vocabular. iurisprud. vol. I, 599 s.

[2]

Cod 7, 33, 1.	Paul. 5, 2, 5.
Cum post motam [*et omissam*, Francke, Hereditatis petitio p. 39] *quaestionem res ad nova dominia bona fide transierint, et exinde novi viginti anni intercesserint sine interpellatione, non est inquietanda quae nunc possidet persona*	*Si post motam intra tempora quaestionem res ad novum dominum emptione transierit, nec is per viginti annos fuerit inquietatus, avelli ei possessionem non oportet.*

[3] Editio maior p. LVI ad p. 664; editio minor p. V ad 7, 33, 1 pr.

[4] Vgl. auch Longo, Bull. dell' ist. di dir. rom. 14, 228/229, 1.

[5] Vgl. unten S. 95 ff.

[6] Vgl. unten S. 58 ff.

Die Erkenntnis, daß der ältesten überlieferten Gestalt der *ltp.* die *bona fides* als Erfordernis der Einrede aus dem langen Besitze gefehlt habe, kann nicht erschüttert werden durch D. 44, 3, 11 (Papinian, libr. secundo definitionum):

Cum heres in ius omne defuncti succedit, ignoratione sua defuncti vitia non excludit, veluti cum sciens alienum illum illo vel precario possedit: quamvis enim precarium heredem ignorantem non teneat nec interdicto recte conveniatur, tamen usucapere non poterit quod defunctus non potuit. idem iuris est, cum de longa possessione quaeritur, neque enim recte defendetur, cum exordium ei bonae fidei ratio non tueatur.

Die Stelle bietet im sprachlichen Ausdruck wie im Satzbau manchen Anstoß: Das *cum succedit* als Kausalsatz ist recht verdächtig,[1] mehr noch der plötzliche Wechsel des Subjektes im ersten Satzgefüge, bei welchem der Beispielsfall *veluti possedit* die Beziehung auf den *defunctus* erhält, während *heres* bisher Subjekt war. An der Beziehungslosigkeit des sicher überlieferten *illum* und gar des *illo* in dem *veluti cum sciens alienum illum illo vel precario possedit* hat sich die Konjektur mehrfach versucht.[2] Und die gesamte Ausdrucksweise des letzten Satzes genügt, um dessen Fassung als späte Arbeit zu kennzeichnen.

Longa possessio allein, ohne die Erwähnung von *praescriptio* tritt in klassischer Zeit nirgends als Bezeichnung der *ltp.* auf. Es ist wohl der Name für die Servitutenersitzung der späten Klassiker,[3] aber sonst in der Kompilation nur die Bezeichnung für die justinianische Grundstücksersitzung, die ja sehr häufig für *usucapio* in den Juristentexten interpoliert ist.[4] Eine solche

---

[1] Gradenwitz, Interpolationen S. 39. Jörs, Art. Digesta in Pauly-Wissowa, Sep.-A. Sp. 41.

[2] Cuiacius, in lib. II. Def. Pap. ad h. l., und wieder Bekker, Recht des Besitzes S. 290: Vi vel clam. Darüber vgl. Faber, Error. decad. LXXVI, err. X i. A., der selbst, wie auch Schulting und Mommsen, *clam ille* lesen möchte.

[3] D. 43, 19, 5, 3; D. 8, 5, 10 pr. Vgl. auch D. 11, 8, 4.

[4] Die Stellen mit *longa possessio* sind nach dem Berliner Index, wie ich durch die gütige Mitteilung des Herrn Dr. Brassloff erfahren habe: Jav., D. 41, 4, 4 pr.; Jul., D. 41, 3, 33, 2; D. 41, 4, 7 pr., 1. 2. 6. Pomp., D. 41, 2, 26; Gai., D. 41, 1, 10, 2; Scaev., D. 41, 4, 14; Pap., D. 44, 3, 11; Paul., D. 41, 2, 3, 3; Marcian, D. (Jul.) 41, 2, 43.

Interpolation ist hier deshalb ausgeschlossen, weil sonst Papinian zweimal dasselbe sagte.

Außerdem macht, trotzdem *exordium* papinianisch sein könnte, der letzte Satz „*cum exordium ei bonae fidei ratio non tueatur*“ in seiner Gezwungenheit und Schwülstigkeit der oft gefeierten Kürze des papinianischen Stiles wenig Ehre, und er erscheint seltsam neben dem einfachen Ausdrucke, den Papinian sonst demselben Gedanken bei der Darstellung des Usukapionsbesitzes verleiht: *cum bona fides initio possessionis adsit* (D. 41, 3, 44, 4). *Bonae fidei ratio* endlich kommt in den Juristenschriften außer hier nur zweimal vor:[1] Die beiden anderen Stellen D. 30, 77, 30 u. D. 18, 4, 21 handeln von den *bonae fidei iudicia*, und *ratio* bedeutet dort die Berücksichtigung der *bona fides*, also der Billigkeit, durch den Richter. Von diesem klaren Begriffe der *bonae fidei ratio* ist fr. 11 cit. weit entfernt. Hier könnte *bonae fidei ratio* nur soviel als das Erfordernis des guten Glaubens bezeichnen. Soweit ich sehe, kommt *bonae fidei ratio* außer in D. 44, 3, 11 nur einmal noch in der Kompilation in diesem Sinne vor: in der diokletianischen Konstitution Cod. 7, 27, 3. Aber dort ist der Satz, in welchem die *ratio bonae fidei* erwähnt ist, so seltsam an den Eingang der Konstitution angeschlossen, daß der Verdacht einer Interpolation naheliegt.

Wenn hiernach schon der Sprachgebrauch eine Verwertung des letzten Satzes von fr. 11 cit. zum Nachweis der Erforderlichkeit des *bona fides* beim *initium possessionis* des Präskriptionslaufs ausschließt, so zeigt außerdem der juristische Gehalt der Stelle unverkennbare Spuren der byzantinischen Modernisierung.

Der erste Satz von fr. 11 cit. spricht aus, daß die Nachfolge in die *malae fidei possessio* oder den vitiösen Besitz auf den Besitz des Erben dahin einwirke, daß er usukapionsunfähig sei. Vom justinianischen Standpunkte aus trifft dies jedenfalls zu, denn der Kaiser hatte bestimmt,[2] einerseits daß in jedem Falle der Erblasser *bona fide* erworben haben müßte, so daß ein Beginn der Ersitzung durch den gutgläubigen Erben ausgeschlossen war, anderseits, daß auch *mala fides* des Erben dessen vom Erblasser

---

[1] Vgl. „*bona fides*“ im Vocabular. iurispr. vol. I, 599.

[2] Inst. 2, 6, 12.

überkommene *bfpio.* nicht entkräften könne. Die Nachfolge in die Qualifikation des Besitzes zur *usucapio* war dadurch für das byzantinische Recht gegeben.

Für das klassische Recht ist eine solche Äußerung Papinians über das Usukapionsrecht unwahrscheinlich.[1] Das vorjustinianische Besitzrecht kennt keine Nachfolge des Erben in den Besitz des *defunctus.*[2] Der Satz von der Unvererblichkeit des Besitztatbestandes hatte zur notwendigen Konsequenz, daß die Rechtsfolgen des Erbenbesitzes nur durch die Ergreifung des Besitzes seitens des Erben bestimmt und nicht von einer in der Person des Erblassers eingetretenen Rechtstatsache beherrscht wurden.[3] Die Durchführung dieses Satzes findet allerdings an der Entscheidung eine Grenze, daß der Erbe die vom Erblasser begonnene *usucapio* fortsetzt nur kraft der Erbenstellung, ohne Rücksicht auf das Vorliegen der Usukapionserfordernisse in seiner eigenen Person.[4] Aber die klassischen Juristen empfanden die Ausdehnung der *usucapio* über den Tod des Erblassers hinaus als ein *ius singulare.*[5]

[1] Die herrschende Meinung der Rechtshistoriker behauptet allerdings auf Grund D. 44, 3, 11 den justinianischen Rechtszustand schon für die klassische Zeit, vgl. GIRARD, Manuel[6], 309, 5; LONGO, L'origine della successione, bull. di dir. rom. 14, 230, 1.

[2] Jav., D. 41, 2, 23 pr.; Paul., D. 41, 2, 30, 5; Ulp., D. 47, 4, 1, 15; D. 47, 19, 2, 1.

[3] Ulp., D. 41, 2, 13, 1; 4; Gai. IV, 151.

[4] Paul., D. 41, 4, 2, 19; D. 41, 2, 30, 5; Pap., D. 41, 3, 43 pr. Daher auch hier das berühmte „*possessio defuncti quasi iniuncta descendit ad heredem*" (Paul. 12 ad. ed.) D. 4, 6, 30 pr. LENEL (ad Pap. fr. 305) vermeint in Cod. 7, 31, 1, 3 und Inst. 2, 6, 12 als klassischen Rechtszustand zu erkennen, daß der bösgläubige Erbe eines vor Vollendung der *usucapio* verstorbenen Erblassers die *usucapio* nicht habe fortsetzen können (ähnlich schon FITTING, Arch. f. d. civ. Pr. 52, 252), und er erklärt daher in D. 41, 3, 43 das *pr.* von *si modo* ab für interpoliert: Aber diese Auffassung scheitert wohl an D. 41, 4, 2, 19, wo auch LENEL keine Interpolation anzunehmen scheint. Ferner war bei der *a⁰ Publiciana* die Berechtigung eines *mala fide* den *bona fide emptor* Beerbenden doch wohl klassisches Recht: D. 6, 2, 7, 12. Und dieser Rechtszustand mußte doch auch aus der Usukapionsfiktion hervorgehen. Dem gutgläubigen Erben des *malae fidei possessor* wird nach Ulpian die *a⁰ Publiciana* verweigert, weil er den *dolus* des Erblasser gegen sich gelten lassen muß.

[5] D. 41, 3, 40; D. 41, 3, 44, 3.

Abgesehen von dieser *successio in usucapionem* war für die *possessio* des Erben nur ihr eigener Erwerbstatbestand maßgebend: Wenn der Erbe von einem dem Erblasser nicht gehörigen usukapionsunfähigen Gegenstande des Nachlasses Besitz ergriff, so konnte der Jurist nicht von ihm sagen, er könne wegen ererbter Usukapionsunfähigkeit nicht usukapieren. Hier mußte entweder die Entscheidung dahin ausfallen, daß der Erbe an der dem Erblasser nicht gehörigen, nicht zum Nachlasse des Erblassers, sondern zum Vermögen eines Lebenden gehörigen Sache nicht *heres* sei, daher keinen eigenen Usukapionstitel habe und, da keine Nachfolge in begonnene *usucapio* in Betracht komme, auch nicht ersitzen könne,[1] — oder aber man nahm mit Julian und anderen im Falle der Gutgläubigkeit des Erben hinsichtlich der Zugehörigkeit der Sache zum Nachlasse einen putativen Titel *pro herede* oder den Titel *pro suo* an und ließ den Erben selbst usukapieren.[2] Allerdings entscheidet Paulus (D. 41, 3, 4, 15), der *heres qui in ius defuncti succedit*, usukapiere trotz seines guten Glaubens das bei ihm konzipierte und geborene Kind der *ancilla furtiva* nicht. Ist dieser kausal gemeinte Relativsatz *qui . . . succedit* nicht nur auf Rechnung der Furtivität des beim Erben des *fur* erzeugten *partus* zu setzen, so könnte die Entscheidung Papinians für die *usucapio* nicht als unklassisch hingestellt werden. Es bleibt aber die Tatsache, daß fr. 11 cit. Papinian in Widerspruch mit einer eigenen Entscheidung bringt. Gerade Papinian bejaht nämlich an anderer Stelle die Frage, ob ein *heres* usukapieren könne, der eine fremde Sache im Vermögen des Erblassers findet und sie im Glauben, sie sei gekauft, in Besitz nimmt, mit den Vertretern des Putativtitels:[3] Nur dürfe dieser

---

[1] D. 41, 5, 1; Cod. 7, 29, 4. Nach dieser Meinung war allerdings ein *vitium initii* des Erblassers für die Usukapionsunfähigkeit des Erben kausal (Cod. 7, 30, 3), aber von Nachfolge des Erben in die Disqualifikation des Besitzes kann deshalb hier doch nicht gesprochen werden.

[2] Nerat., D. 41, 10, 5; Pomp., D. 41, 5, 3.

[3] D. 41, 3, 44, 4: *Filius familias . . . . cur non capiat usu, cum bona fides initio possessionis adsit . . . .? idem dicendum erit et si ex patris hereditate ad se pervenisse rem emptam non levi praesumptione credat.* Die Basiliken (50, 3, 43) geben zwar die Stelle wieder: *τὸ αὐτὸ, κἂν εὐλόγως ἐνόμισεν ἐκ πατρῴου κλήρου εἰς αὐτὸν περιελθεῖν, ὃ ἦν ἀγορασθέν.* Danach hätte es sich

gute Glaube nicht *levi praesumptione* gefaßt sein. Und Papinian sollte fr. 11 cit. in seiner vorliegenden Fassung geschrieben haben? Hier liegt doch die Annahme eines Eingriffes der Kompilatoren in fr. 11 cit. recht nahe. Diese Annahme wird durch die Erwägung zwingend, daß fr. 11 cit. eine Rechtsgleichheit zwischen *usucapio* und *praescriptio* betont, die von Justinian nach seiner eigenen Angabe gerade für den Punkt geschaffen worden ist, den fr. 11 cit. betrifft. Der gutgläubige Erbe soll nicht usukapieren können, was dem Erblasser unmöglich war zu ersitzen: *quodsi ille (defunctus) initium iustum non habuit, heredi et bonorum possessori licet ignoranti possessio non prodest. quod (!) nostra constitutio similiter et in usucapionibus observari constituit, ut tempora continuentur.* Inst. 2, 6, 12. Ob diese *constitutio* Cod. 7, 31, 1, 3 war, ist viel umstritten (Beil. I, unten). Jedenfalls sollte in dieser Frage der Ersitzung durch den gutgläubigen Erben eines *mfposs.* das Usukapionsrecht nach dem Muster der *ltp.* umgestaltet werden.

Mit Sicherheit kann man wohl behaupten, daß der erste Satz des fr. 11 cit. in seiner Beziehung auf *usucapio* interpoliert ist. Was der klassische Text besagte, dafür läßt sich natürlich ein sicheres Ergebnis nicht gewinnen. Da der zweite Satz die Geltung des justinianischen Usukapionsrechtes in diesem Punkte auch für die *ltp.* ausspricht, da ferner nach Justinians eigenen Angaben[1] wie nach dem Quellenbefunde dieser Rechtszustand bei der *ltp.* schon deren Erscheinungsform im klassischen Rechte eignete,[2] so liegt die Vermutung nahe, daß Papinian den Gedanken der Nachfolge des Erben in die Disqualifikation des erblasserischen Besitzes nur für die *ltp.* ausgesprochen hat.

Allerdings müßte nunmehr, wenn der Beweis, daß *bona fide* Erwerb nicht als Erfordernis der *ltp.* aufgestellt war, nach den

---

hier um eine irrtümliche Annahme des Sohnes, die Sache sei ererbt statt gekauft, gehandelt. So ist die Stelle von manchen älteren gedeutet worden (Cuiac. XXII, Quaest. ad Pap., Fabrot. ed. IV, 636), aber mit Accursius wird die hier vertretene Auffassung für richtig zu halten sein: daß *non levi praesumptione* der Erbe die Sache für gekauft und aus der *hereditas* seines Vaters stammend hält, wäre sonst ein überflüssiges Tatbestandsmoment.

[1] arg. „*et in usucapionibus*" in Inst. 2, 6, 12.

[2] Vgl. unten S. 26 ff.

anderen zeitgenössischen Quellen gelungen ist, das *sciens alienum* in dem schlimmen Satze *veluti . . . possedit* als justinianische Arbeit, etwa als Ersetzung eines [*vi vel clam ab*]*illo vel precario* betrachtet werden: das könnte bei dem Fehlen des Objektes zu dem *sciens alienum illum* nicht schwer fallen.

Aber auch dann wird noch zweifelhaft bleiben müssen, welche Frage des Rechtes der *ltp.* den Juristen im Urtext von fr. 11 cit. beschäftigte. Jedenfalls ist die Erwähnung der *ignoratio* echter Papinian.[1]

Wäre es nicht möglich, daß Papinian im Gegensatze zum Usukapionsrechte, in welchem der *heres non levi praesumptione ignorans* die Sache ersaß, für die *ltp.* das Gegenteil feststellte, daß er diesen Rechtszustand bei der *ltp.* der Unvererblichkeit der Passivlegitimation zum *interdictum de precario* auf den *heres ignorans*

[1] Über den papinianischen Sprachgebrauch für dieses Wort vgl. Costa, Papiniano I, 267.

[2] Papinian folgt dieser Meinung mit dem Satze: *precarium heredem ignorantem non tene[a]t neque interdicto recte conveni[a]tur.* Dieser Satz hat besondere Schwierigkeit für die Vereinigung mit D. 43, 26, 8, 8 (Ulp.) und Paul. V, 6, 12 geschaffen. Gerade durch die neueste Bearbeitung (Ubbelohde, Interdikte V, 1, S. 237 ff.) der Frage wird ein näheres Eingehen auf diese nötig.

Zunächst muß der Widerspruch zwischen Paulus einerseits und Ulp. sowie Cod. 8, 9, 2 anerkannt werden. Paulus verweigert das Interdikt *de precario* gegen den Erben des Prekaristen, da dieser ja nicht das *precarium* erbeten habe, daher nicht angesprochen werden könne: *quod precario ab illo habes.* Ulp. dagegen will unbeschränkt die Passivlegitimation zum Interdikt auf den Erben des Prekaristen übergehen lassen, ob nun der Erbe selbst schuldhaft gegen das Prekarium gehandelt hat oder er nur *ex persona defuncti* haftet. Die beiden Stellen zugunsten einer der beiden Entscheidungen durch die altbeliebte Distinktion zu vereinigen, Paulus spreche vom *conveniri ex persona heredis*, Ulp. von dem *conveniri ex persona defuncti* (Cujacius, in lib. II. Def. Pap. ad h. l.; Dankwardt, Jahrb. f. Dogmatik XIV, 309, 93) ist ein unbegründetes Unternehmen. Und wer D. 43, 26, 8, 8 mit Paulus dadurch vereint, daß er die Stelle auf Erneuerung des *precarium* zwischen dem *precario dans* und dem Erben des Prekaristen deutet (Faber, Error. decad. LXXVI, err. 9; Vangerow, Pand. III, § 691 Nr. V, 2; Ubbelohde a. a. O. S. 239), übersieht, daß Ulpian hier die in Kommentaren zu Interdikten stereotype Frage behandelt, ob das Interdikt gegen den Erben gehe (vgl. D. 43, 4, 1, 8; D. 43, 5, 3, 16; D. 43, 8, 2, 18 (?); D. 43, 16, 1, 48; D. 43, 16, 3, 18; D. 43, 24, 15, 3; D. 43, 32, 1, 6). Diese Bedeutung der ulpianischen Stelle für den Kommentar zum *de precario* verbietet, die Stelle anders als nach ihrem entgegensetzte? Ob Papinian ausdrücklich seine gegensätzliche Entscheidung zur *usucapio* (D. 41, 3, 44, 4) hier erwähnte, ist nicht klar. Tat er es, so lag ein Anlaß für die Kompilatoren vor, die Rechtsgleichheit bei beiden Instituten, welche für diesen Punkt erst Justinian geschaffen hatte, durch Interpolation festzustellen.

Zur Bewertung von fr. 11 cit. war das Eingehen auf den Gesamtinhalt der Stelle nötig, aber für die Auffassung des klassischen Rechtszustandes der *ltp.* ist vor allem wichtig, daß der letzte Satz der Stelle, der die *bona fides* im Besitzerwerbe für die *ltp.* sicherzustellen scheint, wegen der offenbaren Überarbeitung der ganzen Stelle nicht dem Zeugnis der anderen Quellen aus klassischer Zeit entgegensteht: Die *ltp.* erforderte zur Zeit der klassischen Juristen nur das *iustum initium*, die *iusta causa possessionis.*

Zu dieser Tatsache stimmt die Behandlung der *ltp.* durch die Juristen des 2. und 3. Jahrhunderts. Wenn die *ltp.* Usukapionsbesitz vorausgesetzt hätte, hätte ihrer Darstellung im Zusammenhange mit der *usucapio* nichts im Wege gestanden. Die justi-

Wortlaute aufzufassen. Wie dieser Gegensatz von fr. 8, 8 cit. und Paulus sich erklärt, ist von SCHMIDT (Interdiktenverf. S. 164 f.) längst richtig erkannt: Ulpian legte im Gegensatze zu anderen auch für diese Frage keinen Wert darauf, daß der Beklagte im *interdictum de precario* selbst das *precarium* erbeten habe und in diesem Sinne *precario ab adversario* besitze (Ulp., D. 43, 26, 4, 2. 3. 4. gegenüber dem *preces non adhibuit* bei Paul. V, 6, 12, dem *concedere* bei Cels. D. 43, 26, 12, 1; vgl. auch Ulp. D. 43, 26, 4, 2: *ut puta servus meus rogavit* gegenüber Pomp. D. 43, 26, 13). Wenn man das *habere* in dem *quod precario ab illo habes* mit Ulpian betonte (D. 43, 26, 4, 2), konnte man die ulpianische Ansicht sehr wohl im Interdiktenwortlaute gestützt finden (Cod. 8, 9, 2).

Papinian stand in fr. 11 cit. der Meinung des Paulus näher, welche das Interdikt gegen den Erben verweigert. Daß Papinian für den *heres ignorans* allein diese Entscheidung gibt, ließe sich wohl so erklären, daß es nur *herede ignorante* sicher ist, daß das *interdictum de precario* nicht gegen den Erben geht. Denn kennt der Erbe die *de precario rogatio*, dann steht neben der Möglichkeit, daß er *clam* als *futuram controversiam metuens* besaß (Paul. V, 6, 12), immerhin noch die andere, daß der Erbe durch das weitere Behalten der Sache stillschweigend seinen Willen, das *precarium* fortzusetzen, kundgegeben hat, daß der *concedens* dies zuließ. Und in diesem Falle war das *interdictum de precario* ja sicherlich gegen den Erben begründet.

nianischen Institutionen, wie später die Basiliken, behandeln die beiden Institute gemeinsam.[1] In den justinianischen Rechtsbüchern des klassischen Systems dagegen sind die Institute, wenn auch im Codex weniger scharf, getrennt.[2] Bei den Klassikern stand die *ltp.* meist in der Rubrik *de emptionibus et venditionibus*, weit entfernt vom Usukapions- und Besitzrechte.

Unter der Rubrik *ex empto et vendito* ist in den vatikanischen Fragmenten eine Stelle über die *ltp.* aus Papinians 3. Buche der *responsa* überliefert,[3] die im Rahmen der klassischen Schrift auch zur Rubrik *de emptionibus et venditionibus* gehörte.[4] Ebenso stand Paul. D. 18, 1, 76[5] in gleichem Zusammenhange im 6. Buche der *responsa*. Und auch D. 44, 3, 5, eine Stelle aus Ulpians Disputationen, stand vielleicht nicht, wie Lenel[6] vermutet, unter der Schlußrubrik des 3. Buches, dem Abschnitt *de furtis*, zumal der Gesichtspunkt, daß der Verpfänder an dem Pfand durch Veräußerung ein *furtum* begeht, für die Entscheidung keine Rolle spielt. Vielmehr ist dieses Fragment wie der neue Papyrusfund wohl mit der von Lenel an die Spitze des Buches gestellten Rubrik *de emtione et venditione*[7] zu verbinden. Endlich steht im syrischen Spiegel über der Darstellung der *ltp.* in P. 77 die Überschrift von „Kauf und Verkauf". Und wenn auch der westgotische Paulustext über dem Abschnitt, der von *possessio* und *ltp.* spricht, den Rubrikentitel *de usucapione* aufweist, wenn vielleicht die eben behandelte Papinianstelle die *ltp.* in der Nachbarschaft der oft mit der *usucapio* behandelten Besitzlehre zeigt,[8] so ist wenigstens im ersten Falle eine bemerkenswerte Kluft zwischen *usu-*

---

[1] Inst. 2, 6; Bas. Buch 50/51.

[2] D. 41, 3—10 u. D. 44, 3; Cod. 7, 26—31 u. Cod. 7, 33 ff.

[3] Vat. fr. 7.

[4] Lenel, Papin. fr. 467.

[5] Lenel, Paul. fr. 1487. Nach Puchta-Krüger, Inst. II, § 239 Note p. soll die Stelle im klassischen Texte allerdings auf *usucapio* sich bezogen haben. Aber „*longae possessionis*" *praescriptio* ist nirgends Interpolation, und die Behauptung ist sonst unbegründet (vgl. auch Karlowa, Iur. Rom. princ. de access. poss. Gotting. 1858, p. 10).

[6] Lenel, Abhandl. d. Berl. Akad. Sitzungsber. XXXIX (1904) S. 1165 f.

[7] Lenel, Paling. Ulp. fr. 54.

[8] Lenel will wohl mit Recht Pap. fr. 52—54 verbinden.

capio und *ltp.* vorhanden: Die Parallelität der stofflichen Anordnung zwischen Paulus' *sententiae* und dem Codex[1] zeigt, daß bei Paulus an Stelle des „*de usucapione*" ein Abschnitt über diese zivile Ersitzung ausgefallen ist: dann folgte bei Paulus wie im Codex ein Abschnitt *de acquirenda vel amittenda possessione*, dann erst das Recht der *ltp.*[2] Bei einem Schriftsteller wie Paulus, der das allgemeine Besitzrecht vom Rechte der *bonae fidei possessio* im Ediktskommentar deutlich schied, muß diese Stellung der *ltp.* ans Ende des Besitzrechtes statt in die Nachbarschaft der *usucapio* als Ausdruck des Bewußtseins angesehen werden, daß die Regeln des Usukapionsbesitzes auf die *ltp.* nicht Anwendung fanden.

3. Die *iusta initia possessionis.*

Die *possessio ex iusta causa* erscheint als Grundlage der *ltp.* in den klassischen Juristenschriften, wie in den erhaltenen Kaiserkonstitutionen jener Zeit. Das *iustum initium possessionis*, die *δικαία αἰτία*, *iusta causa* ist bei der *ltp.* wie sonst bei der *usucapio*, der *a° Publiciana*[3] dasjenige Rechtsgeschäft, das dem Besitzerwerbe vorausgeht und „als dessen notwendige Realisierung der Besitz erscheint."[4] Ebenso wie für die *a° Publiciana* ist dieses Kausalgeschäft stets eines der formfreien des *ius gentium*, für deren rechtlichen Bestand kein formell bestimmter Ausdruck des Parteiwillens erforderlich ist: in den klassischen Quellen tritt fast

---

[1] Paul. IV, 12—14 = Cod. 7, 1—15; Paul. V, 1 = Cod. 7, 16—23; Paul. V, 1 A, ist im Codex übergangen. Paul. V, 2: *de usucapione* = Cod. 7, 25—31; Paul. V, 2, 1—2 = Cod. 7, 32; Paul. V, 2, 3—5 = Cod. 7, 33 ff. Die folgenden Ediktsrubriken (Paul. V, 3 u. 4; Lenel, Edikt 314 ff.) sind in Dig. u. Codex übergangen. Paul. V, 5 A u. D. 42, 1 = Cod. 7, 42 ff.

[2] Oft scheint die Reihenfolge die Behandlung von *possessio* u. *usucapio* anders gewesen zu sein: Sicher war sie erst *possessio*, dann *usucapio* bei Pomp. ad Qu. Mucium (vgl. Lenel, Pomp. fr. 286 ff.), wohl auch sonst öfters, wie wenigstens die Ordnung in den Dig. anzudeuten scheint. Die Ordnung in Lenels Palingenesia, welche überall zuerst *possessio*, dann *usucapio* behandelt wissen will, hat hier leider nicht die Stütze an den Bücherziffern der Inskriptionen, da meist beide Materien in demselben Buche abgehandelt werden.

[3] Dig. 6, 2, 3—7, 7.

[4] Pernice, Labeo II, 1^2, 411.

ausschließlich die *emptio-venditio* als *causa* des Präskriptionslaufes auf.[1] Berücksichtigt man die vorwiegende Behandlung der *ltp.* unter der Rubrik *ex empto et vendito,* die ausschließliche Nennung des Kaufes im syrischen Spiegel sowie Justinians „klärende Vorschrift“,[2] die *ltp.* solle *ex donatione sive ex alia lucrativa causa* möglich sein, so läge die Annahme nahe, die *ltp.* sei in klassischer Zeit zunächst nur auf Grund des Kaufes und ähnlicher oneroser Geschäfte möglich gewesen. Anderseits zeigt aber eine Konstitution Diocletians[3] den Titel *pro donato,* und vor allem liegt in der Vorschrift, daß die *ltp.* den „*iustum initium habentes*“, den ἐκ δικαίας αἰτίας ἐν τῇ νομῇ γενομένοις zustehen solle, keine Einschränkung der klassischen *ltp.* bei Sachbesitz auf den Kauf als *causa possessionis.* Außerdem zeigt D. 12, 6, 15, 1 eine *ltp.* aus dem Titel *pro soluto,* der in den Quellen gerade im Gegensatze zum Kauf öfters erscheint.[4] Diese Stelle ist von PFLÜGER[5] gerade in ihrer Beziehung auf die *ltp.* der Interpolation verdächtigt worden:

Sed et si nummi alieni dati sint, condictio competet, ut vel possessio eorum reddatur: quemadmodum si falso existimans possessionem me tibi debere alicuius rei tradidissem, condicerem. [LENEL, Paul. fr. 1821, D. 45, 1, 28] *Si rem tradi stipulamur non intellegimur proprietatem eius dari stipulatori* [MOMMSEN: *stipulari*], *sed tantum tradi. Sed et si possessionem tuam fecissem ita, ut tibi per longi temporis praescriptionem avocari non possit, etiam sic recte tecum per indebitam*[6] *condictionem agerem.*

Das *per longi temporis praescriptionem* soll an die Stelle einer Erwähnung der *maior pars anni* im *interdictum utrubi* getreten

---

[1] Pap. Vat. fr. 7; Paul. D. 18, 1, 76, 1; Ulp. D. 44, 3, 5, 1; Paul. D. 44, 3, 12; Paul. V, 2, 5; Cod. 7, 33, 1; Syr-röm. Rechtsbuch L. 66; P. 77; Ar. 48; R. II, 48; R. III, 66. FERRINI [Z. S. St. Bd. 23, 138] übersetzt in P. 77: ... *vel si ex alia qualibet causa possideat* ... Dieser Übersetzung ist nach der gütigen Auskunft des Herrn Prof. FRÄNKEL die SACHAUsche unbedingt vorzuziehen.

[2] Cod. 7, 33, 11. Vermutungen über deren Bedeutung zuletzt wohl bei APPLETON, hist. de la propr. prét. 1, 320 (n° 182).

[3] Cod. 7, 36, 2.

[4] D. 41, 3, 48; D. 41, 4, 2 pr.

[5] Ztschr. d. Sav.-Stiftung. 18, 106 ff.

[6] *indebiti dett.*

sein. Aber abgesehen davon, daß PFLÜGERS Beweis aus der Terminologie des *possessionem avocare* durchaus nicht schlüssig ist, da er selbst mehr Beispiele für einen Gebrauch des *possessionem avocare* bei Besitzentziehung durch petitorische Klagen als durch Interdikte beibringt[1] —, gibt die Stelle in ihrer überlieferten Gestalt einen guten Sinn, wenn auch zuzugeben ist, daß sprachlich *ut tibi ⟨possessio⟩ per longi temporis praescriptionem avocari non possit* hart ist. Paulus wendet sich hier gegen die alte allgemein geltende Ansicht, daß der *indebitum solvens* nur insoweit zur *condictio* gegen den Empfänger des *indebitum solutum* berechtigt sei, als er *rem accipientis fecit.* Diesem Rechtsgedanken entsprechend, setzen die Juristen bei Erteilung der *condictio* an den ein *indebitum* mit fremder Sache Zahlenden voraus, daß der Empfänger usukapiert habe.[2] Und noch Pomponius im Sabinuskommentar[3] hatte den Fall, daß der *indebitum solvens* fremdes Geld gezahlt hatte, dahin entschieden, daß der Zahler keine *condictio indebiti* auf Rückzahlung des Betrages habe, bis zu welchem die Zahlung aus fremdem Gelde bestand. Paulus will die Statthaftigkeit der *condictio indebiti* auch für die Fälle annehmen,[4] in denen der *solvens* dem Empfänger kein Eigentum am gezahlten Gelde verschaffen kann. Der gemeinen Meinung gegenüber erinnert er zunächst daran, daß bei Zahlung einer Nichtschuld mit fremdem Gelde wenigstens der Besitz auf den Empfänger übergehe und daß man auf diesen daher wie in dem Falle, wo das irrtümlich angenommene *debitum* auf Besitzübertragung gerichtet sei, eine *condictio possessionis* zu-

---

[1] Von den 20 auf S. 108 angeführten Stellen mit *avocare* gehen 7 auf die *hereditatio petitio*, 3 auf die a° Serviana.

[2] Jul. D. 39, 6, 13 pr.; Paul. ad Plaut. D. 39, 6, 33; vgl. ähnliche Entscheidungen für die a° *certae pecuniae creditae* bei Jul. D. 12, 1, 19 i. fi. Papin. D. 12, 1, 13, 1.

[3] D. 12, 6, 19, 2.

[4] Daß hier eine Ausdehnung der *condictio* über ihren anerkannten Geltungsbereich hinaus unternommen wurde, geht aus den aufeinander folgenden Sätzen mit *sed et si* hervor, vgl. besonders die Sätze mit *sed et si* in dem Kommentar Ulpians zu dem *possidet* der Formel in der *a° ad exhibendum:* D. 10, 4, 5, 4. 5. 6; D. 10, 4, 7, 1. 2. Hier wird die Passivlegitimation auch auf Nicht-*possidentes* ausgedehnt.

lassen müsse. Wenn *rem tradi* stipuliert sei, handele es sich für die Parteien um die Verpflichtung zur Besitzübertragung,[1] und — so ist wohl der Gedanke — daher müsse eine *actio* auf Rückgabe der durch die Besitzübertragung erfolgten Bereicherung sich auf Rückübertragung der *possessio* richten. Der nächste, von PFLÜGER angefochtene Satz bringt einen Fall, in welchem man vom Standpunkt der bekämpften Lehre aus nicht sagen konnte, daß der Zahler das Gezahlte *accipientis fecit,* in dem aber durch das Eingreifen der *ltp.* die allseitige Unangreifbarkeit der Rechtsstellung des Besitzers wie bei Eigentumserwerb durch *usucapio* eintrat.

Auf diese Weise kommt es hier zu einer *condictio indebiti* auf Rückerstattung des Besitzes, ohne daß der Besitz durch eine petitorische Klage dem Empfänger entzogen werden könnte.[2] Von einem *possessionem avocare* durch die *condictio,* das PFLÜGER als Angriffspunkt für seine Interpolationsbehauptung benutzt,[3] ist dabei weder ausdrücklich in der sprachlichen Verbindung noch irgendwie in dem juristischen Aufbau der Entscheidung die Rede. Und daß in der Stelle wirklich von der *condictio,* nicht vom *interdictum utrubi,* wie PFLÜGER will, gesprochen wurde, beweist die Behandlung der Stelle im 10. Buche des Paulus ad Sabinum, im Abschnitte über *condictio.*[4] Die Interdikte standen erst im 13. Buche.[5]

Wenn hier eine *ltp.* auf Grund der Zahlung eines *indebitum* am empfangenen Gelde läuft und hierdurch die Möglichkeit eines *titulus pro soluto* für die klassische *ltp.* sichergestellt ist, kann kein Zweifel an der Geltung des klassischen Institutes bei allen *causae possessionis* bleiben.[6] Die Aufzählung der *iusta initia*

---

[1] Das von LENEL, Paul. fr. 1821 eingeschobene D. 45, 1, 28 gehört wohl in diesen Zusammenhang.

[2] TRAMPEDACH (Z. S. St. 17, 107) spricht von einer Unwirksamkeit der Ersitzung gegenüber dem *indebitum solvens.* Aber die Festigung des Besitzes durch die *ltp.* auf Grund des Titels *pro soluto* hat doch mit der Fortdauer der persönlichen Klage nichts zu tun!

[3] a. a. O. S. 109.

[4] LENEL, Paul. fr. 1821.

[5] LENEL, Paul. fr. 1860 ff.

[6] *pro dote*: Diocl., Cod. 7, 33, 3; *pro donato*: Diocl., Cod. 7, 36, 2; *pro derelicto*: Diocl., Cod. 7, 34, 5.

possessionis, welche die westgotische *interpretatio* zu Paulus (V, 2, 3) gibt, war im wesentlichen auch für die klassische Zeit richtig:

Justum initium est emtionis hereditatis donationis legati fideicommissi et ceterarum rerum similium quae per legitimas scripturas atque contractus ad unius cuiusque dominium transire noscuntur.

Diese schulmäßige Zusammenstellung der *causae possessionis* war älter als ihre Aufnahme in die *interpretatio;* denn die Reihenfolge der *causae* kehrt annähernd in der Anordnung der Digestentitel des 41. Buches wieder, und der Zusatz *ceterarum rerum...,* der allein sicher aus der Spätzeit stammt, paraphrasiert vielleicht die Nennung des Titels *pro suo* in seiner Bedeutung als des generalen *initium possessionis* im Sinne von Ulp. D. 41, 10, 1 pr.[1]

Aber diese Aufzählung ist nicht am klassischen Rechte der *ltp.* entstanden, sondern wohl aus dem Usukapionsrechte entlehnt. Für die *ltp.* waren einerseits gewisse originäre Erwerbsarten, darunter der Titel *pro derelicto* von Bedeutung, anderseits galt eine der hier genannten *causae* für die *ltp.* nachweislich nicht: der *titulus pro herede.*

Für den *titulus pro derelicto* gibt es keinen Anwendungsfall in den klassischen Quellen, wohl aber läßt eine diokletianische Konstitution[2] den Schluß auf die Anwendbarkeit dieses Titels bei der *ltp.* zu.

Gänzlich unmöglich muß die *ltp.* an den *res publicae iuris gentium,* an der Luft, dem freien Wasser und dem unbebauten Meeresstrande erscheinen. Nicht nur ist hier im allgemeinen kein Eigentum oder Pfandrecht denkbar, gegen dessen Geltendmachung die *ltp.* auftreten könnte. Auch die Existenzbedingung für die *ltp.,* die *iusta causa possessionis* ist hier mit der Unmöglichkeit jeder dauernden rechtlichen Beziehung des herrenlosen Gutes zum Privatvermögen ausgeschlossen.[3] Ohne auf diese Er-

---

[1] ... *cum dominium nobis acquiri putamus, et ex ea causa possidemus ex qua acquiritur et praeterea pro suo: ut puta ex causa emptionis et pro emptore et pro suo possideo ...*

[2] Cod. 7, 34, 5.

[3] Vgl. Marcian, D. 1, 8, 2, der den *quaedam communia omnium* die *pleraque singulorum, quae variis ex causis cuique adquiruntur* gegenüberstellt.

wägungen Rücksicht zu nehmen, entscheidet Papinian [D. 41, 3, 45 pr.] im 10. Buche der *responsa*:

Praescriptio longae possessionis ad optinenda loca iuris gentium publica concedi non solet.

Die Fassung dieser Entscheidung scheint anzudeuten, daß Papinian die Anwendung der *ltp.* an den *res communes omnium* logisch für möglich hielt, daß diese aber vom Rechtsleben nicht zugelassen wurde. Der eine der beiden beigefügten Beispielsfälle vermag hierüber größere Klarheit zu gewähren:

Im Rechte der klassischen Juristen gewann derjenige, welcher auf dem Meeresstrande ein Gebäude errichtete, auch am Boden Eigentum,[1] nicht ein *dominium ex iure Quiritium*, aber doch eine *possessio pro suo*, die den Rechtsschutz jeder *possessio ex iusta causa* genoß. Nach dem Zerfall des Gebäudes wird der Boden wieder *res communis omnium*,[2] bzw. *res nullius*.[3] Wer wieder auf demselben Platze baut, muß wieder „*dominium*" im Sinne dieser Entscheidungen erwerben. Das Verbot der *ltp.* am Strandboden wendet nun Papinian auf das Verhältnis zwischen dem ersten und dem zweiten Bebauer des Platzes, wie folgt, an:

quod ita procedit, si quis aedificio funditus diruto quod in litore posuerat (forte quod aut deposuerat aut dereliquerat aedificium: MOMMSEN) *alterius postea eodem loco exstructo, occupantis datam exceptionem opponat.*[4]

Wie Papinian sich die Geltendmachung der *exceptio longae possessionis* gegenüber dem späteren *occupans* denkt, geht aus der Stelle nicht hervor, und man wird insbesondere dahingestellt sein lassen müssen, welche Klage von dem *occupans* im vorliegenden Falle angestrengt worden ist, da ja die Möglichkeit eines *si paret fundum q. d. a. ex iure Quiritium* A^i A^i *esse* an einem nicht ersessenen okkupierten Grundstücke starken Zweifeln unterliegt.[5]

[1] D. 1, 8, 6 pr.; D. 41, 1, 14; D. 47, 10, 13, 7.

[2] D. 1, 8, 6 pr.; D. 1, 8, 2, 1.

[3] D. 41, 1, 14.

[4] Die Stelle ist offenbar verderbt überliefert. Aber ihr Sinn ist klar und wird durch Bas. 50, 3, 43 gesichert: *Οὐδεὶς κρατεῖ δημόσιον τόπον διὰ μακροῦ χρόνου παραγραφῆς· ὥστε εἰ ὃ ἔκτισα ἐν αἰγιαλῷ πέσῃ ἢ καταλίπω αὐτό, καὶ ἄλλος μετὰ ταῦτα κτίσῃ, οὐκ ἔχω παραγραφὴν ἐπὶ τῷ τόπῳ.*

[5] Vgl. GIRARD, Manuel[3] 313; CZYHLARZ, Eigentumserwerbsarten I, 196—206.

Sicher ist nur, daß der Erstbesitzer, welcher sich auf die *ltp.* beruft, Beklagter ist; denn er stellt die *exceptio* auf. Er muß also im Besitze des Grundstückes auf dem Meeresstrande sein. Die *ltp.*, auf die er sich beruft, findet in jener früheren Okkupation ihr *iustum initium possessionis* und stützt sich auf den zehn Jahre dauernden Besitz. Wichtig für das Recht der klassischen *lpt.* ist dabei, daß hier allein in den klassischen Quellen deutlich ein Besitzer sich auf einen früher gehabten und dann verlorenen Besitz zur Begründung der *praescriptio* beruft.

Wenn diese Möglichkeit bei der Anwendung der *ltp.* im vorliegenden Falle bestand, ist die Fassung der Entscheidung Papinians nicht wunderbar, daß man eine *ltp.* am Strandboden nicht „zulasse". Denn auch hier hätte dann die Klage des Zweitbesitzers infolge der begründeten *ltp.* keinen Erfolg haben dürfen, und in einem solchen Falle hätte die unbehinderte Wirkung der Vorschriften über die *ltp.* den Erfolg, den der Untergang der Berechtigung des ersten Besitzers durch Dereliktion für die Klärung der Rechtsverhältnisse hatte, zunichte gemacht. Während der allgemeine Satz, die *ltp.* könne an *res publicae iuris gentium* nicht gestattet werden, für diesen Fall aufs Wort zutrifft, ist das zweite von Papinian angeführte Beispiel in den Eigenheiten seines rechtlichen Tatbestandes, wie durch die Parallelität zu einer Stelle Marcians, die mit fast identischen Worten das Gegenteil sagt, dunkel:

Pap. D. 41, 3, 45 pr.	Marcian. D. 44, 3, 7.
. . . *vel si quis, quod in fluminis publici deverticulo solus pluribus annis piscatus sit, alterum eodem iure prohibeat*	*si quisquam in fluminis publici deverticulo solus pluribus annis piscatus sit, alterum eodem iure uti prohibet.*

Die starke Gegensätzlichkeit der beiden Fragmente ist im Zusammenhange der justinianischen Kompilation nicht zu erklären, und seit UNTERHOLZNER[1] hat sich die Wissenschaft mit dieser

[1] UNTERHOLZNER, Verjährung durch fortgesetzten Besitz S. 280 Anm. m. Verjährungslehre Bd. I, 177 Anm. 179. HAMEAUX S. 134 N., 272, 3. Hier finden sich die älteren Erklärungsversuche zusammengestellt.

Feststellung begnügt. Für den Seitenarm eines öffentlichen Flusses muß ein Rechtszustand gegolten haben, der von der allgemeinen rechtlichen Stellung der Wasserstraßen als *dominium populi Romani*[1] abwich; denn sonst wäre die Hervorhebung des *deverticulum* überflüssig, und der Fall könnte von Papinian nicht neben dem anderen behandelt sein, in welchem nach dem Rechte der *ltp.* ein geschützter langer Besitz zwar möglich war, aber von der Praxis nicht zugelassen wurde: am *flumen publicum* war ja eine Okkupation nicht möglich.[2] Aber da keine Quellen über das Recht am *deverticulum fluminis publici* unterrichten, wird man auf eine Erklärung von D. 41, 3, 45 und D. 44, 3, 7 verzichten müssen.

Festere Grundlagen als für die originären Erwerbsarten im Rechte der *ltp.* sind für die Erläuterung des *titulus pro herede* im Präskriptionsrechte zu gewinnen.

Ein Seitenstück der *usucapio lucrativa pro herede* findet sich hier allerdings nicht. Denn stand auch die Ergreifung der herrenlosen Nachlaßsache als *iusta causa possessionis* außer Zweifel,[3] so war doch diese Ersitzungsart im Usukapionsrechte schon seit Hadrian nicht mehr praktisch, und, soweit die Fragmente aus den Juristenschriften zur Zeit des Septimus Severus und Caracalla urteilen lassen, war sie der juristischen Behandlung in jener Epoche schon entschwunden.[4] Aber in den Quellen, welche dieser Zeit entstammen, fällt die eigenartige Regelung des anderen Falles der *possessio pro herede* für die *ltp.* auf.

Wenn der Erbe eine fremde Sache im Nachlaß vorfand, von der er annehmen konnte, daß sie dem Erblasser gehört habe so konnte er auf Grund des eigenen guten Glaubens aus einem

---

[1] Pernice, Labeo I, 276 ff.

[2] In Bas. LIII, 6, 3 (ed. Ferrini-Mercati) ist allerdings D. 44, 3, 7 in einer für das klassische Recht sicherlich unmöglichen Weise wiedergegeben: *ὁ ἐπὶ πολλοὺς (sc. ἐνιαυτοὺς) ἐν δημοσίῳ ποταμῷ μόνος ἁλιεύσας καλῶς κωλύει ἕτερον ἁλιεῦσαι.*

[3] arg. Gai. II, 59: *ex aliis causis*; Pernice, Labeo II, 1², 396. Anderer Meinung scheint Girard, Manuel³ 869.

[4] Daß die *improba usucapio* in der Rechtsordnung weiter bestand, zeigt Cod. 7, 29, 3.

putativen Titel *pro herede*[1] oder, wie andere sagten, *pro suo*[2] usukapieren: so entschieden wenigstens die Anhänger des Putativtitels.[3] Und dieser Rechtsgedanke entsprach dem Wesen des römischen Erbenbesitzes, der unabhängig vom Besitze des Erblassers erworben wurde und daher grundsätzlich nur den Rechtsfolgen des eigenen Tatbestandes unterlag.

Für die *ltp.* galt hier anderes. Wohl sagten die allgemeinen Vorschriften,[4] aus einem *iustum initium possessionis* solle die *ltp.* erwachsen können. Schon hiernach hätte der Erbe, weil die fremde Sache dem Erblasser nicht gehörte, der Erbe also keine *causa pro herede* an ihr haben konnte, keine *ltp.* an solcher Sache erwerben können. Das Ergebnis dieser Entscheidung ist auch Rechtszustand der *ltp.*, wenn sie sich gegen die *rei vindicatio* richtet.[5] Aber die Einzelentscheidungen zeigen hier in der Begründung einen durchaus anderen Rechtsgedanken wie bei der *usucapio* und eigene Konsequenzen aus diesem.

Nach Ulpian[6] konnte der Erbe des Verpfänders dem Pfandgläubiger die *ltp.* nie aus seinem *titulus pro herede* entgegenstellen: das ist mit der allgemeinen Bestimmung, daß ein *iustum initium possessionis* die *ltp.* begründe, nicht zu erklären, da der Erbe des Verpfänders die Pfandsache *pro herede* besaß, wenn der Verpfänder, wie doch anzunehmen, Eigentümer gewesen war. Die mittelbare Begründung dieser Entscheidung durch Ulpian ist bedeutsam: der Erbe des Verpfänders kann, wenn er das Pfand von einem Dritten kauft, die *ltp.* erwerben, *quia in extranei locum successit, non in eius qui pignori dederat, quemadmodum si ante redemisset, sic deinde heres extitisset.* Man mag das *quia .... dederat* als Kompilatorenglossem mit Longo[7] verwerfen. Klar bleibt

---

[1] Pomp. D. 41, 5, 3.

[2] Nerat. D. 41, 10, 5; Pernice, Labeo II, 1², 396 ff.

[3] Über die andere Meinung, die besonders Celsus, D. 41, 3, 27, vertritt, vgl. oben S. 14.

[4] Paul. V. 2, 3, B. G. U. 267.

[5] D. 44, 3, 11; oben S. 15.

[6] Ulp. 3. Buch der *disputationes*, D. 44, 3, 5, 1; Ulpianfragmente bei Lenel, Sitzungsber. d. Berl. Akad. XXXIX, XL, 1167, fragm. b. (vgl. unten S. 86); vgl. auch Cod. 7, 36, 1.

[7] Darüber vgl. das Nähere unten S. 48.

jedenfalls der Gedanke, daß der Erbe in die Unfähigkeit des Erblassers zur *ltp.* succediere. Also weil man in den Besitz des Verpfänders an der Pfandsache als Erbe nachfolgt, kann man nicht die *ltp.* erwerben![1] Dieser Gedanke der Rechtsnachfolge des Erben in die Qualifikation oder Disqualifikation des erblasserischen Besitzes zur *ltp.* beherrschte nach Justinians Bericht[2] das Institut im Gegensatze zur *usucapio.* Er führte, wie die neuen Fragmente aus Ulpians *disputationes* zeigen,[3] zu einer Unterscheidung des *successor*, der unter der Unfähigkeit seines Erblassers zur *ltp.* leidet, und des *extraneus possessor*, d. i. jeder, der die Sache *ex iusta causa* erwarb. Dieser Rechtssatz ist aller Wahrscheinlichkeit nach von Papinian in D. 44, 3, 11 ausgesprochen.[4] Und er geht auch aus Cod. 7, 33, 1 pr. hervor: Der Käufer einer Sache, dessen Rechtsvorgänger vom Eigentümer mit der *rei vindicatio* beklagt worden war, konnte die Sache auf Grund seiner *causa pro emptore* durch die *ltp.* erwerben; nach Ablauf der Präskriptionsfrist, so heißt es, *non est inquietanda quae nunc possidet persona, quae sicut accessione prioris domini non utitur, qui est inquietatus, ita nec impedienda est, quod ei mota controversia sit.* Diese Begründung entspricht dem Satze, daß nach klassischem Rechte derjenige, der sich zur Aufstellung einer *ltp.* notwendig auf eine *accessio possessionis* berufen mußte, also der zu eigener *ltp.* aus dem Titel *pro herede* unfähige Erbe, gegen sich jeden Unfähigkeitsgrund seines Vorgängers zur *ltp.* gelten lassen muß, also auch die Entkräftung des Präskriptionsbesitzes durch eine Eigentumsklage, die sich gegen den Erblasser gerichtet hat.

Der hier nachgewiesene Rechtszustand der *ltp.* hat seinesgleichen nicht im römischen Besitzrechte. Wohl dehnte die Erbfolge in eine begonnene *usucapio* eine Wirkung der *iusta causa* des erblasserischen Besitzes auf den Erben aus, wohl konnte der

---

[1] Auch Cod. 7, 36, 1 sagt, daß die *debitores vel qui in iura eorum successerunt* die *ltp.* gegen die Pfandgläubiger nicht geltend machen können.

[2] Inst. 2, 6, 12.

[3] Fragm. b. . . . *exceptio ei prosit, et quod attinet ad formulae conceptionem, possederit, quia extraneus possessor est.*

[4] Vgl. oben S. 14f.

Erbe eines *pro possessore possessor* nach klassischem Rechte mit der *hereditatis petitio* so belangt werden, als hätte er selbst die fremde Erbschaftssache sich angeeignet.[1] Und eine juristische Theorie setzte in diesem Sinne den mucianischen *genera possessionum* die *possessio ex pluribus causis* des Erben entgegen, der *pro herede* und zugleich als Erbe eines Käufers *pro emptore* besitze.[2] Aber hier[3] folgte der Erbe doch nur in eine einzelne Rechtswirkung des erblasserischen Besitzes nach. Im Rechte der *ltp.* allein war der Rechtsgedanke, daß der Erbe in alle Vorzüge und Nachteile des Besitzes seines Erblassers eintrat, im klassischen Rechte grundsätzlich verwirklicht.

Diese Tatsache ist bisher in ihrer Gegensätzlichkeit zur *usucapio* kaum gewürdigt worden. Praktisch war damit entschieden, daß nur Singularerwerb ein *iustum initium possessionis* bilden konnte. Und als Begleiterscheinung ist es wohl zu begreifen, daß die *ltp.* als Satz der Lehre vom Kauf öfters in den Quellen der klassischen Zeit erscheint. War doch der Kauf in vielen römischen Rechtsquellen der Typus des derivativen Singularerwerbes im Gegensatze zu dem Universalerwerb durch Erbfolge.[4]

Das Erfordernis des *iustum initium possessionis* schloß die *ltp.* in denjenigen Fällen aus, in denen eine *iusta causa*, ein gültiges Rechtsgeschäft unmöglich war. Erst die diokletianischen Konstitutionen enthalten für diese selbstverständliche Konsequenz Bei-

---

[1] Ulp., D. 5, 3, 13, 11. [2] Paul., D. 41, 2, 3, 4.

[3] Andere solche Fälle sind: Paul. D. 4, 6, 30 pr. der Begründung zufolge; ferner die von Ulpian referierte Meinung der *plerique*, daß der Erbe des *interdictum utrubi* aus der Person des Erblassers auch ohne eigenen Besitz haben solle: D. 41, 2, 13, 4.

[4] An die Nennung des Kaufes in der *accessio*-Klausel des Ediktes über das *interdictum utrubi* schloß die Interpretation die Geltung der *accessio possessionis* für die anderen Fälle des Singularerwerbes an, wie aus der Gliederung des Satzes bei Gai. IV, 151 hervorgeht (vgl. auch Lenel, Edikt S. 392); in der Musterformel *a° Publiciana* stand nur *emit* (Gai. IV, 36) und die anderen Arten des Singularerwerbes wurden darunter mitverstanden (D. 6, 2, 3, 1 — fr. 7, 7). Vgl. besonders auch Ulp. D. 43, 19, 3, 6–10: Das Interdikt konnte nach der ediktalen Verheißung (D. 43, 20, 1, 37) *et successoribus et emptori* gegeben werden, und *ad instar venditionis vel alterius contractus* wurde es gegeben bei Rechtsnachfolge *pro donato*, *pro legato*, *pro dote* (Lenel, Edikt S. 384).

spiele.[1] Daß in dem Zeitalter der letzten klassischen Juristen die Einrede aus langem Besitze auch an einem *locus religiosus*, den der Besitzer käuflich erworben hatte, gegenüber dem Eigentümer unmöglich war, ist sicher. Wenn im zweiten oder dritten Jahrhundert der Subpräfekt der misenatischen Flotte Alfenius Senecio eine Vindikation der *heredes Patulci* gegen den Besitzer des angeblich ihnen noch gehörenden Grabgrundstückes, P. Aelius Rufinus, deshalb abwies: *cum pater Rufini et postea Rufinus, quamquam non iure facta emptione semper in possessionem fuerint,*[2] so war für diese Entscheidung jedenfalls nicht die *longae possessionis praescriptio* der maßgebende Rechtssatz. Nach ihr hätte dem Besitzer P. Aelius Rufinus nicht geholfen werden können, da sein Rechtsvorgänger keinen gültigen Kauf über den Teil des strittigen Grundstückes abschließen konnte, welcher die *plurima et dispersis locis sepulchra* barg. Wie die Entscheidung selbst, die der Unterpräfekt hier trifft, sich erklärt,[3] mag hier zunächst unerörtert bleiben.

Ein *iustum initium possessionis*, ein Erwerbsakt, der auf den Besitzer das Eigentum, frei von fremdem dinglichen Rechte hätte übertragen können, war strenges Erfordernis der *ltp.* Im Gegensatze zu der herrschenden Behandlung der *usucapio* durch die römischen Juristen durfte das Kausalgeschäft bei der *ltp.* nicht „rein ideell dem Besitze vorausgehen". Zwar ist die Unmöglichkeit des Putativtitels für die *ltp.* im klassischen Rechte im Sachbesitz nicht ausdrücklich ausgesprochen. Aber die Worte des Septimius Severus und Caracalla an die Tyraner kennzeichnen

---

[1] Cod. 7. 26, 9 = Cod. 5, 59, 3.

[2] C. I. L. X, 3334. Bruns, Fontes[6] p. 361f.

[3] Es wird hier ein lange bestehender tatsächlicher Besitz am *locus religiosus* geschützt. Das widerspricht jedenfalls der allgemein vertretenen Anschauung, am *fundus religiosus* sei kein Besitz möglich (Savigny, Recht des Besitzes § 9; Ferrini, Archivio giuridico XXX, 457; Windscheid, Pand. I, § 152[4]) und deren Quellengrundlage Paul., D. 41, 2, 30, 1. Anderseits fällt dafür, daß eine *possessio* am *locus religiosus* möglich war, der Sprachgebrauch vieler Grabinschriften ins Gewicht (Beispiele: C. I. L. VI, 13562. 12118. 15640. 7458. 8750. 22083; C. I. L. II, 4332; die letzteren beiden auch bei Bruns, Fontes[6] p. 335). Wie ist nach den klassischen Quellen diese *possessio* zu denken? — Ich behalte mir vor, in anderem Zusammenhange der Frage näher zu treten.

hier den allgemeinen Rechtszustand: . . . *nec facile, quae per errorem aut licentiam usurpata sunt, praescriptione temporis confirmentur.* Bei den Klassikern kommen nur *veri tituli* vor; der Schluß auf einen Putativtitel aus der *causa pro soluto*, wie Fitting[1] ihn unternahm, scheitert daran, daß seine wichtigste Quellengrundlage, D. 41, 10, 3 wohl gerade in dieser Beziehung interpoliert ist.[2] Die Abneigung der diokletianischen Zeit gegen den Putativtitel[3] konnte die Notwendigkeit des *titulus verus* als *iustum initium* der *ltp.* als „*iuris evidentissimi*" betonen.[4]

Für die Gesamtauffassung der *ltp.* des klassischen Rechtes ist die Erkenntnis, daß die *ltp.* eine *possessio ex iusta causa* voraussetzte, wichtig. Sie entzieht der bisherigen Anschauung den Boden, nach welcher die Einrede aus langem Besitz mit einer *bonae fidei possessio* für die Fälle verbunden war, in denen die *usucapio* versagte. Die *ltp.* erscheint nicht mehr als ein der *usucapio* gleichartiges Institut des klassischen Rechtes.

Daß die Einrede aus dem langen Besitze, später ein Rechtsschutz der *bonae fidei possessio*, am Ende der klassischen Rechtsentwickelung nur auf ein *iustum initium possessionis* gestützt war, trennt das Institut von der Entwickelung des römischen Sachenrechtes, die dem prätorischen Edikte verdankt war: die *usucapio*, die *a° Publiciana* waren zwar auch ursprünglich nur auf eine *possessio ex iusta causa* begründet gewesen.[5] Aber die Jurisprudenz der hadrianischen Zeit hatte hier die Umprägung zur *bonae fidei possessio* vollendet. Wenn die *ltp.* lange nach dem Abschluß dieser Entwickelung noch mit dem bloßen *iustum initium possessionis* verknüpft war, entsteht die Frage, ob die rechtliche Gestaltung des Besitzrechtes der klassisch-rechtlichen *ltp.* jener älteren von Pernice nachgewiesenen Form der späteren *bonae fidei possessio* nahesteht und nur von deren Fortbildung unberührt geblieben ist. Könnte man sich zu dieser Annahme

---

[1] Arch. f. d. civ. Praxis Bd. 52 S. 6 ff.

[2] Pernice, Labeo II, 1², 401 ff., 406.

[3] Cod. 7, 29, 3; 4. [4] Cod. 7, 33, 5.

[5] Pernice, Labeo II, 1² S. 339 ff.

entschließen, so müßte man die *usucapio* als Schutz eines gutgläubigen Besitzers, die *ltp.* als Schutz eines bösgläubigen *possessor ex iusta causa* in einen Gegensatz zueinander bringen, für welchen die Quellengrundlage fehlt und welcher aus unseren Quellen nicht zu erklären wäre; denn ein Schutz des *malae fidei possessor* außer den possessorischen Interdikten ist nach ihnen kaum denkbar. Und das seltsame Verschwimmen der Begriffe *possessio ex iusta causa* und *bonae fidei possessio,* welches sich um die Mitte des 2. Jahrhunderts beobachten läßt, wäre unmöglich gewesen, wenn ein Rechtsinstitut wie die *ltp.* einem *malae fidei possessor,* der *ex iusta causa* besaß, zum Schutze bestimmt gewesen wäre. Es ließe sich anderseits im Falle solcher Auffassung die später wirklich eingetretene Umbildung der *ltp.* zu einem Schutz eines *bonae fidei possessor* kaum erklären.

Der Versuch, die seltsame Erscheinung der *possessio ex iusta causa* in der *ltp.* zu begreifen, wird von solcher Verknüpfung mit der *possessio ex iusta causa,* die zur *usucapio* führte, absehen müssen.

4. Die *inconcussa possessio.*

Nur τοῖς ἄνευ τινὸς ἀμφισβητήσεως ἐν τῇ νομῇ γενομένοις wurde die *ltp.* gewährt.[1] Die Versionen des syrischen Spiegels sagen die Einrede aus dem langen Besitze für den Fall zu:

L. 66: „Wenn jemand ein Grundstück kauft oder eine andere νομή und er ist im Besitze der Sache während 10 Jahren, wenn niemand ihn belästigt, weil die Sache, die jener gekauft, ihm gehöre, ihm als Pfand gesetzt sei oder ihm aus einem anderen Grunde zukomme . . .“

R. II, 48: „. . . und er ist in der νομή der Sache 10 Jahre, ohne daß jemand ihn belästigt, wenn die Sache, die jener verkauft hat, als Pfand oder aus irgend einer anderen Ursache gesetzt war, so erlangt er die Herrschaft über diese Sache, denn niemand hat ihm eine παραγγελία in Geschriebenem (Schriftstücken) geschickt. Wenn zufällig der Forderer in demselben Orte ist, so ist gültig der Kauf, den er gekauft hat, weil niemand ihn belästigt, noch ihm die παραγγελία geschickt hat.“

[1] B. G. U. 267.

P. 77: „. . . und es vergehen 10 Jahre und niemand belästigt ihn. . . .“

Ar. 48: „Es ist unser Gesetz, daß, wenn ein Mann ein Landgut oder Haus oder etwas anderes kauft, wenn es 10 Jahre lang in seiner Hand bleibt, ohne daß jemand ihn darin verletzt, noch ihm darin entgegentritt, noch den Anspruch erhebt, daß es sein Pfand sei oder daß er ein Recht darauf aus irgend einem Grunde habe und er ihn nicht belästigt, wenn er gegenwärtig ist, mündlich oder durch einen Boten, wenn er abwesend ist, schriftlich, . . .“

Da auch Paulus (V, 2, 4) die *ltp.* nur für denjenigen Besitzer zuläßt, *qui . . . nec medio tempore interpellatus est,* so muß feststehen, daß in klassischer Zeit die *ltp.* unmöglich war, wenn der Besitzer schon in einem früheren Prozesse auf Herausgabe der Sache aus einem dinglichen Rechte belangt worden war. Die wichtigste Quelle in der Kompilation für diesen Rechtssatz ist ein Reskript des Kaiser Severus und Caracalla, das im Jahre 202 erlassen wurde (Cod. Just. 7, 33, 1).[1]

Cum post motam et omissam quaestionem res ad nova dominia bona fide transierint et exinde novi viginti anni intercesserint sine interpellatione, non est inquietanda quae nunc possidet persona, quae sicut accessione prioris domini non utitur, qui est inquietatus, ita nec impedienda est, quod ei mota controversia sit. Quod si prior possessor inquietatus est, etsi postea per longum tempus sine aliqua interpellatione in possessione remansit, tamen non potest uti longi temporis praescriptione. Quod etiam in re publica servari oportet.

Diese Stelle ist in den Streit der Meinungen hineingezogen worden, den die Pandektisten des 19. Jahrhunderts über die Rechtsnatur der justinianischen Ersitzung und die Frage ausfochten, welche Wirkung die Eigentumsklage auf den unvollendeten Zeitablauf hat.

Eine viel vertretene[2] Lehre wollte die *ltp.* ebensowenig wie

[1] Vgl. Krüger in der Ausg. des corp. iur. ad h. l.

[2] Westphal. Besitz, Eigentum und Verjährung 1803, 549; Vangerow, Pand.[7] I, 249f.; Arndts, Pand.[14] § 163[2] S. 304; Demelius, Untersuchungen S. 84; Baron, Pand.[5] I, 241; Brinz, Pand.[2] I, 600. Die Thèses „de la praescriptio longi temporis en droit romain“ von Bellaguet (Paris 1879) S. 18; Talagrand (Uzès 1883) S. 64.

die *usucapio* von der Klagerhebung berühren lassen. Die *litis contestatio* sollte nur für den Anspruch des Berechtigten gegen den Präskribenten fixierend wirken, so daß das Urteil, wenn es gegen den Beklagten erging, dem Kläger die Sache in dem Zustande verschaffte, in dem diese zur Zeit der *lit. cont.* war. Aber ein Abbruch des Prozesses und eine nach der *lit. cont.* erfolgte Vollendung der Präskriptionsfrist sollte in einem anderen Prozesse dem Präskribenten den Schutz der Einrede zukommen lassen: Die *ltp.* sollte durch Anstellung der Klage gegen den Besitzer, wenn sie vor Ablauf der 10 oder 20 Jahre erfolgte, nicht unmöglich werden. Grueber[1] hat die Verteidigung dieser Lehre in einer Monographie geführt und erklärt Cod. 7, 33, 1 mit Arndts[2] in diesem Sinne: Daß sich der einmal vor Ablauf das *longum tempus* belangte Besitzer der Einrede des langen Besitzes nie mehr bedienen könne, erscheine als Wirkung der *litis contestatio*, wenn man annehme, der letzte Satz von fr. 1 cit. handele von der Wiederaufnahme eines liegengebliebenen Prozesses: es sei ja *lis omissa* vorausgesetzt. Die Kaiser hätten nur die Berufung auf eine während des Prozeßschwebens vollendete *ltp.* für unstatthaft erklären wollen.

Diese Deutung ist unmöglich; denn:

1. es handelt sich gar nicht um eine *lis omissa.* „*et omissam*" ist eine von Francke[3] aufgedeckte Interpolation, die Justinians Juristen im Hinblick auf des Kaisers Veräußerungsverbot der *res litigiosa* eingerückt haben. Paulus (V, 3, 5) zitiert offenbar den Urtext: *Si post mota intra tempora quaestionem....*

Durch diese Feststellung wird die Annahme des wiederaufgenommenen Prozesses, die ohnehin nur durch die gewagte Beziehung von *omissam* auf den zweiten Satz von Cod. 7, 33, 1 vermittelt wurde, haltlos, und als einzig quellengetreue Auffassung erscheint, daß sich der interpellierte Besitzer in keinem anderen Prozesse mehr auf die *ltp.* berufen kann.

2. Der Satz „*etsi postea per longum tempus sine aliqua inter-*

---

[1] Über den Einfluß der Eigentumsklage auf die Ersitzung nach römischem Rechte, München 1875.

[2] a. a. O.

[3] Hereditatis petitio S. 39.

pellatione in possessione remansit" kann nicht, wie GRUEBER will,[1] die Vollendung der begonnenen *ltp.* während des Stillstandes des liegengebliebenen Rechtsstreites bedeuten. *Longum tempus* heißt vielmehr hier wie allgemein im antoninischen Zeitalter[2] die 10- oder 20 jährige Präskriptionsfrist. Und der fragliche Satz sagt daher: Selbst Neubeginn und ungestörte Vollendung der 10 oder 20 Jahre kann dem einmal Interpellierten nicht die Einrede verschaffen.

Das Erfordernis, daß gegen den Präskriptionsbesitzer keine *controversia* angestrengt werden darf, ist der *ltp.* allein unter den Instituten des klassischen römischen Besitzrechtes eigentümlich. Die modernen Interpreten haben die Wirkung des Prozesses auf die *possessio ex iusta causa* stets unter dem Gesichtspunkte der Unterbrechung der Verjährung des dinglichen Anspruches aufgefaßt,[3] den die *ltp.* entkräftet. Aber der Begriff des dinglichen Anspruches liegt dem klassischen Rechte fern.[4] Da die klassischen Texte[5] die Wirkung des Prozesses stets vom Standpunkte des Präskriptionsbesitzers aus betrachten, der die Möglichkeit zur *ltp.* verliert, da endlich spätere Quellen geradezu von der zur *ltp.* nötigen *possessio non interrupta inquietudine litis,*[6] von der *possessio inconcussa sine controversia perseverans*[7] sprechen,[8] ist die Auffassung allein berechtigt, daß der unangefochtene Besitzer durch das Schweigen der Berechtigten zur *ltp.* legitimiert war.[9] Diese Unterscheidung von Unterbrechung der Verjährung des

---

[1] a. a. O. S. 23. [2] Paul. V, 5 a, 8.

[3] Die gesamte gemeinrechtliche Literatur geht davon aus, und nur durch die Tatsache, daß der Gedanke der Anspruchsverjährung auf die *longa possessio* angewendet waren, erklärte man die merkwürdige Vorstellung, daß durch Klaganstellung die *possessio* unterbrochen wurde. (So nach einer Andeutung von DEMELIUS, Unters. S. 89; GRUEBER S. 25f. besonders wegen Cod. 7, 32, 10; vgl. schon HAMEAUX S. 173.) Quellentreu nur JÖRS, bei BIRKMEYER[1] S. 113.

[4] Vgl. WLASSAK, Art. actio in rem bei PAULY-WISSOWA I, 314f.

[5] Cod. 7, 33, 1; Paul. Sent. V 2, 4; P. B. G. U. I 267. Syr.-röm. Rechtsbuch L. 66. R. II 48.

[6] Cod. 7, 33, 2 (Diokl.). [7] Cod. 7, 35, 4.

[8] Constantin, Cod. 7, 32, 10. Die constantinische Konstitution in Cod. Theod. (Bonner corp. iur. rom. anteiust. 4, 13, 1) Mo. 4, 11, 1.

[9] Vgl. insbesondere R. II, 48: „denn niemand hat ihm eine *παραγγελία* in Geschriebenem geschickt."

dinglichen Anspruches und Entkräftung des präskriptionsfähigen Besitzes mag als Silbenstecherei erscheinen: für die rechtsgeschichtliche Würdigung des klassischen Institutes wird gerade der Begriff der *inconcussa possessio* wichtig sein.

Dieser Begriff führt zunächst zu einer Fragestellung, zu der die landläufige Auffassung der *ltp.* als einer Anspruchsverjährung nicht gelangen darf und kann:

I. Wie wirkt die Erhebung der Klage seitens eines in Wirklichkeit nicht Berechtigten auf den Präskriptionsbesitz? Oder mit andern Worten: kann sich der Kläger, dem die *ltp.* entgegengehalten wird, zum Ausschluß der *ltp.* auf jede frühere Klagerhebung gegen den Besitzer berufen, gleichgültig, wer durch diese Klage dem Besitzer das Recht zum Besitze bestritten hat?

Der herrschenden Lehre liegt diese Frage fern.[1] Wenn die *ltp.* eine Verjährung des Eigentumsanspruchs oder eines andern Anspruchs aus dinglichem Rechte war, so kann die Unterbrechung allerdings nur wirksam gewesen sein, wenn sie seitens des wirklich Berechtigten erfolgte. Aber die Quellen der *ltp.* aus klassischer und nachklassischer Zeit stehen dieser Auffassung entgegen.

B. G. U. 267 verlangt, daß der Besitzer, der sich auf den langen Besitz beruft, *ἄνευ τινὸς ἀμφισβητήσεως* besessen habe; Cod. 7, 33, 1 spricht vom *inquietare* des Besitzers, ohne ausdrücklich den Kläger als wahren Eigentümer zu bezeichnen; Diokletianische Konstitutionen[2] fordern vom geschützten langen Besitz, daß er frei von *inquietudo litis* geblieben sein müsse. Die ältesten Vertreter der beiden Handschriftengruppen des syrischen Spiegels[3] erteilen die *ltp.* nur, wenn „niemand" den Besitzer während der 10 Jahre „belästigt", „weil die Sache, die jener gekauft, ihm als Pfand gesetzt sei oder aus irgend einem Grunde die Herrschaft über die Sache ihm zukomme", R. II 48, wenn „niemand ihm eine *παραγγελία* in Geschriebenem geschickt hat". R. III 66: „wenn nie-

[1] Auch Jörs a. a. O. spricht nur von „Litiskontestation mit dem Quasi-Eigentümer". Die Glosse (gl. ad Cod. 7, 33, 1; Landsberg, Glosse des Accursius, S. 189) und mit ihr zuletzt noch Sintenis Pandekten I, 514 formulierten den Satz, die *ltp.* werde durch Klagerhebung nur für und gegen die Prozeßparteien unterbrochen.

[2] Cod. 7, 33, 2; 7, 35, 2.

[3] L. 66, P. 77; R. II, 48.

mand wegen derselben mit ihm prozessiert". Nach den Justinianischen Institutionen[1] war im klassischen Kaiserrechte eine *indubitata possessio* zur *ltp.* nötig. Ein Rechtsstreit, der die Berechtigung des Besitzers zum Besitz der Sache in Frage stellt, liegt aber auch vor, wenn ein materiell nicht Berechtigter als Kläger Anspruch gegen den Besitzer erhoben hat.

Daß jede während des Laufs der 10 Jahre ergehende *interpellatio* dem Besitzer die Fähigkeit zur *ltp.* raubte, zeigt noch eine Konstitution Constantins:[2]

Nemo ambigit possessionis duplicem esse rationem, aliam quae iure consistit, aliam quae corpore, utramque autem ita demum esse legitimam, cum omnium adversariorum silentio ac taciturnitate firmetur: interpellatione vero et controversia progressa non posse eum intelligi possessorem, qui, licet possessionem corpore teneat, tamen ex interposita contestatione et causa in iudicium deducta super iure possessionis vacillet et dubitet.

Die Beziehung der Stelle auf die *ltp.* ist nicht mit Sicherheit nachweisbar. Sie für einen Besitzstreit zu verstehen,[3] ist wohl nicht möglich, da es sich um das Recht zum Besitze gehandelt hat. Auf das Präskriptionsrecht bezogen, gäbe die Stelle, nach welcher eine durch einen Rechtsstreit entkräftete *possessio* nicht mehr *legitima possessio* ist,[4] eine Parallele zu dem ulpianischen Kommentar zur *ltp. adv. creditorem:* aus dem Fragmente b geht hervor, daß man dem zur *ltp.* persönlich unfähigen Verpfänder das *„possidere"* im Sinne der *formula in factum* absprach.[5]

---

[1] Inst. 2, 6, 7.

[2] Cod. 7, 32, 10.

[3] So Kierulff, Theorie des gem. Zivilrechts S. 284; Unterholzner, Verjährungslehre I, 451. Wie oben zuerst Demelius S. 89.

[4] Vgl. auch die von Cuiacius als Cod. Th. 4, 13, 1 eingeschobene (Mommsen, ad C. Th. 4, 11, 1) Konstitution Constantins: ... *sine aliqua interpellatione possidentes — secundum ius enim haec intelligitur esse possessio —*

[5] Lenel, Sitzungsberichte d. Berl. Akad. 1904, 1161 Fragm. b: *quod attinet ad formulae conceptionem „possederit"*, heißt es nur vom *extraneus possessor*, der ein *iustum initium possessionis* für sich hat. Am Schlusse heißt es: ... *exceptione eam uti non potuisse dixeris quia possessoribus, non ei qui pignori dedit, competit.* Vgl. Cod. 7, 36 1 (Imp. Gordianus): *ubi autem creditori a possessore longi temporis praescriptio obicitur.*

Bezieht man die Stelle auf die *ltp.*, so steht fest: nach der hier ausgeprägten Rechtsanschauung wirkte die Klage gegen den Besitzer kraft ihrer prozessualen Existenz, ohne Rücksicht auf die materielle Berechtigung des Klägers. Der Kläger, dem die *ltp.* entgegentrat, brauchte nur zu behaupten, daß die Berechtigung des Beklagten zum Besitze schon früher durch eine Klagerhebung angegriffen worden sei.

War durch den Nachweis dieser Behauptung der Beklagte seiner Berufung auf die *ltp.* schon beraubt? Es erscheint unglaublich, daß die frivole Klagerhebung irgend eines Unberechtigten dem Beklagten die Möglichkeit der *ltp.* benommen haben sollte. Der Beklagte mußte „unangezweifelten Besitz" behaupten: ist dies nicht vielleicht so zu verstehen, daß der Besitzer gegenüber einer Berufung auf eine frühere *interpellatio* nachweisen durfte, daß jene *interpellatio* keine „Zweifel" an seiner Berechtigung zum Besitze habe erstehen lassen können, weil der damalige Kläger nachweislich unberechtigt gewesen war —?

Dieser Nachweis, der dem Beklagten obläge, müßte oft so schwer gewesen sein, daß praktisch sogar der Satz gerechtfertigt gewesen wäre, daß selbst die Klagerhebung eines Unberechtigten dem Besitzer die Aussicht auf den Erwerb der *ltp.* regelmäßig benahm. Daß wir die klassischen Quellen, welche schlechthin bei jeder *interpellatio* des Besitzers die *ltp.* auszuschließen scheinen, so verstehen,[1] ist wohl durch die nachklassische Entwickelung des Institutes geboten, welche den Schutz des langen nie angegriffenen Besitzes zu einer Verjährung des Anspruches umbildete, deren Unterbrechung nur noch durch Klagerhebung seitens des Berechtigten erfolgen konnte.

Gleichviel, wie das Erfordernis der *inconcussa possessio* zu einer *ltp.* wirkte, ob die Berufung auf die *ltp.* schon durch den Nachweis einer älteren, auf dieselbe Rechtsbehauptung gestützten Klagerhebung hinfällig wurde oder ob dem Beklagten dagegen der hier für möglich gehaltene Nachweis übrig blieb —, jedenfalls ergibt die Notwendigkeit der *inconcussa possessio*, daß der

[1] Zu der gleichen Erscheinung im hellenistischen Rechte vgl. unten S. 126 Anm. 2.

Rechtsgedanke der klassischen *ltp.* mit dem Begriffe der Anspruchsverjährung wenig zu tun hat: Der Beklagte hielt dem Kläger in der *ltp.* nicht die rechtlich belangreiche Tatsache entgegen: Du hattest einen Anspruch, hast ihn nicht geltend gemacht, den Anspruch durch Schweigen verwirkt. Sondern der *praescriptione munitus* beruft sich darauf: Ich habe die Sache in rechtem Geschäfte erworben, habe sie 10, 20 Jahre besessen, niemand hat je meine Berechtigung bestritten. Klingt hier nicht der Gedanke durch: nach dem langen Schweigen aller etwa Berechtigten zu schließen, bin ich der wirklich Berechtigte, ist es unglaubwürdig, daß dem Kläger der behauptete Anspruch zusteht —?

Wir müssen wohl diesen Rechtsgedanken, der die *exceptio longae possessionis* des klassischen Formularverfahrens zu einem formalen Beweise für das Recht des langjährigen Besitzers ähnlich der *exceptio iurisiurandi* stempelt, in dem Institute suchen, nicht eine der deutschrechtlichen ähnliche Verschweigung. Auch in den mittelalterlichen Quellen findet sich die Berufung auf rechtmäßig erworbene langjährige unangesprochene Gewere. Aber da diese sich auf Auflassung gründet, kommt nur die Aufgebotswirkung des gerichtlichen Friedewirkens gegenüber den Rechtsgenossen in Betracht,[1] und deshalb scheiden diese Fälle des Gewere-Erwerbs durch Auflassung von seiten eines Nichtberechtigten aus dem Vergleiche mit der römischen *ltp.*

II. Einige Quellenstellen könnten die Frage nahelegen, ob jede Klagerhebung, gleichviel aus welchem Herrschaftsrechte, die dem Besitzer die Sache zu entziehen drohte, einer späteren Berufung des Besitzers auf den langen Besitz entgegenstand.

„*ἄνευ τινὸς ἀμφισβητήσεως*“ will B. G. U. 267 den Besitzer. Eine *ἀμφισβήτησις* ist aber, wörtlich genommen, auch dadurch gegeben, daß gegen den die *ltp. adversus dominum* geltend machenden Besitzer einmal die Pfandklage angestellt worden ist; und

[1] Vgl. die bei Brunner, Z. S. St. (germ. Abt.) 4, 238 aufgeführten niederländischen Quellen, und die den Beweis des Rechtserwerbs durch Einhandseid des Besitzers fordernden Stellen in sächsischen Rechtsbüchern bei Heusler, Institutionen II, 106; die „fredeliche gewere“ in den Schöffensprüchen bei Wasserschleben I S. 282 (IV, 133), S. 348 (IV, 196); Friese-Liesegang, Magd. Schöffenspr. I, 3, 16; III B., 34, 124, 140, 157.

L. 66 wie P. 77 des syrischen Spiegels verweigern dem Besitzer die *ltp.*, wenn ihn jemand vor Ablauf der 10—20 Jahre auf Grund Eigentums, Pfandrechts oder aus anderem dinglichen Rechte auf Herausgabe der Sache belangt habe.[1] So klar diese Quellen auf eine unterbrechende Wirkung jeder Klagerhebung zu deuten scheinen, ist doch wohl anzunehmen, daß nur eine ältere Klagerhebung aus demselben Rechte den Beklagten von der *ltp.* ausschloß. Dafür spricht die spätere Scheidung einer *ltp. adversus dominum* und *adversus creditorem*, dafür vor allem der Rechtsgedanke, den wir in dem klassischen Institut verkörpert finden dürfen: wenn man aus dem Schweigen aller Gegner auf die Berechtigung des Beklagten zum Besitze schloß, konnte eine frühere Erhebung eines Pfandanspruchs das Eigentum des Beklagten nicht in Zweifel stellen.

So war es also möglich, daß jemand, der eine fremde verpfändete Sache erworben hatte, die *praescriptio* gegen die *rei vindicatio* hatte, während er durch eine Klagerhebung seitens des Pfandgläubigers von der *ltp. adversus creditorem* ausgeschlossen war.[2]

Welcher prozeßrechtliche Akt war geeignet, dem Besitzer die Aussicht auf den Erwerb der *ltp.* zu entziehen?

Für diese Frage ist zu scheiden zwischen dem Verfahren im Formularprozesse und in der *extraordinaria cognitio.* Die Anwendung der *ltp.* im ersteren wird durch die „*exceptio*“ *longae possessionis* (Ulp. 3. Buch der disputationes in D. 44, 3, 5, 1 und

---

[1] L. 66: „und er ist in der νομή der Sache in Ruhe während 10 Jahren, wenn niemand ihn belästigt, weil die Sache, die jener gekauft, ihm als Pfand gesetzt sei, oder aus irgend einem anderen Grunde die Herrschaft über die Sache ihm zukomme, . . . — wenn ein Kläger an demselben Orte hervortritt, so ist der Kauf, den jener gemacht, gültig. Ähnlich P. 77; R. II 48; Ar. 48.

[2] Die alte Ansicht, nach welcher der Erwerb der *ltp.* gegenüber dem Eigentümer als Nebenwirkung die *ltp. adversus creditorem* hatte (Cuiacius, parat. ad tit. Cod. si adv. cred. praescr. opp.; Unterholzner, Verjährungslehre[2] II, 270; Hameaux p. 195 ff.), ist widerlegt von Schmitthenner, Arch. f. prakt. Rechtswissensch. I, 93; Schirmer, Note zu Unterholzner a. a. O. Die Franzosen vgl. bei Le Carpentier, De la prescription des sûretés réelles en droit romain. Paris 1884. S. 80 ff.

fragm. b.; Paul. 16. responsor. D. 44, 3, 12) bezeugt, im Beamtenverfahren Ägyptens ist sie durch den Fundort des Reskriptes in B. G. U. I, 267 und in dem Prozesse P. Par. 69 nachweisbar. Das klassische Quellenmaterial gliedert sich nur zum kleinen Teil klar in diese beiden Prozeßgebiete ein: das *ἄνευ τινὸς ἀμφισβητήσεως* (B. G. U. 267) besagt für die Frage, welcher prozessualische Akt die *ltp.* abschnitt, nichts, und *inquietare interpellare*, *post motam controversiam* sind auch keine Worte scharfer prozeßrechtlicher Terminologie. Im Formularverfahren ist die Unterbrechung einer laufenden Präskriptionsfrist sicherlich mit der *litis contestatio* verknüpft gewesen. Diokletianische Konstitutionen[1] lassen von der *litis contestatio* an die für eine *praescriptio* gelaufene Zeit rückwärts rechnen; eine konstantinische Konstitution (Cod. 3, 19, 2, 1) scheint eine prozeßrechtliche Theorie anzudeuten, nach welcher die unterbrechende Wirkung von der *litis contestatio* auf die Ladung des beklagten Besitzers durch *denuntiatio* übertragen wurde, und wenn auch zweifelhaft sein kann, welchen Akt der Name für den klassischen Prozeßvertrag im Rechte Diokletians bezeichnete, so ist doch klar, daß für das klassische Recht nur der Abschluß des Prozeßvertrages die *ltp.* ausgeschaltet haben kann. Denn erst mit der Annahme des *iudicium* durch den Beklagten ist der Kläger sicher, daß ein Prozeß zwischen ihm und diesem Beklagten über die von ihm beanspruchte Sache stattfinden könne.

Im Beamtenverfahren des klassischen Rechts hingegen lag die unterbrechende Wirkung in der *denuntiatio*, der Ankündigung des zu erhebenden Anspruches, mit welcher der Beklagte vom Kläger geladen wurde. Aus den römischen Quellen kann der Beweis hierfür darin gefunden werden, daß im 2. Jahrhundert „*mota controversia*“, „*mota quaestio*“ nachweislich im Fiskalprozesse von der *denuntiatio* an vorlag. *Petitam autem fisco hereditatem ex eo tempore existimandam esse quo primum scierit quisque eam a se peti, id est cum primum aut denuntiatum esset aut litteris vel edicto evocatus esset.*[2] Mit diesem Satze übertrug das Sc. Juven-

[1] Cod. 7, 33, 10; 3, 32, 26.

[2] Kipp, Litisdenuntiation 131 f.; bestreitet in D. 5, 3, 20, 11 dem „*denuntiare*“ die Bedeutung der Prozeßeinleitung: das *scire a se peti*, welches dem Erbschaftsbesitzer verschärfte Haftung zuzieht, soll schon gegeben sein,

tianum die fixierende Wirkung der *litis contestatio* auf die Ladung des Beklagten im kaiserlichen Beamtenverfahren. Die *mota causa* schloß auch den weiteren Lauf der gegen den Fiskus gehenden Verjährung von 20 Jahren aus.[1]

Die Vermutung dürfte kaum fehlgehen, daß dem Fiskus im Sc. Juventianum nicht ein in den Kommentaren unnachweisbares Privileg verliehen wurde, sondern daß hier der Einleitungsakt der *extraordinaria cognitio*, in welcher sich nach der Nennung der *denuntiatio* zu dieser Zeit der Fiskalprozeß abgespielt haben muß, mit Wirkungen des klassischen Prozeßvertrages ausgestaltet wurde.

Daß die *mota quaestio* in Cod. 7, 33, 1 für das Beamtenverfahren die Ladung durch *denuntiatio* bedeutete, geht aus dem Syrischen Spiegel hervor.

Die *ltp.* stand dem langjährigen Besitzer aus rechtem Erwerbe zu:

„wenn niemand ihn belästigt, weil die Sache, die jener gekauft, ihm als Pfand gesetzt sei oder aus irgend einem anderen Grunde die Herrschaft der Sache ihm zukomme, und wenn niemand ihm eine παραγγελία durch Schriftstücke geschickt hat" (L. 66),

„und niemand belästigt ihn, weil es ihm nicht gehöre und weil die Sache, die jener gekauft, ihm als Pfand gesetzt sei oder aus irgend einem Grunde die Sache in Anspruch nimmt oder etwas anderes".[2] (P. 77.)

„ohne daß jemand ihn belästigt, wenn die Sache, die jener

---

wenn der Besitzer von der bloßen Absicht des Gegners, seinen Anspruch geltend zu machen, durch irgend eine Benachrichtigung erfährt. Aber abgesehen von der Nennung der unzweifelhaften Prozeßeinleitungen *litteris* und *edictis* kann „*peti*" nur einen Anspruch bedeuten, dessen gerichtliche Durchführung schon im Gange ist (Wlassak, L. C. S. 40 f.; R. P. G. I, 29; II, 33[16]).

[1] D. 49, 14, 1, 4.

[2] Ferrini, Z. Sav. St. 23, 138 übersetzt, als führte die Quelle noch andere *iustae causae* als den Kauf an, „*et nemo ei molestus fuerit (contendens rem) non esse eius vel constitutam sibi pignori rem esse quam ille emit; vel si ex alia qualibet causa possideat quis rem (talem) vel quid aliud*". Nach der grammatischen Struktur des syrischen Textes wie nach der Parallele der anderen Versionen ist, wie mir Herr Professor Fränkel-Breslau gütigst mitteilt, Sachaus Übersetzung unbedingt vorzuziehen.

Mann verkauft hat, als Pfand oder aus irgend einer anderen Ursache gesetzt war, so erlangt er die Herrschaft über diese Sache, denn niemand hat ihm eine *παραγγελία* in Geschriebenem (Schriftstücken) geschickt, ... weil niemand ihn belästigt noch ihm die *παραγγελία* geschickt hat.“ (R. II 48.)

„und er ihn nicht belästigt, wenn er gegenwärtig ist mündlich oder durch einen Boten, oder, wenn er abwesend ist, schriftlich.“ (Ar. 48.)

In allen Versionen ist hier deutlich von zwei möglichen Arten prozessualen Ausschlusses von dem Schutze der *ltp.* gesprochen, vom „belästigen“ und „*παραγγελία* in Geschriebenem schicken.“ Dabei scheint das „belästigen“ in L., P., R. II. eine Handlung des Berechtigten selbst anzudeuten, durch welche der ein Recht zum Besitze geltend machende Kläger dem Besitzer gegenüber sein Eigentum oder Pfandrecht behauptet.

Das „*παραγγελία* in Geschriebenem schicken“ geht offenbar auf die *παραγγελία ἔγγραπτος*,[1] den durch einen Gerichtsbeamten zugestellten Schriftsatz, in welchem der Kläger den Beklagten auf den nächsten Konvent ladet.[2] Es ist eine Parteizustellung durch den Beamten,[3] ähnlich der Ladung des modernen Reichszivilprozesses (§ 253, 1, § 166 ff. ZPO.). Bei der Zustellung der Ladung erscheint hier der Gerichtsbeamte zugleich als Bote des Klägers wie auch aus der in P. Lond. II, 358, S. 170 (a° 150 p. C.) lin. 17 sich findenden Klausel[4] hervorgeht: *ἀρκουμένου μοῦ τῇδε τῇ διαστολῇ*: ich stelle nur durch diesen Schriftsatz zu.

Wenn die *παραγγελία ἔγγραπτος* hier die in Ägypten ausschließlich nachweisbare Ladung durch Schriftsatz ist, wird wahrscheinlich, daß in dem „belästigen“, bei dem der Kläger seinen Anspruch ankündigt, die mündliche *denuntiatio* durch den Kläger selbst zu sehen ist. So verstand auch die arabische Übersetzung

---

[1] Ausdruck in Ox. IV, 484.

[2] P. B. G. U. I, 226 (99 p. C.); Lond. II, 358 S. 170 (150 p. C.); Ox. IV, 484 (138 p. C.). Dazu Mitteis, Hermes 30, 572.

[3] Mitteis, C. P. R. I, 85.

[4] Kenyon liest zwar *τῇδε τῇ διαστομι.* Aber nach Ox. I, 68; P. Lond. II, 361 R., S. 172 ist, wie schon Wilcken (Arch. f. Pap. Forschung 1, 155) betont hat, *διαστολῇ* sicher.

den ihr vorliegenden syrischen Text. Dahingestellt kann bleiben, ob dieser selbst ausdrücklich auf die mündliche *denuntiatio* des Klägers in persönlicher Anwesenheit des Beklagten hinwies oder ob hier die Erwähnung der „mündlichen" oder „durch Boten" erfolgenden im Gegensatz zur schriftlichen Ladung an den „abwesenden Beklagten" Zusatz des arabischen Übersetzers ist. Die Annahme, daß diese Angaben schon in dem zugrunde liegenden römisch-griechischen Texte enthalten waren, würde auch nur auf den Rechtszustand führen, der im klassischen Rechte nachweisbar ist. Das persönliche „Belästigen" durch den Berechtigten selbst geht allem Anscheine nach auf die persönliche mündliche *denuntiatio* zurück, die im klassischen Rechte nach der Theorie der reichsrechtlichen Quellen zulässig und praktisch gewesen sein muß.[1] Sie erfolgte vor Zeugen in *„privata testatio"*, ein Rechtszustand, den Constantin (Cod. Theod. 2, 4, 2) durch die obligatorische Zustellung durch den Gerichtsbeamten unter dessen Beurkundung ersetzt hat. Ein klassischer Quellenbeleg ist einerseits D. 5, 3, 20, 11. Hier erscheint die *denuntiatio* als Ankündigung von der Klagerhebung, als ihr Ergebnis auf seiten des Beklagten das *„scire a se peti"*, und dabei wird klar, daß auch ein anderer als der Kläger, also etwa dessen in Ar. 48 genannter Bote, die *denuntiatio* wirksam überbringen kann. Anderseits erscheint die unter Zeugenaufruf erfolgte *denuntiatio* als Institut des Rechtslebens in dem im Anfange des dritten Jahrhunderts zu Antiochia entstandenen Fragmentum Pseudo-Dositheanum, in welchem der Kläger mit Beziehung auf den Beklagten gefragt wird:

παρήγγειλας αὐτῷ; παρήγγειλα. Ἐμαρτυροποίησας; Ἐμαρτυροποίησα.	*Denuntiasti illi? Denuntiavi. — Testatus es? Testatus sum.*[2]

Danach enthielt die griechische Vorlage des syrischen Spiegels mit dieser Erwähnung der mündlichen *denuntiatio* den vorkonstantinischen Rechtszustand des Denuntiationsrechtes: die Möglichkeit mündlich selbst durch Zeugenaufruf oder ohne persönliches Er-

---

[1] Mitteis, C. P. R. I, 84 f.

[2] Fragmentum Pseudo-Dositheanum, ed. Krumbacher, Abhandlungen aus der klassischen Altertumswissenschaft, W. v. Christ dargebracht,

scheinen beim Beklagten durch Schriftsatz (ἔγγραπτος παραγγελία) zu denunzieren!

Wenn man mit Mitteis[1] als wahrscheinlich betrachtet, daß schon lange vor der konstantinischen Reform die *denuntiatio* in der Praxis durch Zustellung des Schriftsatzes erfolgte, wird man

---

S. 324—328. Corp. glossar. lat. III, 211 f., 648. Die hier in Betracht kommende Stelle des kleinen griechisch-lateinischen Sprachführers lautet vollständig:

<table>
<tr><td>εἰ σχολάζεις[σύ], παρέδρευσον ἡμῖν.| οἱ κριταὶ γὰρ ἡμέραν ἡμῖν ὥρισαν τὴν σήμερον ἀπόφασιν ἐρούμενοι. διὸ βούλομαί σου παρόντος | περὶ τῆς δίκης σὺν τοῖς συνηγόροις σκέψασθαι. Παρέλαβες; Παρέλαβον. | Τίνας; Τοὺς σοὺς φίλους. Καλῶς ἐποίησας. Συνετάξω; περὶ ποίαν ὥραν; ἐν ποίῳ τόπῳ; | ᾽Σ τὸν φόρον, ἐν τῇ στοᾷ, ἐγγὺς τῆς στήλης τῆς Νίκης. Μετ᾽ ὀλίγον ἐκεῖ ἔρχομαι.</td><td>Si vacat tibi, adesto nobis; | iudices enim diem nobis dederunt hodiernam sententiam dicturi. quare volo te praesente | de causa cum advocatis tractare. Adhibuisti? Adhibui. | Quos? Tuos amicos. Bene fecisti. constituisti? circa quam horam? in quo loco? | In foro, in porticu, iuxta statuam Victoriae. Post modicum ibi venio.</td></tr>
<tr><td>. . . . .</td><td>. . . . .</td></tr>
<tr><td>Καθὼς συνεταξάμεθα πάρεστιν Γάϊος. συγκαλέσωμεν αὐτὸν εἰς τῆς συμβουλήν. | ἐνθάδε ἔχομεν τὰ ἀσφαλίσματα. Παρήγγειλας αὐτῷ; παρήγγειλα. ᾽Εμαρτυροποίησας; | ᾽Εμαρτυροποίησα. Ἕτοιμος ἦς. ῾Ετοιμός εἰμι. Καὶ ὁ ἀντίδικος ἐντυχεῖν θέλει.| Σιώπησον. Σιωπῶ. Σιωπὴν ἔχετε, ἀκούσωμεν τὴν ἀπόφασιν. | ἤκουσας ὅτι ἐνικήσαμεν, Γαΐε;</td><td>Sicut constituimus adest Gaius. convocemus eum in consilium. | hic habemus instrumenta. Denuntiasti illi? Denuntiavi. Testatus es? | Testatus sum. Paratus esto. Paratus sum. Et adversarius interpellare vult. | Tace. Taceo. | Silentium habete, audianus sententiam. audisti quia vicimus Gai[e]?</td></tr>
</table>

Anscheinend handelt es sich von v. 336 an um ein vorher verabredetes (vgl. lin. 310—315) Gespräch zwischen dem Kläger und dem konsultierten Anwalt vor und in dem Termin, in dem die Entscheidung verkündet wird. Der Kläger übergibt dabei dem Anwalt die Beweisurkunden (ἀσφαλίσματα). Der Anwalt erkundigt sich, ob der Kläger den Prozeß durch ordnungmäßige Ladung, durch *denuntiatio* eingeleitet habe. Der Anwalt fordert dabei den Kläger auf, sich in der Verhandlung bereit zu halten; während der Verhandlung bittet er ihn, selbst zu schweigen. Die Verhandlung selbst mit den Parteianträgen, der Entscheidung, liegt außerhalb des Gespräches, das wohl nur zwischen Anwalt und Partei zu denken ist.

[1] C. P. R. I, 84.

die Erwähnung der Ladung durch den Kläger selbst als ein deutliches Zeichen dafür ansehen, daß die Vorlage des syrischen Spiegels für die *ltp.* das klassische Recht darstellte.

Für den Sprachgebrauch des klassischen Denuntiationsprozesses ist dabei die auffallende Wiedergabe der mündlichen *denuntiatio* durch „belästigen" bemerkenswert. In dem Konstitutionenrechte, das die *ltp.* regelte, heißt die Tätigkeit des Klägers, der dem langjährigen Besitzer die Aussicht auf den Erwerb der *ltp.* abschneidet, „*inquietare*", „*interpellare*".[1]

5. *Accessio possessionis.*

Zugunsten des Beklagten galt im Rechte der *ltp.* anscheinend von jeher *accessio possessionis*: Zum Nachweise der *longa possessio* konnte er sich auf die Zeit eines *ex iusta causa* erworbenen unangefochtenen Besitzes seines Besitzvorgängers berufen. Soweit dabei der zur *ltp.* fähige Besitz von der *iusta possessio* des *interdictum utrubi* abwich, mußten die Regeln über *accessio* bei der *ltp.* von den allgemeinen Sätzen über *accessio* sich unterscheiden: der Besitz des Verkäufers rechnete für den Käufer nicht, wenn der Verkäufer von einem das Eigentum an der Sache behauptenden Kläger belangt worden war,[2] wenn der Verkäufer die Sache verpfändet hatte und nun der Pfandgläubiger gegen den Käufer klagte. Daß dabei die *accessio* im klassischen Rechte nur bei oneroser Besitzveränderung galt,[3] ist wegen der Anerkennung eines *accessio* zugunsten des Beschenkten im *interdictum utrubi* (D. 41, 2, 13, 11) wie angesichts der wahrscheinlichen Geltung der Schenkung als *iusta causa* des langen Besitzes (S. 20) unwahrscheinlich. Möglich wäre, daß hier zwar praktisch überall die *accessio* galt, daß aber das Kaiserrecht ähnlich wie das Edikt über die *accessio* (oben S. 29, 4) ausdrücklich nur von der Verbindung *inter emptorem et venditorem* sprach und daß deshalb Justinian eine ausdrückliche Betonung der *accessio possessionis* des Schenkers für nützlich hielt.

---

[1] Paul., S. R. V, 2, 4, 5; Cod. 7, 33, 1; vgl. Cod. 7, 33, 2: *inquietudo litis*; Cod. 7, 32, 10: *interpellatio.*

[2] Arg. Cod. 7, 33, 1.

[3] Appleton, hist. de la propr. prét. 1, 320.

Ob die *accessio inter defunctum et heredem* für die *ltp.* durch die hier platzgreifende Ausschaltung der *causa pro herede*[1] und die Abhängigkeit des Erbenbesitzes vom Besitz des Erblassers in bezug auf *iustum initium* und Tauglichkeit zur *ltp.*[2] beeinflußt worden ist, geht aus den Quellen nicht hervor. Man könnte daran denken, daß möglicherweise der Besitz des Erblassers bei der *ltp.* dem Erben auch dann zugute kam, wenn er selbst noch nicht Besitz von der Sache ergriffen hatte. Im Rechte des *interdictum utrubi* von den Älteren[3] und Ulpian[4] verworfen, würde diese Entscheidung gut zu dem bei der *ltp.* durchgeführten Gedanken stimmen, daß der Erbe in alle Rechtsfolgen des erblasserischen Besitzes eintritt. Dieser Gedanke der Sukzession scheint im ältesten Rechte der *ltp.* eigentümliche Einwirkung auch auf die *accessio inter venditorem et emptorem* versucht zu haben. Er klingt in der Fragestellung der wichtigen Stelle aus Ulpians disputationes in D 44, 3, 5 wie aus der offenbar dem Reskript in Cod. 7, 33, 1 zugrunde liegenden Prozeßfrage: ob nicht die Unfähigkeit des Verkäufers, eine *ltp.* geltend zu machen, dem Erwerber schade. In beiden Fällen wird der Gedanke abgelehnt. Seltsamerweise findet sich anderseits entsprechend diesem Gedanken die Auffassung, daß der Erwerber in die zu einer *ltp.* fähige Besitzstellung des Veräußerers sukzediere, in dem Begründungssatz der erwähnten ulpianischen Entscheidung in D. 44, 3, 5, 1: *Dicebam hunc heredem qui pignus ab extraneo redemit, posse exceptione uti, quia in extranei locum successit, non in eius qui pignori dederat, quemadmodum si ante redemisset, sic deinde heres extitisset.*

Die hervorgehobenen Worte geben eine von der gewöhnlichen, juristisch berechtigten, abweichende Begründung. Der Erbe des Verpfänders, welcher von dem Dritten, der das Pfand vom Verpfänder erwarb, kauft, hat die *ltp.* auf Grund dieses *iustum initium possessionis.*[5] Hier wird dagegen die *ltp.* auf eine

[1] S. 26—29.
[2] S. 27 f.
[3] Gai IV, 151.
[4] D. 41, 2, 13, 4 = Ulp. fr. 1624.
[5] Ulp. frag. b vgl. unten S. 79, 2.

unklare Sukzessionsidee zurückgeführt. LONGO[1] hat den Begründungssatz als Glossem der Kompilatoren erklärt. Seine Begründung für die Interpolationsbehauptung aus dem logischen Zusammenhange halte ich allerdings nicht für richtig: der angegriffene Begründungssatz soll nach LONGO zusammen mit dem „*quemadmodum* . . .“ den Sinn ergeben: der Erbe sukzediere nicht dem Schuldner, gerade wie wenn er noch nicht Erbe geworden wäre. Man könnte übersetzen: „weil er einem Dritten — nicht dem Verpfänder — sukzediert, gerade als hätte er vor dem Erbfall das Pfand gekauft.“ LONGOS Interpolationsbehauptung scheint jedoch durch das Gesamtergebnis seiner Arbeit[2] gesichert: die Kompilatoren haben wohl das *succedere* als Ausdruck für die Singularsukzession überall interpoliert, und daher dürfte auch dieses *succedere* byzantinisch sein.

Für die Darstellungen der römischen Rechtsgeschichte gilt die Erscheinung der *accessio possessionis* bei der *ltp.* als der erste Fall, in welchem die Zusammenrechnung der Besitzstände über ihre älteste Anwendung bei dem *annus* des *interdictum utrubi* hinaus auftritt: von Severus und Caracalla stamme die Konstitution, nach welcher der Käufer sich auf den Besitz des Verkäufers zum Nachweis der 1 oder 2jährigen Usukapionsfrist berufen durfte. Wenn man Inst. II, 6, 13, die Stelle, welche diese Nachricht überliefert, in ihrer Beziehung auf *usucapio* mit Sicherheit für klassisch ansehen könnte,[4] und das höhere Alter der *ltp.* im Recht der klassischen Juristen für gesichert hält, ist der geläufigen Darstellung zuzustimmen.[5] Bei der *ltp.* war die Anwendung der

---

[1] Bull. di dir. rom. 14, 235, 1, 236.

[2] Bull. dell' ist. di dir. rom. 14, 127—202; 224—275; 15, 283—309.

[3] KARLOWA, Principia de accessionibus possessionum, Göttingen 1858, S. 10; Röm. Rechtsgesch. II, 1277; GIRARD, Manuel[3] 309.

[4] Nach LONGO, Bull. dell' ist. di dir. rom. 14, 228, 1, wäre Inst. II, 6, 13 ein Teil eines Fragmentes aus Marcians Institutionen (FERRINI, Bullet. dell. ist. di dir. rom. 13, 152), das in § 9—13 h. t. verarbeitet ist, und die Kompilatoren hätten an § 12 die Notiz über die justinianische Reform angeschlossen, so daß § 13 erst dadurch seine Beziehung auf die *usucapio* erhalten hätte. Möglich ist dies immerhin. Die kaiserliche Konstitution würde allerdings besser zur *ltp.* als zur *usucapio* passen.

[5] So noch neuestens KRÜGER, Z. Sav. St. 26, 147 f. gegen ZANZUCCHI, Archivio giuridico 72, 177 ff.

accessio possessionis durch die Länge der Frist geboten, ja sie war im Wesen der *ltp.* begründet, wenn die älteste *ltp.* wirklich einen Wahrscheinlichkeitsnachweis für des Beklagten und seiner Vorgänger Recht an der Sache erbrachte.

6. Die Fristen der *ltp.*

Auf einen Besitz von 10—20 Jahren berief sich der Beklagte mit der *ltp.* Nach der Bezeichnung des Instituts als *praescriptio decem annorum* in Vat. fr. 7, als *exceptio decennalis* im Disputationenfragment b,[1] sowie nach der Schilderung des syrischen Spiegels[2] zu schließen, galt als Grundfrist die 10jährige, die 20jährige als deren unter gewissen Umständen eintretende Verlängerung;[3] gegenüber einer Stadtgemeinde lief nur die 20jährige Frist (Cod. 7, 33, 1; Paul. 5, 2, 4). Wie der Satz der klassischen Kaiserkonstitutionen, die *ltp.* werde *inter praesentes* in 10 Jahren, *inter absentes* in 20 erworben,[4] zu verstehen sei, darüber bestanden nach Justinians Wort[5] in klassischer Zeit Meinungsverschiedenheiten.

1. „*res ubi positae sunt*" kam für die Frage, ob die Parteien während des Fristlaufs *praesentes* waren, nach einer klassischen Anschauung in Betracht. Die Meinung, *praesentia* der Parteien sei nur gegeben, wenn Kläger, Beklagter und umstrittene Sache sich in demselben Jurisdiktionsbezirk befunden hätten, muß tief gewurzelt gewesen sein — so tief, daß Justinian sie an anderer Stelle geradezu als geltenden Rechtszustand voraussetzt.[6] Sie hat sich auch, trotzdem Justinian sie verworfen, im byzantinischen Recht von neuem allgemeine Anerkennung verschafft.[7] An klassi-

---

[1] Vgl. unten S. 86.

[2] Alle Versionen stellen das Recht der *ltp.* an der 10jährigen Verjährung dar und fügen am Ende die Umstände hinzu, unter welchen die *ltp. XX annorum* Platz greift.

[3] So schon Voigt, Röm. Rechtsgesch. I, 385, 53.

[4] B. G. U. 267; Paul., S. R. 5, 2, 3.

[5] Cod. 7, 33, 12 pr.

[6] Cod. 7, 33, 12 pr.: *personae tam petentis quam possidentis et res pro quibus certatur.*

[7] Vgl. die Darstellung von Cod. 7, 33, 12 in Bas. 50, 11, 12, ohne Reiskes Emendation: [οὐ] ζητοῦμεν. Sie wird durch die Definition noch des Harmenopulos I, III, 4. 5. 7 gesichert.

schen Spuren für diese Anschauungen fehlt es, es sei denn, daß man die Schilderung der *ltp.* im syrischen Spiegel dafür ansprechen wollte: hier wird vorausgesetzt, daß der Beklagte am Orte des besessenen Grundstücks in dessen ungestörtem Besitze lebt.

Wenn eine klassische Lehre die *praesentia rei* neben der *praesentia personarum* zur 10jährigen *praescriptio* forderte, wurde das Argument, das der Beklagte dem Kläger in der *ltp.* entgegenhielt, noch schärfer: 10 Jahre habe ich an demselben Orte, an dem du wohntest, unter deinen Augen besessen, du hast wie alle anderen dazu geschwiegen!

2. Nur für die Lehre, welche Gegenwart der streitigen Sache zur *ltp. inter praesentes* forderte, konnte die Frage auftauchen, ob zur *praesentia* genüge, daß nur eine Partei während der 10 Jahre sich in dem Bezirke befunden habe, auf den die *praesentia* bezogen wurde. Das klassische Recht forderte nicht wie das justinianische,[1] daß die Parteien, um als *praesentes* zu gelten, ihr *domicilium* in demselben Bezirke hatten. B. G. U. 267 sagt nur: *πρὸς μὲν τοὺς ἐν ἀλλοτρίᾳ πόλει διατρείβοντας ἐτῶν εἴκοσι . . . ., τοὺς δὲ ἐπὶ τῆς αὐτῆς δέκα*, und ebenso geht aus dem syrischen Spiegel[2] hervor, daß die *absentia* bei dauerndem persönlichen Fernsein, sei es infolge auswärtiger beruflicher Beschäftigung, sei es infolge auswärtigen Domizils gegeben war.[3]

Da im klassischen Rechte das *domicilium* der Parteien noch nicht in Betracht kam, war die *praesentia* bei tatsächlicher Anwesenheit nur einer Partei im Bezirke nur dann denkbar, wenn man sich mit der Anwesenheit nur einer Partei am Orte der

[1] Arg. Cod. 7, 33, 12, 1; Bas. 50, 11, 13 bezeichnen das Erfordernis der *οἴκησις* als justinianisch.

[2] L. 66: „Wenn aber der Kläger an einem anderen fernen Orte ist, entweder als Kaufmann oder als Römer oder als Soldat des Heeres, oder wenn er von einem fernen Orte ist, so gibt das Gesetz Raum bis zu 20 Jahren.“ Ähnlich P. 77, vgl. Bruns, Rechtsbuch S. 232. Ferrinis Übersetzung (Z. Sav. St. 23, 138) ist hier bedenklich, da er das farblose „Ort“ (*asra*) mit „*provincia*“ wiedergibt, außerdem das durch die Parallele L. 66 gut bezeugte „oder wenn er kommt von einem fernen Orte“ mit „*et venit ex ea provincia longinqua*“ wiedergibt.

[3] In Paul., S. R. 5, 2, 3 ist „*absens*“ wohl nach der allgemeinen Definition von *absens* bei Ulp. de omn. trib. D. 50, 16, 199 zu verstehen.

streitigen Sache begnügte. Zu dieser Entscheidung konnte man vernünftigerweise etwa in dem Falle gelangen, wenn zwar der Beklagte sich nicht dort befand, wenn aber für ihn an der Sache Besitzhandlungen ausgeübt wurden, welche den Kläger, wenn er ein Recht hätte geltend machen wollen, zum Einschreiten hätten reizen müssen. Die klassischen Quellen bieten zu der Frage nichts. In der konstantinischen Verordnung Cod. Just. 3, 19, 2 findet sich aber der Fall, daß der Kläger im Bezirke des streitigen Grundstücks gegen dessen Besitzer klagt, während dieser Besitzer sich vielleicht gar nicht in dieser *civitas* aufhält. Über die Länge der Präskriptionsfrist geht Sicheres (S. 54 f.) hier nicht hervor.

3. Am meisten ist die Spur, welche B. G. U. 267 von der dritten von Justinian erwähnten *ambiguitas* enthält, beachtet worden. In klassischer Zeit soll streitig gewesen sein, ob *praesentia* der Parteien bei ihrem Aufenthalt in derselben *civitas* oder in derselben *provincia* gegeben sei. B. G. U. 267 legt die *πόλις* für die *praesentia* zugrunde, und der unten zu besprechende P. Par. 69 zeigt die Frist für *absentia*, also die 20 Jahre, gegenüber einem angeblich Berechtigten, der als römischer Reiter wohl in Syene garnisonierte[1] und daher im *νομὸς 'Ομβίτης*, vor dessen Strategen die Verhandlung stattfindet, verklagt wurde, während die Beklagten das streitige Grundstück in This[2] besaßen.

In Ägypten war im Anfang des 3. Jahrhunderts analog der *πόλις* sicherlich der *νομός* der kleinste Jurisdiktionsbezirk, in dem beide Teile anwesend sein mußten, um *praesentes* zu sein. This nnd Syene gehörten beide zur Thebais, also zu derselben *ἐπιστρατηγία*, aber zu verschiedenen Gauen: aber aus P. Par. 69 ist ein Schluß unmöglich, da hier vielleicht das Ruhen der *ltp.* gegenüber dem Soldaten in Betracht kam (S. 60 f.). Daß etwa in Ägypten nach Einführung der Dekurionatsverfassung der Aufenthalt in derselben Gemeinde — die *κώμη* This war z. B. eine *πόλις* geworden — in Betracht kam, ist unglaublich, da die ägyptischen Metropolen keine eigenen Jurisdiktionsbezirke waren,

[1] So WILCKEN, Philolog. 53, 95.

[2] *Θίς* ist Metropole des *Θινίτης νομός* P. Par. 20, 28; 21, 7; 22, 2, 4; Plin. h. n. V 49.

sondern in jeder Beziehung im Gauverbande unter dem Gaurichter, dem *στρατηγός*, verblieben.[1]

In den Versionen des syrischen Spiegels ist nach L. 66 und P. 77 Anwesenheit „an demselben Orte" vorausgesetzt, die *absentia* tritt ein, wenn der Kläger beruflich an einem „fernen Orte" (z. B. als Kaufmann oder als Soldat) aufgehalten ist oder wenn er „von dem fernen Orte ist", also wohl dort seinen Wohnsitz hat. Das syrische Wort für „Ort" bedeutet hier, wenn auch nicht gerade, wie FERRINI übersetzt,[2] *provincia,* so doch einen Bezirk.[3]

Aus klassischer Zeit steht also nebeneinander die *πόλις*, der *νομός*, der „Ort" als Bezirk, innerhalb dessen die Parteien *praesentes* sein müssen. Justinian sagt, in klassischer Zeit habe eine Meinung die Anwesenheit der Parteien in derselben „*provincia*" als *praesentia* bezeichnet.

Wenn der Kaiser sich dieser Meinung für seine Gesetzgebung anschließt, darf der Unterschied der justinianischen von der klassischen Provinz nicht außer Betracht bleiben. Die justinianische Provinz ist ein viel kleinerer Bezirk als die Provincia des Principates; sie zugrunde zu legen, darauf war der Kaiser angewiesen, weil sie den kleinsten Jurisdiktionsbezirk bildete, weil das *iudicium provinciale* die erste für Zivilklagen außer Bagatellsachen in Betracht kommende Instanz darstellte.[4] Daß jemals für die Praxis die Anwesenheit in derselben klassischen *provincia* die Parteien zu *praesentes* für die 10jährige Frist machte, ist mir wegen der Größe der klassischen Provinz zweifelhaft. In klassischer Zeit führte die Zerlegung der Provinz in Konventsbezirke und die Erledigung der Prozeßsachen durch Geschworene oder Delegaten, die auf dem Konvente ernannt waren, zu kleineren Juris-

[1] WILCKEN, Ostraka I, 430; PREISIGKE, Städt. Beamtenwesen in Ägypten S. 27.

[2] Z. Sav. St. 23, 138.

[3] Der syrische Ausdruck (*asra*) findet sich, wie Herr Professor FRÄNKEL auf meine Frage festgestellt hat, nirgends im Spiegel zur Bezeichnung der „*provincia*" des klassischen Rechts. Wohl aber kommt der Ausdruck für die diokletianische Provinz vor, so deutlich in L. 75, 3 der diokletianischen Vorschrift über die Beweisfristen.

[4] BETHMANN-HOLLWEG, Gem. Civ.-Proz. III, § 131; vgl. die Bemerkung über das *iudicium provinciale* bei Just. Cod. 7, 33, 12, 3.

diktionsbezirken innerhalb der *provincia,* in denen sich regelmäßig der Prozeß von der ersten Ladung bis zum Urteil abspielte. Vielleicht bezog sich Justinians Äußerung auf diese kleineren Bezirke wie den ägyptischen *νομός*, die neben der *πόλις* der Beurteilung der *praesentia* zugrunde gelegt wurden. Der syrische Spiegel übersetzt „Ort" vielleicht nach der griechischen Vorlage, welche den kleinsten Jurisdiktionsbezirk mit der Bezeichnung *οἱ τόποι* belegte: mit *τόποι* wird der ägyptische *νομός* als Konventsgerichtssprengel bezeichnet;[1] dementsprechend war *loca* augenscheinlich der technische Ausdruck für den Jurisdiktionssprengel der vorjustinianischen Zeit innerhalb der *provincia.* Denn die Vulgarrechte sprechen vom *iudex locorum,*[2] vom *iudex cui civitas vel loca commissa sunt,*[3] augenscheinlich um einen Bezirk, der nicht als *territorium* einer *civitas* galt und doch ebenso wie die *civitas* eine Gebietseinheit, kleiner als die *provincia,* war, zu bezeichnen. Daß im Westgoten-, im Burgunden- und Merovingerreiche in den alten römischen *pagi* der Graf oder der westgotische *iudex* zum *ordinarius iudex* wurde[4] an Stelle des *rector provinciae,* kann nicht die klare Erkenntnis stören, daß *„civitas", „loca"* die

[1] Vgl. meine „Schriftformel" S. 66, 6.

[2] Für die Westgoten Dahn, Könige der Germanen VI, 325—327; L. Visigoth. 6, 3, 7: *provincie iudex aut territorii,* 9, 1, 6: *iudici vel vicario proxime civitatis vel territorii* soll jeder im *„locus"* ankommende sofort gemeldet werden. 12, 1, 2 lin. 17: *rectoris provincie vel iudicis territorii* . . . 12, 3, 26: *iudices universi per diversa loca vel territoria constituti* (*territorium* ist das Stadtgebiet, die *vici* und Wohnstellen in dem Landgebiete der *civitas,* vgl. schon Pomp., D. 50, 16, 239, 8 und noch Justinian (Trib.) Cod. Just. 10, 32, 53 (*territorii* fehlt in Cod. Th. 12, 1, 17).) L. V. 8, 5, 6: *aut sacerdoti aut comiti aut iudici aut senioribus loci aut etiam in conventu publice vicinorum* soll das entlaufene Vieh gemeldet werden. Die Fälle des *iudex loci, locorum* in L. Visigoth. vgl. in dem Index Monum. Germ. leg. I, 529. Bei Halban, Röm. Recht in d. germ. Staaten, Breslau 1899, I, 170 f. bleibt dieser Begriff *„loca"* unbeachtet. Für das Merovingerreich vgl. Dahn, Könige VII, 1, 109 ff.; Brunner, Rechtsgesch. II, 163; Halban a. a. O. II, 262 ff. spricht auch hier nicht von einem selbständigen Begriffe der *„loca"*.

[3] Interpret. zu Cod. Theod. 3, 11, 1.

[4] Vgl. für das Frankenreich Brunner, Rechtsgesch. II, 145; Dahn, Könige VII, 1, 75; VII, 2, 95, 99, 100 ff.

Namen für einen Jurisdiktionsbezirk, eben für jene *pagi*,[1] innerhalb der römischen Provinz waren.[2]

Bis ins 3. Jahrhundert reichen die Spuren der Konventsjurisdiktion in Ägypten.[3] Die Vorschrift von Gratian, Valentinian und Theodosius Cod. Just. 1, 40, 6, (a° 385), nach welcher der *praeses dioceseos insularum* abwechselnd in den fünf größten Orten überwintern soll, da die Seefahrt von Insel zu Insel in der schlimmen Jahreszeit unsicher sei, deutet auch auf ein Fortleben der fliegenden Rechtsprechung der Statthalter. Aus dem Ende des 4. Jahrhunderts ist Cod. 3, 23, 1 (Arcad. et Honor. a° 397) ein Beweis für eine Bezirkseinteilung innerhalb derselben Provinz wie ein Anwendungsfall der Bezeichnung „*loca*" für diesen Bezirk. (Vgl. auch C. Th. 8, 12, 8, 2. 8, 15, 1. 9, 19, 3.)

Dafür, daß eine Jurisdiktionsstelle für den Bezirk, die *loca*, bestand und für die Klagerhebung des Berechtigten zur Unterbrechung der *ltp.* in Betracht kam, spricht die Vorschrift Constantins (Cod. 3, 19, 2): wenn der Inhaber des Grundstücks sich dem Kläger gegenüber als Lehnbesitzer ohne Eigenbesitz bekennt, hat er den Eigenbesitzer zu benennen, dieser soll geladen werden, *ut, sive in eadem civitate degat sive in agro sive in alia provincia sit . . . . ., vel ipse in locis in quibus praedium situm est perveniens vel procuratorem mittens actoris intentiones excipiat.* Durch diese Ladung soll die zugunsten des Eigenbesitzers laufende *ltp.* unterbrochen werden (eod § 1).

Gleichgültig, wie man hier die Angaben über den möglichen Aufenthalt des Besitzers faßt, ob man in ihnen eine von den Kompilatoren überarbeitete Anspielung auf den Fristlauf *inter prae-*

---

[1] Vgl. leg. Burg. prima constitutio § 5, wo *comites civitatium vel pagorum*, wie sonst *civitatium vel locorum* steht.

[2] Damit soll nicht die allgemeine Existenz von Jurisdiktionsbeamten für diese Sprengel behauptet sein, wenn auch vielleicht in späterer Zeit sich der *comes civitatis* als römischer Jurisdiktionsbeamter findet, vgl. Dahn, Könige VII, 2, 94 f. gegen Brunner, Rechtsgesch. II, 163.

[3] Vgl. die Anspielung auf die Ladung auf den Konvent in Wessely, Corp. pap. Hermopol. p. 21, 22 (a° 267): *ἐπιδώσεις ἐν τῷ δικαστηρίῳ τοῦ κρατίστου Πλουτίωνος παρ᾽ ὃν ἐπιδημεῖ εὐτυχῶς ἡμῖν χρόνον*; vgl. die in S. 43 Anm. 2 genannten Quellen. Die Leipziger Papyri werden zu dieser Frage neues Material auch für das 4. Jahrhundert bringen.

sentes und *inter absentes* sehen will oder nicht,[1] jedenfalls wird man, wenn man angesichts des nachgewiesenen Sprachgebrauches die Bedeutung von „*loca*“ als lokaler Jurisdiktionsbezirk für sicher hält, hier zugeben müssen, daß der Kläger in dem Jurisdiktionsbezirk, in dem das Grundstück lag, die Klage erhoben hatte.

Es wäre möglich, daß die Meinung, welche nach Justinians Darstellung nicht die *civitas* zur Beurteilung der *praesentia* zugrunde legte, die Unterbrechung des Präskriptionslaufs durch Klaganstellung gegen einen im Bezirk wohnenden Besitzer nach den Vorschriften über die *ltp. inter praesentes* beurteilt hat, daß also für diese Anschauung die Anwesenheit in demselben Konventsgerichtsbezirke (*loca*) die *ltp. inter praesentes* in Lauf setzte. Justinian[2] erklärt bezeichnenderweise die Anwesenheit der Parteien *in uno loco* für notwendig dazu und erläutert dies durch den Zusatz „*id est in una provincia*“ für seine Zeit. Wenn wirklich der vorjustinianische lokale Jurisdiktionssprengel maßgebend war, wird ein merovingisches Königsgesetz,[3] das zwischen Parteien, die „*ad unum ducem et ad unum iudicem*“ gehörten, d. i. vor denselben Grafen, in demselben *pagus*, 10jährigen unangefochtenen Besitz schützte, zum Beleg für die Fortdauer eines solchen Rechtszustandes bis in die germanische Zeit.

Trifft diese Vermutung zu, dann wird klar, warum hier eine *ambiguitas* im klassischen Rechte entstehen mußte:[4] ἐν τῇ αὐτῇ πόλει hieß es in den ältesten Konstitutionen, *in eadem civitate*. *Civitas* war einerseits die autonome Gemeinde mit Eigengerichtsbarkeit unter ihren Bürgern, wie sie besonders im griechischen Kulturgebiet zu beobachten ist. Aber *civitas* war anderseits auch der Name des gallischen Gaues, der mit seinem städtischen

---

[1] Wenn wirklich eine solche ursprünglich vorlag, dann ist „*provincia*“ Kompilatorenwerk mit Rücksicht auf Cod. Just. 7, 33, 12 pr. Denn zu dem *sive in eadem civitate sive in agro* gehört als Gegensatz ein *alia civitas* oder ein anderer Bezirk, nicht gerade *alia provincia*.

[2] Cod. 7, 33, 12, 1.

[3] Decretio Childeberti regis, c. 3 (Mon. Germ. Leg. II, 1 p. 15 s.).

[4] Die Annahme provinzialer Verschiedenheiten auf Grund einer vorreichsrechtlichen Existenz der *ltp.* in provinzialen Rechtsquellen (Karlowa, Rechtsgesch. II, 1278) vermag die *ambiguitas* nicht zu erklären: wenn das

Mittelpunkt als *civitas Biturigum*, *Ambianorum*, *Lexoviorum* usw. erscheint.[1]

Auch der Grund der justinianischen Entscheidung würde klar: in dem Reiche des 6. Jahrhunderts sind die Gerichtssprengel, die *loca*, nicht mehr nachzuweisen. Uber den Gemeinden (*civitates*), denen eine beschränkte Autonomie geblieben ist, die das ganze Reichsareal nach der gesetzlichen Theorie ohne Rest in Gemeindeverbände zerlegen,[2] bleibt als Bezirk der Zentralverwaltung nur die *provincia*. Bei Theophanes wird ein Justinianisches Gesetz (Cod. 1, 53, 2) über die *provincias moderantes* zu dem Verbot an den Beamten, *ἐν οἷς ἄρχει τόποις ἀγοράζειν κτῆμα*.[3]

Die ältesten Konstitutionen,[4] die Vorlage des syrischen Spiegels[5] kannten nur die 10 / 20jährige ohne Rücksicht auf die Fähigkeit des Klägers zur Geltendmachung seines Anspruches laufende Frist. Der Soldat, also ein *absens ex iusta causa*, wurde wie jeder *absens* durch die 20 Jahre ausgeschlossen. Dieser Satz steht noch im Jahre 218 p. C. fest: in dem Reskripte Cod. 2, 18, 8 bescheidet Caracalla einen Soldaten: die späte Anstellung der a° *negotiorum gestorum*, die der Kläger lange Zeit wegen militärischer Pflichten nicht hatte anstrengen können, schade ihm nichts, da diese *actio* nicht der *ltp.* unterliege. Also schadete damals noch die *ltp.* auch dem Soldaten. Vom Eintritt der Sache in eine *possessio ex iusta causa* rechnete die 10 / 20jährige Frist *continuo* im strengsten Sinne des Wortes.

Reichsrecht die *praesentia* nach der Anwesenheit in der *πόλις* bemaß, war eben die *provincia* als grundlegender Bezirk für die Beurteilung der *praesentia* ausgeschlossen.

[1] Marquardt, Staatsverwaltung I², 268 ff.; Mommsen, Hermes 19, 61.

[2] Arg. Theod. et Valentin., Nov. Theod. 22, 1 (= Cod. Just. 5, 27, 3, 1), nach der die Landbewohner im Reich ihre *liberi naturales* durch *oblatio curiae* bei derjenigen *civitas* legitimieren lassen können, *sub qua vicus ille vel possessio censeatur*. Ebenso Cod. Just. 1, 3, 28, 4; 1, 4, 30 pr. Analog der Kampf gegen den Chorepiscopat, Harnack, Mission S. 335, 1.

[3] Theophanes, Chronogr. ed. de Boor p. 177.

[4] B. G. U. 267; Paul., S. R. 5, 2, 3.

[5] L. 66; P. 77; Ar. 48; R. II, 48; R. III, 66.

Dieser Rechtszustand war der prozessualen Bedeutung des Einwandes, den der Beklagte dem Kläger entgegenhielt, angemessen: 10 Jahre sei niemand an demselben Orte hervorgetreten, binnen 20 Jahren habe niemand, auch kein Auswärtiger, die Sache beansprucht; der Klagegrund sei daher unglaubwürdig. Der Gedanke, daß der Anspruch des Prozeßgegners in den 10/20 Jahren verjährt sei, trat dabei in der ältesten nachweisbaren Gestaltung des Instituts nicht hervor. Daher wurde auch nicht darauf Rücksicht genommen, ob der Kläger wirklich während der 10 / 20 Jahre stets zur Geltendmachung seines Rechtes fähig gewesen war. Aber diese Berücksichtigung des Klägers findet sich noch in klassischer Zeit hinzu.

Das prätorische Mittel zur Abwehr der rechtsvernichtenden Wirkung eines Zeitlaufs, während dessen ein Berechtigter zur Wahrung seines Anspruchs durch gewisse rechtlich festgelegte Gründe verhindert war, war die *in integrum restitutio*. Sie half dem *minor*, dem *ex iusta causa absens* gegen die *continuo* laufenden Fristen der *usucapio*,[1] gegen die der *lex Furia* wie gegen den Ablauf der *actiones temporales*.[2] Die unmittelbare Anwendung der *restitutio* auf die Vollendung der 10/20 Jahresfrist der *ltp.* war unmöglich.[3] Denn abgesehen davon, daß dieses prätorische Rechts-

---

[1] D. 27, 5, 2; D. 41, 4, 7, 3; Cod. 2, 35, 1. [2] D. 4, 6, 1, 1.

[3] Daß der *absens ex iusta causa* gegen die vollendete *ltp.* restituiert werden mußte, ist vielfach behauptet worden (Unterholzner I, 490 Anm. 493; Savigny, System IV, 441; Vangerow, Pandekten[7] I, 584; Stephan, Arch. f. civ. Prax. 34, 178; Windscheid, Pandekten § 182[11]; Schulin, Röm. Rechtsgesch. S. 300; Ubbelohde, Berechnung des *tempus utile* S. 8). Abgesehen davon, daß eine Restitution des *absens* neben dem Ruhen des Verjährungslaufs zugunsten der Minderjährigen (Cod. 7, 35, 3: *Non est incognitum id temporis quod in minore aetate transmissum est, in longi temporis praescriptione non computari*) schwer zu erklären wäre, bezeugt Justinian für einen Fall der *iusta absentia*, den Soldaten im Dienste (Cod. 2, 51 [52], 1; D. 4, 6, 7), ausdrücklich das Ruhen der Verjährung. Die Verordnung über ausschließliche Anrechnung der im Felddienst verbrachten Zeit zugunsten der Soldaten enthält im Titel über die Restitution gegen die *usucapio* die Worte (Cod. 2, 50 [51], 8): *tam in exceptionibus declinandis quam in petendis in integrum restitutionibus*. Die Wiederholung derselben Verordnung im Titel *quibus non obiciatur longi temporis praescriptio* (Cod. 7, 35, 8) läßt die Erwähnung der *in integrum restitutio* weg. Zudem steht der Anschauung, auch bei der

mittel bei keiner der durch Kaiserkonstitutionen und Senatusconsulte geschaffenen Verjährungen zur Anwendung kam,[1] paßte der Grundgedanke der *in integrum restitutio* nicht auf das Verhältnis, in welchem die *rei vindicatio* und die ihr entgegentretende *ltp.* standen. Der Prätor konnte eine *rei vindicatio* wieder beleben, deren klagbegründendes dingliches Recht durch *usucapio* untergegangen war, konnte eine mit Ablauf ihrer Frist untergegangene *actio temporalis* durch Fiktion des Nichtablaufs der Frist zur alten Kraft erwecken. Wenn die *ltp.* einer *actio in rem* gegenüberstand, war am Recht und an der *actio* dem Kläger nichts verloren. Die Herausgabe der Sache war zwar mit der Klage gegenüber dem *praescriptione munitus* nicht mehr zu erlangen, die *ltp.* verhinderte, daß der Richter dem Eigentumsbeweis des Klägers traute. Jedoch muß im Gegensatze zur *usucapio* bei dieser *exceptio*, die nur einen qualifizierten Besitzer schützte, nach klassischem Rechte dem dinglich Berechtigten die Möglichkeit geblieben sein, gegen einen späteren, durch die *ltp.* nicht geschützten Besitzer mit der Klage aus dinglichem Rechte durchzudringen.

Im Gegensatze zur Restitution der Eigentumsklage erreichte man bei der *ltp.* den Schutz des *minor* und des *ex iusta causa absens* durch eine Verlängerung der Präskriptionsfrist: der Richter rechnet von den 10/20 Jahren diejenige Zeit ab, in welcher dem Kläger eine Geltendmachung seines Anspruches nicht zugemutet werden konnte: Zugunsten des Soldaten während der Dienstzeit,[2] des *minor*[3] ruht der Fristlauf.

Vielleicht dürfen wir ein Zeugnis für diesen Rechtszustand der jüngsten klassischen Zeit auch in dem arg verstümmelten P. Par 69, den Wilcken, Philol. 53, 83, neu herausgegeben hat, sehen.

---

ltp. bedürfe es zur Unwirksamkeit der vollendeten Verjährung einer Restitution, die Sprache der Quellen entgegen: *quam (sc. praescriptionem longi temporis) contra absentes . . . nequaquam valere* (Cod. 7, 35, 4). Cod. 7, 35, 7 gibt bei Vollendung der 10/20 Jahre dem Kläger nicht eine *actio rescissoria*, wie diese in D. 4,6,28,5.6; D. 4,6,30 eingreifen muß, sondern es heißt *deducto eo quo si quid fuerit gestum succurri solet, residuum computari rationis est.*

[1] Darüber vgl. Ubbelohde, Berechnung des *tempus utile* der honorarischen Temporalklagen. Marburg 1891, S. 6 ff.

[2] Cod. 7, 35, 1 (Sever. Alexander a° 224); 2, 51 (52), 2 (Diocl.).

[3] Cod. 5, 73, 1 (Gordian a° 238).

17 (1. H.) [ε̄ c. 20 Buchst.] ελθόν[το]ς Φιλαμμῶνος [c. 12 Buchst. τῶν ἀπὸ τῆς Θ]ινιτῶν πόλεως καὶ τῶ[ν.......] [2. Oct.] 232.
18 [c. 20 Buchst. κατὰ? Αὐ]ρηλίου Ζερήνου ἱπ'πέω[ς c. 22 Buchst.] ς παρόντος Φλαουίου Λο[γγίνου νομικοῦ(?)]
19 [c. 25 Buchst.] Ἀγαθὸς Δαίμων ῥήτωρ [c. 22 Buchst.]α εἶπεν· Δίκην πρὸς ἡμᾶ[ς . . . .
20 [c. 25 Buchst.] Αἱ γὰρ θεῖαι διατάξεις τῶν π[ροτέρων αὐτοκρατόρων κελε]ύουσι[1] τὴν νομὴν κυρίαν εἶνα[ι ...
21 [c. 23 Buchst. μ]ὲν[1] εἰκοσαετῆ [χρόνο]ν ὥρισαν [c. 20 Buchst. δε]καετὴς καὶ οὗτος ὁ λόγος ῥη[
22 [c. 25 Buchst.]αι προσκυνη[σ]ι[.] τειουνε [c. 22 Buchst.]. γεν[ο]μένη, δι' ἧς δεδήλ[ωται
23 [c. 25 Buchst. τ]ὰς ἀσφαλίας τοῦ ἀμφιζβη[τ c. 22 Buchst.] τος Ἴσως οὐ βούλεται προ[. . . . .
24 [c. 25 Buchst.] τὰ ἀντίγραφα ἔχομεν καὶ α [c. 20 Buchst. εἰκ]οσαετῆ χρόνον ἐν τῇ νομῇ ἐχ[. . . . .
25 [c. 25 Buchst.] οσετη διαγέγονεν ἀναγκαίως [c. 22 Buchst.] ν αὐτὸν μὴ ἐπέρχεσθαι ἡμῖ[ν . . . . .
26 [c. 25 Buchst.]ας παρὼν πυθέσθαι περὶ τούτο[υ c. 22 Buchst.]μα χρήζει τοῦ μείζονος καὶ ἀξιῶ[1] . . .
27 [c. 25 Buchst.]. υς. Αὐρήλιος Λεοντᾶς ὁ στρατηγὸ[ς ἀπεκρίνατο· Βούλομαι? μ]ὲν τὴν δίκην εἰπεῖν πρὸς ὑμ[ᾶς
28 [c. 25 Buchst.] αὐτῷ τὸ πρᾶγμα ἀκέραιον ὡσ ηλ [c. 20 Buchst. πρ]οτέρῳ γεινομένης. Φιλαμμ[ὼν . . . . .
29 [c. 25 Buchst.] ργων περὶ τῆς νομῆς. Ὁ στρατηγ[ὸς c. 20 Buchst.]. ἀναθέμενο[ς] τὸ πρᾶγμα ἀκ[έραιον . .
30 [c. 15 Buchst. τῷ ἐπιστρατ]ήγῳ. (2. H.) Ἀνέγνων.

In das Journal des Strategen von Elephantine, Aurelius Leontas, war dieses Protokoll einer Gerichtsverhandlung vom 2. Oktober 232 aufgenommen, das trotz seiner Lückenhaftigkeit in der Beleuchtung durch andere Papyri Wichtiges lehrt.[2] Kläger

---

[1] Nach einer neuerlichen von Herrn Professor Wilcken mir gütigst mitgeteilten Lesung.

[2] Dazu vgl. Wilcken a. a. O. S. 95; Mitteis, Hermes 30, 613 f.

ist Philammon[1] aus This in Oberägypten und eine Mehrzahl von Personen,[2] Beklagter der römische Reiter Aurelius Serenus. Die Verhandlung findet wie jede Jurisdiktionshandlung des *στρατηγός* auf Grund einer Delegation, hier des *ἐπιστρατηγός ἑπτὰ νομῶν καὶ Θηβαΐδος* vor dem Tribunal des Strategen[3] statt. Der Antrag der Kläger lautet auf *αὐτὸν μὴ ἐπέρχεσθαι ἡμῖν* (lin. 25), also handelt es sich um eine Klage sei es auf Unterlassung von Besitzstörungshandlungen, die der Beklagte, offenbar in der Behauptung, ihm stehe ein Recht an der streitigen Sache zu, vorgenommen hat, sei es auf Unterlassung einer Klage aus dem von ihm behaupteten dinglichen Rechte. Die Klage wird damit begründet, daß ein Recht des Beklagten auf Herausgabe der streitigen Sache wegen Vollendung der *ltp.* zugunsten der Kläger unwirksam sei. Der klägerische Anwalt beruft sich auf die kaiserlichen Konstitutionen, die die 20jährige Frist für die *κυρία νομή* eingeführt hätten[4] und weist nach, daß die *ltp.* seinen Klienten zustehe: *τὰ ἀντίγραφα ἔχομεν*: also wohl die Urkunden über das Kausalgeschäft der *iusta possessio.* Die Lücke von etwa 20 Buchstaben in l. 24 ist nach B. G. U. I 267 mit ziemlicher Sicherheit zu ergänzen:

τὰ ἀντίγραφα ἔχομεν καὶ ἄ[νευ τινὸς ἀμφισβητήσεως εἰκ]οσαετῆ χρόνον ἐν τῇ νομῇ ἔχ[ομεν . . .

In dieser Ausführung über die Vollendung der Verjährung schließt sich sichtlich an die Erwähnung des *εἰκοσαετὴς χρόνος* eine Ausführung über verstrichene Frist: . . . *οσετη διαγέγονεν ἀναγκαίως* . . . liest Wilcken. Man wird das *διαγέγονεν ἀναγκαίως* auf den Beklagten beziehen müssen, der notgedrungen als Soldat Jahre hat verstreichen lassen müssen. Hier drängt sich für das in der Lücke Ausgefallene der Sinn auf: „abgerechnet die Jahre, die der Beklagte *in iusta absentia* als Soldat verbracht hat. (*ὅσ' ἔτη διαγέγονεν ἀναγκαίως* [etwa: *ἀπόντος αὐτοῦ. Διὸ κέλευσο*]*ν αὐτὸν μὴ ἐπέρχεσθαι ἡμῖ*[*ν* . . . .). Nimmt man dies an, so wird für l. 21 eine Deutung möglich: der klägerische Anwalt

[1] *προσ]ελθόντος Φιλαμμῶνος* ist in lin. 17 nach Ox. I, 40; II, 237, col. VII, 21 sicher.

[2] lin. 17.

[3] lin. 18 vor *παρόντος* vielleicht *ἐπὶ τοῦ βήματο]ς* wie Ox. I, 37, col. I, 3.

[4] lin. 20, 21.

sagt vom Beklagten: οὗτος . . . προσκυνη[σ]ι. Darf man dies als προσκυνήσει lesen, so gestaltet sich das in l. 21 und 22 Erhaltene zu einer Abwehr gegen eine zu erwartende Einwendung des Beklagten, die sich gegen die Verjährungsberufung der Kläger richtet. Der Beklagte ist Soldat, für ihn kommt das Ruhen der Verjährung nach lin. 25 in Betracht, also war vielleicht der Sinn von l. 21: 1 . . Jahr[1] hat Beklagter gedient, und er wird natürlich[2] an dich, Stratege, mit dem Antrage herantreten, diese Zeit abzurechnen.

Nicht zu erkennen ist, worauf der Beklagte sein Recht stützen wollte:[3] τὰς ἀσφαλίας τοῦ ἀμφισβη[τ . . . geht wohl auf die öffentlichen Urkunden, aus denen er sein Recht an der streitigen Sache; wohl einem Grundstück, beweisen wollte.[4] Dunkel ist ferner der Schluß der Rede,[5] in welcher der Anwalt zu beantragen scheint, den abwesenden Beklagten zu laden und ihm das Besitzstörungsverbot zu verkünden; endlich ist nicht zu erkennen, warum der Stratege[6] die Sache an den ἐπιστρατηγός ohne Entscheidung (ἀκέραιον ὡς ἦλ[θε[7] in lin. 28 nach B. G. U. I, 361 sicher) zurückverweist.

Ist die hier versuchte Deutung richtig, so ergibt sich in Übereinstimmung mit den gleichalterigen Quellen, daß im Jahre 232 p. C. die 20jährige Frist der *ltp.*, die zur Anwendung kommen mußte,

---

[1] κaετής, von WILCKEN ergänzt . . δεκαετής, kann natürlich 10—19 Jahre bedeuten.

[2] οὐ λόγος ῥηθῆναι wie οὐκ ἔπος εἰπεῖν.

[3] lin. 22, 23.

[4] αἱ ἀσφάλειαι als die Urkunden des Grundbuchwesens in Ox. I, 34 vs. col. III, 6; Ox. II, 252, 253, 6; Ox. III, 488; vgl. auch aus späterer Zeit P. GOODSPEED 13, 3, 15, 5; P. Par. 21 (p. 242), 9/10, 24 (p. 243).

[5] lin. 26.

[6] lin. 27—30.

[7] Zu diesem ἀκέραιον ὡς ἦλθε vgl. die *integra cognitio* Plin. ep. ad. Trai. 110, 2. Bedeutet der Ausdruck vielleicht, daß dem Strategen die Sache nur wie in Ox. II, 237; V, 7 (erg. von GRADENWITZ, Arch. f. Pap.-Forschung I, 328 ff.) zur Untersuchung darüber überwiesen war, ob für den Präfekten eine Befassung mit der Sache angebracht war, ohne daß der Stratege in der Sache selbst eine prozessuale Entscheidung zu treffen hatte — ? Dann wäre die Ergänzung WILCKENS: βούλομαι μὲ]ν τὴν δίκην εἰπεῖν, die der Rückverweisung ohnehin widerspricht, aufzugeben.

weil die Parteien nicht in demselben Gau wohnten, gegenüber dem Soldaten ruhte, und zwar, wenn das δε]καετής in lin. 21 richtig verstanden wurde, während der ganzen Dienstzeit ruhte.

Dieser Rechtszustand könnte, wenn man den möglicherweise von späten Einflüssen berührten Quellen trauen darf, eine Vorstufe gehabt haben, welche die Wirkung der *in integrum restitutio* genau nachbildete. Es scheint, als habe man, bevor man das Ruhen des Präskriptionslaufes kannte, nach dem Beispiel der Restitution die entkräftende Wirkung der *ltp.* auf einen *annus utilis* nach Aufhören der Behinderung des Klägers ausgesetzt.

Aus einer Konstitution des Severus Alexander (a° 223)[1] geht, wenn hier nicht vielleicht eine Interpolation für eine klassische Grundstücksusukapion vorliegt, hervor, daß auf Grund kaiserlichen Privilegs der vom Dienst entlassene heimkehrende Soldat sich innerhalb eines *annus utilis* die *ltp.* nicht entgegensetzen zu lassen brauchte. Im ältesten Rechte der *ltp.* war das, wie schon bemerkt, anders. Der syrische Spiegel, der auch hier mit den ältesten Konstitutionen übereinstimmt, schließt nach abgelaufenem *continuum* von 20 Jahren ausdrücklich den Soldaten *inter absentes* aus. So stand es wohl in dem klassischen Texte, auf den seine Vorlage zurückging; denn einem späteren, vorjustinianischen Rechtszustande entspricht diese Behandlung des Soldaten nicht: bis auf Justinian galt seit jenen späteren Konstitutionen des 3. Jahrhunderts das Ruhen der *ltp.* gegenüber dem Soldaten während der ganzen Dienstzeit.[2]

Der Spiegel hat den ältesten Rechtszustand der *ltp.* mit der Anwendung der 20jährigen *continuo* laufenden Frist aufgenommen. Cod. 2, 50 (51), 3 würde dem gegenüber, wenn echt, einen Fortschritt der Entwickelung, eine Erleichterung zugunsten des Klägers bedeuten.

---

[1] Cod. 2, 50 (51), 3. *Quod tempore militiae de bonis alicuius possessum ab aliquo est, posteaquam is rei publicae causa abesse desiit, intra annum utilem amota praescriptione temporis medii vindicare permissum est: ultra autem ius possessoris laedere contra eum institutum non oportet.* Nach Krüger (ad h. l.) ist, wie aus Bas. 10, 33, 3 hervorgeht, hinter *annum utilem* ausgefallen: *vel rescissa usucapione, si rem militis usucepit, vel . . .*

[2] Cod. 2, 51 (52), 2.

Möglicherweise ist eine Spur einer solchen Übergangsbildung, die schon im Jahre 224 durch die Einführung des Ruhens des Präskriptionslaufes abgelöst wurde, in Arm. 39 erhalten:

„Es befiehlt das Gesetz: Wenn jemand ein Landgut oder Haus oder einen Garten oder etwas anderes kauft, und diese Sachen waren dem Verkäufer verpfändet; wenn dieser in keiner Weise von dem Pfandgeber belästigt worden war, sondern nach seinem Belieben die Sache verkauft, weil der eigentliche Besitzer in der Ferne weilt; wenn nun das verkaufte Haus dem Käufer 10 Jahre lang verbleibt, und danach der ursprüngliche Besitzer wieder erscheint, wenn er während eines Jahres die Sache bei dem Käufer nicht reklamiert, so verbleibt dem Käufer das gekaufte als rechtmäßiges Eigentum, weil der Besitzer nicht innerhalb eines Jahres geklagt hat.

Wenn aber der in der Ferne weilende Besitzer ein Kaufmann oder Soldat ist, so erlaubt das Gesetz, daß er bis zum Ablauf von 20 Jahren sein Eigentum, das er verpfändet hatte, reklamieren kann. Nach Ablauf von 20 Jahren kehrt sein Besitz nicht zu ihm zurück: so befiehlt das Gesetz.“

Die Stelle ist eine seltsame Vermischung zweier klassischen Rechtssätze aus dem Gebiete der *ltp.* in einer der armenischen Version des Spiegels eigenartigen Verkehrung.

Zugrunde lag einmal der klassische Fall, daß der Verpfänder, bevor das Pfandrecht geltend gemacht wird, das Pfand verkauft, der Käufer unbelästigt besitzt und nach 10 Jahren den Pfandgläubiger mit der *ltp.* ausschließt.[1] Aber diese *ltp.* ist ebenso wie die 30jährige theodosische Verjährung desselben Pfandanspruchs in Arm. 53[2] in eine Verjährung eines Eigentumsanspruchs des

[1] Ulp., D. 44, 3, 5, 1; Ulp. fragm. b; Paul., D. 44, 3, 12.

[2] Vgl.:

Arm. 53.	L. 107.
. . . Wenn ein Mann einem andern eine bestimmte Sache verpfändet hat, und dieser hat sie einem Dritten anverpfändet auf irgend eine Weise, sei es ein Weinberg oder Feld oder Sklaven oder etwas anderes, wenn der Pfandnehmer das Pfand bei	. . . Wenn er ihm als Pfand gibt eine genau bezeichnete bestimmte Sache, einen Acker oder etwas anderes, Ähnliches und die dem ursprünglichen Leihgeber verpfändete Sache ist nicht auf irgend eine Weise weiter verpfändet oder verkauft oder

Verpfänders, der nach Veräußerung des Pfandes ohne Schuldnerverzug die Schuld bezahlt oder den Gläubiger in Annahmeverzug gesetzt hat, verkehrt, ohne daß die rechtsgeschichtliche Veranlassung klar wäre.[1]

Anderseits wurde der Satz, daß der *ex iusta absentia* Zurückkehrende binnen eines *annus utilis* die *ltp.* nicht zu fürchten

---

sich hat, es nicht weiter verpfändet noch einem andern verkauft, wenn er es nicht als *dos* hingegeben hat, überhaupt die Sache nicht ihren Herrn gewechselt hat, so kann der ursprüngliche Besitzer auch nach dem Ablauf von 30 Jahren sein Eigentum fordern.	weggegeben als δωρεά oder φερνή oder hat nicht auf irgend eine Weise die Herrschaft gewechselt, — ... —, so kann der Leihgeber, auch wenn seine Schrift über 30 Jahre hinausgeht, das ihm gegebene Pfand für seine Schuld anfassen.
Wenn aber die Sachen an einen andern Herrn übergegangen sind, so kann er sein Eigentum nicht mehr fordern, weil nach 30 Jahren jeder Weg versperrt ist, ...	Wenn aber das Pfand eine andere Herrschaft eingetauscht hat auf irgend eine Weise, so kann der Gläubiger, dessen Schrift über 30 Jahre hinausgeht, das ihm verpfändete Pfand nicht mehr fassen.

Der Unterschied der beiden Versionen ist von Bruns' Kommentar nicht betont, hervorgehoben bei Kohler, Zeitschr. f. vgl. Rwiss. 7, 414, 105 in einer Darstellung des armenischen Rechtes.

[1] Schon in einer älteren syrischen Version R. I, 30 findet sich an der gleichen Stelle eine ähnliche Umarbeitung: „Wenn jemand ein Dorf oder Haus oder Höfe kauft, und dies Objekt 10 Jahre in seinen Händen ist, ohne daß jemand ihn, den Käufer, bedrängt (d. h. sein Besitzrecht anficht); wenn aber das Haus oder Dorf oder die Höfe (ursprünglich) dem Verkäufer als Pfänder gegeben waren und nun der Pfandgeber kommt, um von dem Verkäufer (sein Pfand) zurückzufordern, (so bestimmen die Gesetze der Richter folgendes:) Wenn er in demselben Orte, darf er (innerhalb des Zeitraumes) vom ersten Tage des Kaufes bis zu 20 Jahren (sic!) und was über 10 Jahre hinausgeht (sic!), gegen den Verkäufer seine Forderung erheben, weil niemand ihn davon benachrichtigt hatte.

Wenn dagegen der Forderer (der Pfandgeber) als Kaufmann oder Reiter oder als Soldat des Reiches in einem fernen Lande lebt und nun aus der Ferne kommt (um sein Recht zu fordern), gibt ihm das Gesetz der Richter die Möglichkeit, bis zum Ablauf von 10 Jahren (sic!) seine verpfändete Habe von dem Pfandnehmer zurückzufordern.

Wenn aber der Verkäufer nicht mehr lebt, erhebt er seine Forderung gegen den Käufer.

Wenn dagegen die Zeit verstreicht, ohne daß der Pfandgeber seine habe, verständnislos an diese verderbte Schilderung der *ltp. adversus creditorem* geheftet, so daß gegen den *post absentiam* Zurückkehrenden die 10jährige Frist angewendet wird, daß anderseits die ursprünglich gegen den Soldaten und jeden andern *absens* laufende 20-Jahrfrist in einen Gegensatz zu dieser in den ersten Absatz interpolierten Jahresfrist etwa als eine vom Verkauf an laufende Maximalfrist für die Geltendmachung des Anspruches tritt.

Trifft die hier angedeutete Möglichkeit einer Erklärung der dunklen Stelle das Richtige, so wäre eine neue Spur dafür gegeben, daß klassische Texte als Vorlage des syrischen Spiegels gedient haben. Ebenso möglich wäre allerdings, daß in Arm. 39 auf Grund des justinianischen vielleicht interpolierten Textes von Cod. 2, 50 (51), 3 und der byzantinischen Praxis (Bas. 10, 33, 2 u. 3; Harm. 1, 16,5) die Erwähnung des *annus utilis restitutionis* interpoliert wäre.

Forderung erhebt, so ist ihm nach dem Befehl des Gesetzes der Richter der Weg der Forderung verschlossen."

Deutlich liegt hier derselbe in den römischen Quellen mit solcher Ausführlichkeit und der grundsätzlichen Bedeutung nirgends behandelte Fall (nur Cod. Just. 4, 24, 10; 12) wie in Arm. 39 vor. Aber während sonst klar ist, daß die 20 Jahre gegen den zurückgekehrten *absens* vom Zeitpunkt des Besitzerwerbs durch Kauf an gerechnet werden (vgl. L. 66; P. 77; Ar. 48; R. II, 48; R. III, 66), läuft hier deutlich die 10jährige Frist von der Rückkehr an. Es liegt auch in dieser Umarbeitung eine Parallele zu Arm. 39, denn diese Version enthält sachlich gerade in diesem Punkte die eigentümliche Erwähnung des *annus restitutionis*. Während in Arm. 39 die Angabe: „wenn dieser in keiner Weise von dem Pfandgeber belästigt worden, sondern nach seinem Belieben die Sache verkauft . . ." ein eigentümlicher Zusatz ist, der sich nach römischem Rechte nur ungenügend auf die *denuntiatio* des zahlungsbereiten Schuldners deuten ließe (Cod. 8, 28 [29], 2), findet sich in R. I, 30 offenbar eine Spur der justinianischen Nov. 119 cap. 7: der Kläger soll auch nach 10 Jahren noch, weil niemand ihn von der Veräußerung benachrichtigt hatte, mit Erfolg sein Eigentum geltend machen können. Die Frist läuft erst mit der Kenntnis des Berechtigten von der Veräußerung. Eine Anfrage über die grammatische Zulässigkeit dieser Auffassung des Textes hat Herr Geheimrat Professor Sachau mir zustimmend beantwortet. Allerdings bleibt die Erwähnung der 20jährigen Frist als Maximalfrist — ähnlich der Stellung von Arm. 39 Abs. 2 zu Abs. 1 — auch für diesen Fall eine Seltsamkeit. Mit dem römischen Rechte ist ferner nicht zu erklären, daß nach R. I, 30 der Verpfänder zunächst gegen den

Wenn die Entwickelung in den ersten 30 Jahren des 3. Jahrhunderts wirklich so wie oben geschildert vor sich ging, wird klar, warum die Bedeutung der *absentia* im späteren Rechte der *ltp.* sich gegenüber den ältesten Konstitutionen verschob. Nach B. G. U. 267, Paul., S. R. 5, 2, 3,[1] dem syrischen Spiegel ist *absens* sowohl derjenige Abwesende, der seinen Wohnsitz am Orte des Wohnsitzes des Beklagten (der zugleich Ort des Grundstücks?[2]) hat, als derjenige, der an einem andern Orte domiziliert ist. Wenn nun die Verjährung gegen den *ex iusta causa* Abwesenden ruhte, und nach seiner Rückkehr an sein altes Domizil die Frist *inter praesentes* lief, war die *ltp. inter absentes* für alle Fälle, in denen das Ruhen wegen *absentia ex iusta causa* eintrat, unpraktisch. Dadurch erklärt sich wohl die von Justinian getroffene Bestimmung, *absentia* bestehe nur bei Lage der Domizile in verschiedenen Provinzen.

II. Die *longi temporis praescriptio* an Sachen im Prozesse.

1. Die Einrede aus dem langen Besitze.

a) Form der *praescriptio* im Prozesse.

Die klassischen Nachrichten über die *ltp.* gehören dem Ende des zweiten, dem Anfange des 3. Jahrhunderts an.

Damals muß die *ltp.* als Verteidigungsmittel des beklagten Besitzers verschiedene prozessuale Gestalt gehabt haben, je nach-

---

Pfandgläubiger sein Eigentum geltend machen muß und nur im Falle von dessen Tode unmittelbar gegen den Besitzer klagen darf. An die Haftung des Pfandgläubigers *quia dolo desiit possidere* kann natürlich nicht gedacht werden, da die Fortdauer dieser Haftung vom Präskriptionserwerb des Käufers unabhängig wäre.

Ein rechtshistorischer Grund für die Umkehrung des in der klassischen Vorlage behandelten Falles in eine Verjährung der Eigentumsklage des Verpfänders ist meines Wissens nicht aufzufinden. Ob hier etwa ein Gedanke des griechischen Rechts wie sonst öfters in den späten Versionen (Mitteis, R. R. und V. R. 214 f., 331, 543 ff.) Anlaß zur Änderung gewesen ist, — etwa der Gedanke, daß nach Verpfändung ein Verkauf oder weitere Verpfändung des Pfandes durch den Schuldner ungültig war, — sei hier dahingestellt.

[1] Vgl. oben S. 50, 1. [2] Oben S. 49 f.

dem sie im Formularprozesse oder in dem gleichzeitig in vielen Provinzen herrschenden Beamtenverfahren[1] auftrat.

I. Im Formularprozesse erfolgte die Berufung auf den langen rechtmäßigen unangefochtenen Besitz durch die Einstellung einer *exceptio* in die Formel.[2]

Über die Form dieser *exceptio longae possessionis* verlautet nichts. Man kann vermuten, daß analog dem *possedisse* der *formula in factum,* welche in klassischer Zeit aus dem 10/20jährigen Besitze entsprang,[3] es auch in der *exceptio* hieß: *nisi N^us^ N^us^ ... possedit.* Aber es fehlt an sicherem Anhalt dafür, in welcher Formulierung die Frist erwähnt war, welcher Ausdruck dem *ἄνευ τινὸς ἀμφισβητήσεως* von B. G. U. 267 entsprach. Die Form der *exceptio longae possessionis* ist ebensowenig bekannt, wie ein Anhalt dafür besteht, ob diese *exceptio* von den römischen Stadtprätoren in die Urbanedikte,[4] oder von Provinzialstatthaltern in die provinziale Ediktalordnung aufgenommen war.

II. Im Beamtenverfahren war die *ltp.* eine Einwendung, welche der Beklagte in der Verhandlung vor dem mit der Entscheidung der Sache befaßten Richter geltend machte.

In dem oben (S. 58 ff.) besprochenen Protokoll aus Elephantine tritt die Berufung auf die *ltp.* allerdings nicht als Verteidigungsmittel des Beklagten auf. Es ist eine Klage auf Feststellung der Tatsache, daß Gegner infolge der *ltp.* kein Recht auf Herausgabe der streitigen Sache habe, und demgemäß auf Erlassung eines Befehls an den Gegner *αὐτὸν μὴ ἐπέρχεσθαι ἡμῖν.* Dabei kann dahingestellt bleiben, ob *ἐπέρχεσθαι* jede Handlung bedeuten soll, durch welche der Gegner sein angebliches Recht gegenüber dem Besitzer der Sache auszuüben sucht, oder ob darunter nur die gerichtliche Geltendmachung des Anspruchs auf Herausgabe auf Grund angeblichen dinglichen Rechtes zu verstehen sei. Letzteren-

---

[1] Quellen und Literatur dafür in meiner „Schriftformel im römischen Provinzialprozesse" S. 52—78, Zusammenfassung S. 95 f.

[2] Pap., D. 41, 3, 45 pr.; Ulp., D. 44, 3, 5; fragm. a. b. (Lenel, Berl. Sitzungsberichte, 1904, 1165, 1167); Paul., D. 44, 3, 12.

[3] Ulp., Fragm. b. ... *et quod attinet ad formulae conceptionem, possederit, ...*

[4] Lenel, Edictum S. 403.

falls würden die Kläger hier durch die Feststellungsklage einen künftigen Prozeß, in welchem der Gegner gegen sie auf Herausgabe der von ihm aus dinglichem Rechte beanspruchten Sache klagbar werden konnte, abschneiden. Jedenfalls beruft sich der Kläger darauf, daß ihm gegen eine etwaige Klage die *ltp.* zustehe. Formell geschah die Aufstellung der *ltp.* in dem Prozesse des Eigentümers gegen den Besitzer in der *extraordinaria cognitio* wohl nicht anders als hier angedeutet: der Beklagte berief sich auf die kaiserlichen Konstitutionen, behauptete und bewies den langjährigen rechtmäßig erworbenen, unangefochtenen Besitz. Diese Behauptung war sicherlich nicht im klassischen Beamtenverfahren und sicherlich praktisch auch im nachklassischen Verfahren nicht mehr an einen Zeitpunkt wie den des Litiskontestationsvertrages geknüpft. Auch erst nachdem der Kläger vor dem Delegaten die Klage vorgetragen hatte, konnte der Beklagte die *ltp.* behaupten, beweisen und *absolutio* daraufhin durchsetzen.[1]

b) Bedarf es eines Vorschützens der *ltp.*?

Nur für das Beamtenverfahren ist die Frage wichtig, ob die prozessuale Einrede aus dem langen Besitze materiellrechtlich Einrede oder Einwand war. Bedurfte es der Berufung des Beklagten auf den langjährigen Besitz oder konnte der Richter, wenn er die Entstehungsbedingungen der *ltp.* zugunsten des Beklagten gegeben sah, auch ohne dessen Antrag die Klage abweisen? Im Formularverfahren war der Geschworene an den Prozeßvertrag gebunden. Enthielt dieser die *exceptio* nicht, so mußte der Geschworene, sofern nicht vom Beklagten *restitutio adversus litem* erbeten wurde, verurteilen. Eine Sistierung des Verurteilungsbefehls der Formel von Amts wegen, etwa dadurch, daß der Geschworene die *in iudicio* für den Beklagten sich ergebende günstige Stellung dem Magistrat mitteilte und daß dieser an den Geschworenen ein Urteilsverbot (*iudicare vetare:* D. 5, 1, 58) ergehen ließ, ist mindestens nicht bezeugt. Dem delegierten Richter des Beamtenverfahrens hingegen war durch das Prozeßprogramm, an das ihn sein Auftraggeber band, nicht notwendig so streng

[1] Cod. 7, 33, 9.

das Urteil vorgezeichnet, und wo der Jurisdiktionsbeamte das Programm zu eng gefaßt hatte, half eine Rückfrage oder die Rückverweisung der Sache an den Oberbeamten. Im Beamtenverfahren war jedenfalls die Berücksichtigung einer Einwendung, die sich bei dem Delegaten für den Beklagten ergab, möglich, und es fragt sich, ob eine *ltp.* des Beklagten vom delegierten Richter auch von Amts wegen oder nur auf Antrag des Beklagten berücksichtigt werden konnte.

Die Quellen scheinen auf den ersten Blick für das erstere zu sprechen. Die *θεῖαι διατάξεις* sollen angeordnet haben, *τὴν νομὴν κυρίαν εἶναι*, und der syrische Spiegel enthält in seiner Darstellung des Institutes keine Andeutung davon, daß es eines Antrages auf Berücksichtigung der *ltp.* bedürfe: „so ist der Kauf, den jener gemacht, gültig, weil niemand ihn belästigt noch ihm die *παραγγελία* geschickt hat", heißt es in L. 66. „*Firma est emptio emptori*", übersetzt FERRINI[1] in P. 77.

Aber die Ausdrücke *νομὴ κυρία, firma emptio* sind nicht so scharf zu deuten. Die *firma emptio* ist die offenbare Übersetzung von *ὠνὴ βεβαία*, und dies wie die *νομὴ κυρία* gehören zur Terminologie des griechischen Eigentumsprozesses und des griechischen Gewährschaftsrechts.[2] Beide Wendungen bezeichnen nur die normalerweise geschützte Stellung des beklagten Besitzers gegenüber einer Klage aus angeblichem Eigentume oder Pfandrecht. Ob dieser Schutz des Beklagten eine Mitwirkung von dessen Seite voraussetzt oder nicht, ist dabei nicht mit Sicherheit entschieden: auch, wenn die *ltp.* einen Antrag des Beklagten erforderte und dieser den Antrag unvernünftigerweise versäumte, mußte nach römischem Rechte[3] gleichwohl die Gewährschaftspflicht als erledigt, die *ὠνή* als *βεβαία* gelten.[3]

Die Quellen sind zur Beantwortung der modernen Fragestellung, ob die *ltp.* Einwand oder Einrede sei, ungenügend. Aus der Bezeichnung *praescriptio* selbst geht nur hervor, daß die *ltp.* ein Verteidigungsmittel eines Beklagten war. Auch der Name

---

[1] Z. Sav.-St. 23, 138.

[2] RABEL, Haftung d. Verkäufers S. 2 u. ö.; vgl. „*confirmare*" in Cod. 7, 33, 6 (Diocl).

[3] Vgl. D. 21, 2, 56, 3.; Cod. 8, 44, 19.

exceptio kann für die moderne rechtsgeschichtliche Forschung nicht mehr besagen.[1] Dagegen ist vielleicht aus der ältesten Gestaltung der *ltp.* im klassischen Rechte ein Schluß darauf möglich, daß die *ltp.* keinen Antrag des Beklagten auf Berücksichtigung des langjährigen Besitzes verlangte: erbrachte wirklich die *ltp.* ursprünglich einen formalen Beweis für das Recht des Beklagten, so mußte der Richter, wenn er die rechtlichen Entstehungsbedingungen der *ltp.* liquid fand, die Klage abweisen.

c) Der Name „*praescriptio*".

Die Einrede aus dem langen Besitze hatte den Namen *praescriptio* im vorwiegenden Sprachgebrauche der Klassiker und der Späteren. Das hat vielfach die Auffassung veranlaßt, die *ltp.* sei eine *praescriptio* nach Art der bei Gai. IV, 130 sqq. geschilderten gewesen[2] und sie trete als ursprüngliche Bildung des Formularprozesses im Beamtenverfahren und dem Verfahren der späteren Zeit nur gemäß dem allgemeinen Gange der Entwickelung des römischen Prozeßrechts auf.

Aber die allein in Betracht kommenden *praescriptiones pro reo* sind lange vor Gaius (*olim*: Gai. IV, 133) zu Exceptionen geworden, und die ältesten Quellen über die *ltp.* stammen erst aus der Zeit des Septimius Severus.[3] Eine Vermutung, daß das Institut schon lange vor Abschluß der Entwickelung des prätorischen Edikts bestanden habe, wird schwer zu begründen sein.[3] In den Ediktskommentaren, die doch unter den späten Klassikern vielfach Provinzialverhältnisse berücksichtigen, findet sich keine Spur von der *ltp.*[4] Endlich ist unverkennbar, daß in den Stellen, welche besonders deutlich von dem Auftreten der Einrede im Formularverfahren handeln,[5] die Bezeichnung *exceptio* festgehalten ist.

---

[1] Heymann, Vorschützen der Verjährung, Breslau 1894, 35—45.

[2] *praescriptio pro actore*: Unterholzner, Verjährungslehre[2] I, 451 A. 437; Reinhardt, Usucapio und praescriptio, Stuttgart 1832, S. 190; § 171, 240; Bellaguet, De la praescriptio longi temporis, Paris 1879, S. 15. *pro reo*: Lauenstein, De vi ac effectu praescr. anteiust., Leipz. 1844, S. 13; Voigt, Rechtsgesch. I, 385, 54; Girard, Manuel[3] S. 298, 1015.

[3] Darüber unten ausführlich S. 109 ff. [4] Lenel, Edictum S. 403.

[5] Ulp. (disputat.), D. 44, 3, 5, 1; fragmentum a. b.

Der einzige Anhalt für die geläufige Auffassung, der Name „*praescriptio*“, darf meines Erachtens in der Zeit, aus der die Quellen stammen, keine genügende Grundlage sein. Denn:

1°. Im Zeitalter der Severe bedeutete *praescriptio* in der Mehrzahl der überlieferten Stellen die ohne feste Form geschehende Berufung auf eine dem Prozesse entgegenstehende Vorschrift in den neuen Verfahrensarten des Principates. Im Verfahren aus der *lex Julia de adulteriis*,[1] im Strafverfahren,[2] Fiskalprozesse,[3] in Statussachen,[4] für die Appellation,[5] das Exkusationsverfahren[6] ist *praescriptio* die Berufung auf Versäumung einer Verjährungs- oder Ausschlußfrist[7] oder auf prozeßhindernde Tatsachen; mit einer

---

[1] *praescriptio quinquennii* resp. *sex mensuum*: D. 48, 5, 40, 5; 48, 6, 5, 2; 48, 2, 5. *Praescriptio* der Vorausklage gegen den Ehebrecher D. 48, 5, 2, 1; fr. 20 pr. eod. *Praescriptio* gegen den zum Ehebruchsprozeß unfähigen *minor*: D. 48, 5, 16, 6 u. 7.

[2] *praescriptio XX annorum*: D. 48, 10, 19, 1; D. 48, 16, 7 pr.; D. 48, 16, 11; D. 48, 17, 4, 2.

[3] *praescr. XX ann.*: D. 48, 17, 2, 1 u. fr. 3 eod.; D. 49, 14, 1, 3; *quadriennii*: D. 44, 3, 10; D. 29, 4, 6, 7 pr. *Praescriptio* zugunsten des Soldaten, der in der Garnisonsprovinz Land erwirbt, nach der Entlassung: D. 49, 16, 13, 2.

[4] *praescr. quinquennii*: D. 40, 15, 1 pr.; D. 40, 14, 1; 4; 5, 2.

[5] *Praescriptio* wegen Versäumung der Appellationsfrist: D. 49, 4, 1, 10; Paul., S. R. V, 34, 2. *Praescr.* wegen ungenügender Bezeichnung des Appellationsbeklagten: D. 49, 1, 3.

[6] der Tutoren: *praescr. quinquaginta dierum* Vat. fr. 156, 166; *praescr. sessionis intermissae* Vat. fr. 161, 165; Cod. 5, 62, 3, 11. — der munizipalen honores: *praescr.* wegen Fristversäumung D. 50, 2, 6, 4; D. 50, 10, 1 pr.; *praescr.* zur Wahrung der *vacatio* D. 50, 7, 14.

[7] Die Behauptung Fittings, Z. Sav.-St. 9, 394; 14, 259, *praescribi, praescriptio* habe in Cod. 9, 35, 5, sogar schon in D. 49, 14, 1, 3, 5; D. 48, 17, 3 deutlich die Bedeutung von „verjähren“, trägt den Effekt der *praescriptio*, die eine Einwendung aus Zeitablauf geltend macht, in die Wortbedeutung. Zweifellos ist der Sprachgebrauch „*actio annuo tempore praescripta*“, „*quaestionem . . . viginti annorum silentio praescribi*“, „*post annos, quibus praescribi diximus*“ eine eigentümliche Passivbildung (grammatische Analogien bei Kühner, Gramm. d. lat. Spr. [1878] II, 1, 75). Da aber *praescribere* in der Bedeutung „einwenden“, „entgegenhalten“ in vielen Stellen nachweisbar ist, (Marcian, D. 40, 15, 1, 4; Macer, D. 47, 15, 3, 1; Jul. Aquila, D. 26, 10, 12; Ulp., D. 5, 1, 52, 3; D. 49, 1, 3 pr. § 1; D. 49, 4, 1, 10; Modestin, D. 31, 34, 3; D. 44, 1, 10), da *praescriptio* alle möglichen, vorwiegend auf Kaiserrecht begründeten oder in den unter dem Prinzipate eingeführten

praescriptio wird der Einwand der Prozeßunfähigkeit des Anklägers[1] erhoben; im Fideikommißverfahren wird die Vorschrift der Konstitutionen „*ut ibi petatur fideicommissum, ubi maior pars hereditatis sit*" mit einer *praescriptio* dem klagenden Fideikommissar entgegengehalten,[2] und die Praxis des Centumviralgerichts, nach der jede das Testament anerkennende Äußerung eine *querela inofficiosi testamenti* des Anerkennenden ausschließt, wird auch mit einer *praescriptio* geltend gemacht.[3] Die Verhandlung von Elephantine, in welcher der *praescriptione munitus* sich auf die θεῖαι διατάξεις beruft,[4] die bestimmt hätten τὴν νομὴν κυρίαν εἶναι, steht diesen Neubildungen des Prinzipates sehr nahe.

2°. In den Klassikerstellen, welche von einer ediktalen *exceptio* als *praescriptio* sprechen, hat das Wort die von Gaius bezeugte Bedeutung nicht mehr. Bei Gaius ist *praescriptio* die vor der Formel stehende genaue Umgrenzung des Prozeßstoffes, ohne welche dieser weniger beschränkt, der prozessualen Konsumption weiter unterworfen war.[5] Durch die *praescriptio* wird scharf bestimmt „*quid sit de quo disseratur*".[6] Aber die mit klassischen

Verfahren auftretenden Einwände bezeichnet, deren Liquidität die klägerische Rechtsverfolgung entkräftet, so wird man auch in diesen Stellen übersetzen müssen: „die *actio*, *quaestio* wird durch Einwendung des Zeitablaufs ausgeschlossen." Besser könnte der Sprachgebrauch „*longa praescriptio*" bei Paul. V, 5a, 8 eine Begründung für Fittings Meinung geben: aber da nirgends sonst ein solcher Ausdruck die klassische *ltp.* bezeichnet, ist hier der Verdacht einer westgotischen Interpolation dringend. Daß die Spätzeit schon vor Justinian allmählich mit dem Ausdruck *praescriptio* die Vorstellung der „Verjährung" verbunden hat, geht schon aus dem Ausdruck „*interrumpere longi temporis praescriptionem*", Cod. 3, 19, 2, 1 (Constantin.) hervor.

[1] D. 48, 5, 16, 6. [2] D. 5, 1, 50 pr. § 1, 2; fr. 52, 3, 4 eod.

[3] D. 5, 2, 31, 3 u. 4; fr. 32 eod.; fr. 12 pr. § 2 eod.

[4] Oben S. 58 ff.

[5] Gai IV, 131—133; meine „Schriftformel in den Provinzen" S. 48; Hugo Krüger, Z. Sav.-St. 26, 544 hat nun in dem *praescribere* bei Gaius sogar als ursprüngliche Wortbedeutung diesen Sinn von „beschränken, begrenzen, festlegen" erkennen wollen. Könnte man dies mit Sicherheit annehmen, so erhielten die obigen Ausführungen erhöhte Festigkeit. Vgl. übrigens ähnlich dem Gaius die Übersetzung anscheinend der formularen *praescriptio* mit προγραφή in Herm., Montepess. Corp. gloss. lat. III, 337, 5.

[6] Cic., De fin. 2, 1 § 3.

exceptiones des Formularprozesses verwandten *praescriptiones* des Zivilprozesses, welche in den Juristenstellen der Kompilation vorkommen,[1] entsprechen dieser gajanischen *praescriptio* nicht.[2] Die *exceptio rei iudicatae vel in iudicium deductae* stellt den Geschworenen vor die Frage, ob schon eine Litiskontestation in derselben Sache ergangen ist. Ist die *actio* konsumiert, so tritt *absolutio* ein. Eine Abgrenzung des Prozeßstoffes liegt hier nicht vor, ebensowenig bei der „*praescriptio*" *doli, transactionis.* Die Auffassung aber, welche in der gajanischen *praescriptio* eine die Verhandlung zur Hauptsache hindernde Einrede sah und diese in jener *exceptio-praescriptio* aus dem langen Besitze wiederfand,[3] war angesichts jener Natur der *praescriptiones pro actore* unberechtigt. Abgesehen davon fällt es schwer, z. B. die *exceptio pacti* oder die *exceptio doli* in der rechtshistorischen Entwickelung einmal als *praescriptio* zu denken; denn erstere ist als *exceptio* schon dem Verfasser der Rhetorik *ad Herennium* bekannt,[4] letztere ist als *exceptio* zwischen 688 a. u. c. und Labeos Zeitalter entstanden.[5]

Vielleicht erklärt sich dieser Sprachgebrauch *praescriptio* bei den klassischen Juristen für Einwände, welche im Formularprozesse dem Beklagten durch eine *exceptio* vorbehalten waren, als Niederschlag ihrer Beschäftigung mit den griechischen Rhetorikern, als eine Wiedergabe des griechischen *παραγραφή*.

---

[1] *praescriptio rei iudicatae*: Labeo (posterior.), D. 40, 12, 42; Macer (de appell.), D. 42, 1, 63; Papinian (responsor.), D. 44, 2, 29; Modestin (responsor.). D. 44, 1, 10, 11; Alexander, Cod. 7, 56, 1. *praescriptio transactionis*: Ulp. (opinion.), D. 2, 15, 9 pr. *praescriptio doli*: Paulus (ad Lab. pith.), D. 46, 3, 91. *praescriptio in factum*: Labeo (pithan.), D. 44, 1, 23. Nicht gehören hierher die auf Kaiserrecht beruhende *praescriptio fideicommissi* gegenüber dem *iudicium fam. ercisc.* D. 31, 34, 3; die *praescriptio „quasi maior pars alibi sit"* (vgl. oben S. 72 Anm. 2); die oben (S. 72 Anm. 3) erwähnte *praescriptio* gegen die Querel. Die erstere tritt sicher, die zweite möglicherweise (vgl. die her. pet. fideicomm., Lenel, Ed. 143), die dritte vielleicht im Formularprozesse auf. Über ihre formulare Gestalt erhellt nichts. Vielleicht waren auch sie *exceptiones.*

[2] Zu diesen Ausführungen vgl. die Bemerkung Hugo Krügers a. a. O. über die „jüngere" Bedeutung von *praescriptio.*

[3] Keller-Wach[6] § 43; Bethmann-Hollweg, C. P. II, 399 ff., 404.

[4] 2, 13, 20.

[5] Girard, Manuel[3] 418, 1.

In B. G. U. 267 erscheint *παραγραφή* deutlich als Übersetzung von *praescriptio*, und die Worterklärung von *praescribere* bei Charisius[1] greift auf die juristische Bedeutung von *παραγράφεσθαι* zurück. Die *παραγραφή* ist im attischen Prozesse der Einwand gegen die Zulässigkeit des Verfahrens der vor der *εἰσαγωγή* erhoben wird: *μὴ εἰσαγώγιμον εἶναι τὴν δίκην.*[2] *παραγραφή* ist dann bei den Rhetorikern der übliche Name des Einwandes, der im *λόγος δικανικός*, der Streitrede, vor dem Eingehen auf die Sache geltend macht, daß es zu einer richterlichen Untersuchung über die Klagbehauptung nicht kommen dürfe.[3] Außerdem wird das Vorbringen des gleichen Einwandes in der Hauptverhandlung (*στοχασμός*) *στοχασμὸς παραγραφικῷ* genannt. Die *παραγραφή* zielt, ohne die klagbegründenden Tatsachen zu bestreiten, auf eine Einstellung oder Ablehnung des beantragten Verfahrens wegen Unzulässigkeit, — *μετάληψις*, *translatio* heißt

[1] Keil, Gramm. lat. I, p. 235 v. 99: *praescribo autem παραγράφομαι significat quales sunt praescriptiones apud iurisconsultos.* Corp. gloss. lat. II, 157, 4. 394, 24; 25.

[2] Poll. VIII, 57: *παραγραφή, ὅταν τις μὴ εἰσαγώγιμον λέγῃ εἶναι τὴν δίκην . . . ἢ ὡς ἀφειμένος ἢ ὡς τῶν χρόνων ἐξηκόντων, ἐν οἷς ἔδει κρίνεσθαι*; Thalheim, Griech. Rechtsaltertümer S. 122 Anm. 3; Meier-Schömann-Lipsius, Att. Proc. S. 852.

[3] Hermogenes, *περὶ τῶν στάσεων* cap. II (Waltz, Rhet. graeci III p. 16): *. . . ἐν γὰρ τῇ μεταλήψει οὔτε εἴ ἐστί τι προηγουμένως ζητήσεις καθάπερ ἐν στοχασμῷ, οὔτε τί ἐστι καθάπερ ἐν ὅρῳ, οὔτε ὁποῖόν τί ἐστιν, ὡς ἐν τοῖς λοιποῖς. ἀλλ᾽ αὐτὸ τοῦτο, εἰ δεῖ ζητῆσαι τι τούτων· παραγραφὴ γάρ ἐστιν· δύο δὲ αὐτῆς εἴδη· ἡ μὲν γάρ ἐστιν ἔγγραφος, ἀπὸ ῥητοῦ τινὸς λαμβάνουσα τὴν ζήτησιν, ἡ δὲ ἄγραφος· καὶ ἡ μὲν ἔγγραφός ἐστιν ἀπαγωγὴ τῆς εὐθυδικίας κατὰ παραγραφὴν ἀπὸ ῥητοῦ τινος, περὶ οὗ ἡ ζήτησις· οἷον δὶς περὶ τῶν αὐτῶν μὴ δίκας εἶναι· φόνου κρινόμενός τις ἀπέφυγεν· ὕστερον αὐτῷ χρωμένῳ ἀνεῖλεν ὁ θεὸς, ἀνδροφόνοις οὐ χρῶ, καὶ πάλιν φεύγει· κατὰ ῥητὸν καὶ διάνοιαν ἡ πρώτη ἐξέτασις· εἶθ᾽ ἕπεται τὸ στοχαστικὸν, εἰ ἐφόνευσέ που· ἡ δὲ ἄγραφός ἐστι μὲν ἀπαγωγὴ τῆς εὐθυδικίας καὶ αὐτὴ κατὰ παραγραφὴν ἀπὸ ῥητοῦ· τὴν ζήτησιν δὲ οὐ περὶ ῥητὸν ἔχει, ἀλλὰ περί τι τῶν περὶ τὸ πρᾶγμα, τόπον, ἢ χρόνον, ἢ πρόσωπον ἢ αἰτίαν ἢ τρόπον· ὅταν τὸ μὲν πρᾶγμα συγχωρῶμεν, ἕν δέ τι τούτων αἰτιώμεθα μεταλαμβάνοντες . . .* folgt als Beispiel der Einwand des Ehegatten, der der Ermordung der Gattin angeklagt ist, er sei zur Tötung berechtigt gewesen, da er die Frau im Ehebruche ertappt habe. Dazu vgl. Schol., *Συριανοῦ*; Waltz, Rh. gr. IV, 770, 775. Wesentlich Wiederholung der gegebenen Stelle ist der Abschnitt bei Hermogenes über *μετάληψις, περὶ τῶν στάσεων* cap. VIII (Waltz, rh. gr. III, 52).

sie auch in der Rhetorik.[1] Schon früh sind die rhetorischen Begriffe an das Verfahren des römischen Zivilprozesses gelegt worden. Die rh. ad Herenn., um 670 a. u. c. entstanden, findet die *translatio* in den Einwänden des Beklagten vor der *datio actionis in iure* wieder:[2] *in iudicio* ist sie durch die Technik der *exceptio* wie dadurch überflüssig, daß der Richter denjenigen abweisen muß, der seine *actio* nicht einwandsfrei begründen kann. Cicero (de invent. rhetor. II, 19) wiederholt diese Darstellung. Quintilian verwendet in seiner Institutio oratoria (II, 5, 2; 3) die Bezeichnung *praescriptio* für den Einwand des Beklagten *in iure*, dessen Beweis das *quaerere de ipsa re* erübrigt. Die Vermutung geht kaum fehl, daß der Ausdruck „*praescriptio*“, der seit Augustus mannigfach den Einwand eines Angeklagten oder Beklagten bezeichnete, in Übersetzung von παραγραφή von den Juristen als Name für den prozessualen Begriff eines solchen Verteidigungsmittels des Beklagten aufgenommen worden war und so auch für die Berufung auf eine *exceptio* im Formularprozesse verwendet wurde. Es ist sicher kein Zufall daß von den 8 in Betracht kommenden Stellen 5 von einer *praescriptio rei iudicatae* reden:[4] gerade die παραγράφή, die den Satz „δίς περὶ τῶν αὐτῶν δίκας μὴ εἶναι“ geltend

[1] Rh. ad Herennium I, 12, 22; II, 12, 18; Cic., De invent. rhetor. II, 19, 20; Cicero, Invent. rhet. II, 19 unterscheidet genau mit den Griechen *translatio* = μετάληψις (παραγραφή) und *translativa constitutio* = στοχασμὸς παραγραφικῷ. Allerdings schwankt der Begriff *translatio* und steht manchmal in Gegensatz zu *praescriptio*, vgl. einerseits Zeno bei Sulpitius Victorinus, Inst. or. 42—44 (Halm, Rhet. lat. min. 338) und darüber Schwalbach, Z. S.-St. 2, 209 ff., 220 f., anderseits Fortunatianus, Ars rhet. I, 22 (Halm 98). Zu *translatio* vgl. außer Schwalbach a. a. O. Bülow, Prozeßeinrede und Prozeßvoraussetzung 243 ff.

[2] Rh. ad Her. I, 12, 22; II, 12, 18; Cic., Inv. rh. II, 19. Dazu vgl. Victorinus adh. l. (Halm, Rh. l. m. 277). C. Julius Victor, Ars rh. cap. III (Halm 382): *praescribimus . . . modo vel numero . . .: non hanc formulam mihi intendere debuisti sed illam: non ex hoc edicto mecum agere sed ex illo: non tanti litem taxare, sed tanti.*

[3] vgl. *praescribere, praescriptio* bei Fortunatianus, Ars rh. I, 22 (Halm 98; Victorinus ad Cic., De invent. rhet. II, 19 (Halm 277); Sulpitius Victor, Inst. or. 42—44 (Halm 338 ff.); Jul. Victor, Ars rh. III (Halm 382).

[4] Labeo, posterior., D. 40, 12, 42; Macer, de appell., D. 42, 1, 63; Papin., respons., D. 44, 2, 29; Modestin, respons., D. 44, 1, 10; D. 44, 1, 11.

macht, war das beliebte Paradigma einer παραγραφή bei den Rhetorikern.[1]

Der Gedanke, daß für den klassischen Juristen „*praescriptio*" als Übersetzung von παραγραφή jedes auf die klägerischen Behauptungen und Beweise nicht eingehende Argument, das der Beklagte zu seiner prozessualen Verteidigung einführt, bedeutet, daß *praescriptio* für *exceptio* nur steht, weil jeder Antrag auf Einstellung einer *exceptio* prozessuale Verteidigung ist, muß dringend werden angesichts der Tertullianischen Schrift „*de praescriptione haereticorum*". Sie denkt den Schriftsteller als Beklagten gegenüber den Ketzern, welche auf Feststellung der Echtheit ihrer Glaubenslehre klagen und sich zum Beweise ihrer Behauptung auf die Glaubensschriften berufen. Als *praescriptio* setzt ihnen Tertullian, der Vertreter der legitimen Kirche, entgegen: ihrem sachlichen Vorbringen sei nicht zu antworten; sie hätten keine Berechtigung, sich auf die apostolischen Schriften zu berufen,[2] denn an diesen stände *possessio* und Herrschaftsrecht der rechtgläubigen Kirche zu,[3] die Rechtsnachfolger der Apostel sei[4] und daher von Christus und Gott die wahre Lehre erhalten habe und allein Auslegung der Tradition geben könne (cap. 37): *Mea est possessio, quid hic ceteri ad voluntatem vestram seminatis ac pascitis? Mea est possessio, olim possideo, prior possideo, habeo origines firmas ab ipsis auctoribus, quorum fuit res. Ego sum heres apostolorum: sicut caverunt testamento suo, sicut fidei commiserunt, sicut adiuraverunt, ita teneo.* Der Gedanke an einen Grundstücksprozeß um den Boden für das theologische Gefecht, den die Glaubensschriften abgeben, ist nicht zu verkennen, und vielleicht kann man in der Anführung des *olim possideo, habeo origines firmas* eine Anspielung auf den Rechtsgedanken der *ltp.* vermuten. Aber *praescriptio* heißt in der Schrift nur das Argument, welches den Ketzern die Benutzung der hei-

---

[1] Vgl. Hermogenes, oben S. 74 Anm. 3; Pollux VIII, 57.

[2] De praescr. haer. cap. 15, 19 (45): *Sed nunc quidem generaliter actum est a nobis adversus haereses omnes certis et iustis et necessariis praescriptionibus repellendas a conlatione scripturarum.*

[3] cap. 9: *constabit penes nos esse id quod a Christo institutum est* (vgl. den Sprachgebrauch von *penes*, Gradenwitz, Z. Sav.-St. 8, 300) cap. 37.

[4] cap. 32.

ligen Schrift zur Führung ihres theologischen Beweises verwehrt. Von einer *praescriptio novitatis*, die er den Ketzern, da sie die alte Kirchentradition nicht für sich hätten, entgegensetze, spricht Tertullian an anderer Stelle[1] mit bezug auf sein Buch de praescr. haer.

Im Munde Tertullians darf diese Anwendung von *praescriptio* doch wohl als Beweis für die Tatsache gelten, daß die römische Jurisprudenz mit dem Worte *praescriptio* die Vorstellung eines außerhalb des Klagfundamentes auftretenden prozessualen Verteidigungsmittels verband, das, wenn liquid, zu sofortiger Klagabweisung führen konnte.[2] Der Name *praescriptio* für den Einwand gegen die Zulässigkeit des Beweismittels, den Tertullian in dieser *praescriptio* gegen die Ketzer vorbringt, entstammte sicherlich der römischen Praxis. Auch eine *praescriptio* gegen zeugenweise Vernehmung eines Sklaven ist als Beweiseinrede nachweisbar.[3]

Wenn das Wort *praescriptio* in dieser Bedeutung der Kunstsprache der klassischen Juristen angehörte, ist zu verstehen, daß der Ausdruck *praescriptio* für *exceptio* — abgesehen von den sicher interpolierten (S. 86) Stellen D. 21, 2, 54; D. 12, 2, 13, 1 — nie in einem Ediktskommentare auftritt, wo er gerade gesucht werden müßte, wenn die *praescriptio* ein in der Geschichte des Ediktalrechts begründeter Name eines Formelbestandteils wäre.

3°. Gleichgültig, wieviel man diesem Erklärungsversuche traut, jedenfalls ist es unmöglich, mit dem Sprachgebrauch *praescriptio* im Formularprozesse der späten Klassiker die Vorstellung des formularen Gebildes der *exceptio* zu verbinden. Denn einerseits ist die Bezeichnung „*praescriptio fori*“ statt „*iure fori uti*“ schon

[1] adv. Marc. I, 1; *Sed alius libellus hunc gradum sustinebit adversus haereticos etiam sine retractatu doctrinarum revincendos, quod hoc sint de praescriptione novitatis.*

[2] De praescr. haer. cap. 22: *Sed quoniam tam expedita probatio est, ut si statim proferatur, nihil iam sit retractandum, ac si prolata non sit a nobis; locum interim demus diversae parti, si quid putant ad infirmandam hanc praescriptionem movere se posse.* Dazu vgl. Cod. 7, 33, 9; 8, 13, 5; 8, 35, 8, für das Strafverfahren die Behandlung der *praescriptio* vor der *inscriptio* im Adulterienprozesse. D. 48, 5, 16, 7; D. 47, 15, 3, 1.

[3] D. 26, 10, 12.

klassisch,[1] und über diesen Einwand des *in ius* vocierten Beklagten, der angeblich fremder *iurisdictio* unterstand, mußte doch *in iure* entschieden werden. Anderseits findet sich bei Papinian in einer Stelle, die deutlich dem Formularprozeßrechte angehört, eine *praescriptio demonstratae quantitatis,* bei der wohl nur die Möglichkeit besteht, sie als Antrag des Beklagten auf Einstellung einer *taxatio* in die Formel zu deuten: nach Papin., 7. Buch der responsa,[2] hat ein Vater seinen Sohn und seine zwei Töchter auf die Hälfte resp. je ein Viertel der Erbschaft eingesetzt unter Angabe der Wertbeträge der Erbteile. Papinian faßt dies nicht als *heredis institutio ex re certa,* sondern als Beifügung einer *aestimatio patrimonii* zur Erbeinsetzung auf und spricht deshalb dem Sohne das Recht ab, einer *actio tutelae* seiner Schwestern gegenüber sich auf jene Zahlenangaben als den Höchstbetrag ihrer Ansprüche zu berufen. Dieser Einwand des Sohnes wird umschrieben:

„*(nec idcirco) fratrem iudicio tutelae bonae fidei rationes quandoque praescriptione demonstratae quantitatis exclusurum.*

Die Berücksichtigung der *bona fides* durch den Richter muß angesichts einer Berufung des *filius* auf die *demonstrata quantitas* jedenfalls innerhalb dieses Höchstbetrages im *iudicium tutelae* frei gewesen sein: es bleibt wohl nur die Möglichkeit, daß der *filius* gegen jede Schwester eine Formel gewünscht hat:

quidquid dare facere praestare oportet ex fide bona dumtaxat milia sestertium

Dann hieße also die *postulatio taxationis,* weil sie prozessual Verteidigungsmittel des Beklagten war und eine Verurteilung auf den Mehrbetrag von vornherein abschneiden wollte, *praescriptio!*[3]

Angesichts dieser Tatsachen wird man unterlassen, aus dem Namen *praescriptio* Schlüsse auf die Geschichte der Einrede aus dem langen Besitze zu ziehen.

d) Die *ltp.* gegenüber der *rei vindicatio* und der *a° pigneraticia.*

In den Quellen tritt die Einrede aus dem langen Besitze nur gegen die Klage des Eigentümers und des Pfandgläubigers

---

[1] D. 2, 8, 7 pr. [2] D. 31, 77, 30. [3] vgl. oben S. 75 Anm. 2.

auf.[1] In beiden Fällen zeigen die Quellen einige Besonderheiten:

I. Der *rei vindicatio* gegenüber war die *ltp.* ausgeschlossen, wenn der Eigentümer bewies, daß ihm die Sache gestohlen war. Das ist durch eine diokletianische Konstitution[2] bezeugt, kann aber für die älteste Gestalt des Institutes, das nicht an Mobilien galt, nicht in Betracht gekommen sein.

II. Der *a° Serviana* gegenüber durfte die *ltp.* vom Verpfänder selbst und seinen Erben nicht erhoben werden, während der Erbe das vom Verpfänder veräußerte Pfand erwerben und die *ltp.* daran gegen den Gläubiger geltend machen konnte. Dieses Recht scheint ohne ausdrücklichen Anhalt in den Konstitutionen von Papinian formuliert worden zu sein. Denn er wird bei Ulpian, disputationum 3, in einer Abhandlung genannt, welche sich mit der Fortbildung dieses Rechtszustandes beschäftigt. Ulpian hat sich dort im Anschluß an die in D. 44, 3, 51 überlieferte Stelle offenbar über die *ltp.* verbreitet, welche der Erbe des Verpfänders nach dem Wiedererwerbe gegen den Pfandgläubiger aufstellt.

... *exceptio ei prosit et, quod attinet ad formulae conceptionem, possederit, quia extraneus possessor est. Sed si ipse qui pigneravit rem distractam redemit, tunc quaeri potest, an exceptione quasi extraneus is uti possit, et magis est, ne ei Papinianus decennali exceptione et in factum formula concepta sit ut supra subventurus.*[3]

[1] Unterholzner, Verjährungslehre² II, 192 warf die Frage auf, ob die *ltp.* nicht auch der *a° confessoria* eines Nießbrauchers habe entgegengesetzt werden können. Das ist nicht ausgeschlossen.

[2] Cod. 6, 1, 1: *Servum fugitivum sui furtum facere et ideo non habere locum nec usucapionem nec longi temporis praescriptionem manifestum est, ne fuga servorum dominis suis ex quacumque causa fiat damnosa.* Auf die *ltp. adversus creditorem* hat das *furtum*, welches der Verpfänder durch Veräußerung des Pfandes begeht (African, D. 47, 2, 6, 6; Cod. 7, 26, 6 [Philippus]), keinen Einfluß: D. 44, 3, 5, 1; Cod. 7, 36, 1. Die Beweiskraft dieser Stellen dadurch auszuschließen, daß man eine Veräußerung mit Zustimmung des Pfandgläubigers voraussetzt (Unterholzner, Verjährungslehre 1, 192; 2, 268, 707; Lenel, Sitzungsber. d. Berl. Ak. 1904, S. 1164, 4), dazu ist keine Veranlassung in den Quellen.

[3] Ausgabe und Kommentar von Lenel, Sitzungsber. d. Berl. Ak. 1904, XXXIX, XL, S. 1167.

Also wollte hier Ulpian die anscheinend von Papinian gegebene Entscheidung, die dem Verpfänder oder dessen Erben wegen Mangels eines *iustum initium possessionis*[1] nach der Verpfändung die *ltp.* versagt hatte, zu einer dauernden persönlichen Unfähigkeit des Verpfänders zur *ltp. adversus creditorem* entwickeln.

Und allerdings hätte sich auch, wenn der Besitzer mit der ältesten *ltp.* wirklich die Unwahrscheinlichkeit des Bestehens fremder Rechte für sich geltend machte, eine Berufung auf den unangefochtenen Besitz im Munde des Verpfänders selbst sehr seltsam ausgenommen. Cod. 7, 36, 1, ein Reskript Gordians zeigt, daß man die dauernde persönliche Unfähigkeit des Verpfänders zur *ltp.* auch auf die Erben ausdehnte, sofern diese erst selbst die Veräußerung vorgenommen hatten.[2]

Mit diesem Rechtszustande war das Verbot der *ltp.* für den Verpfänder zu einer ähnlichen Stellung gelangt, wie sie die Anstellung der Eigentumsklage gegen den Besitz hatte. Durch Erwerb seitens des Verpfänders wurde eine laufende Präskriptionsfrist ähnlich

[1] „. . . *si . . . rem distractam redemit*", der Kauf ist die Grundlage für die Behandlung des offenbar vorher genannten Erben als „*extraneus possessor*". Wenn der Kauf nach erfolgter Verpfändung für den Verpfänder in Betracht kommt, entsteht die von Ulpian aufgeworfene Frage. Also fehlte nach Anschauung des Juristen wohl dieses *iustum initium* einem Verpfänder, der nach der Verpfändung ohne Besitzwechsel das Pfand weiter besaß. Ist die hier vertretene Auffassung von der ursprünglichen Bedeutung der *ltp.* richtig, dann könnte für die Notwendigkeit dieses Denkens der Juristen eine Erklärung gefunden sein: Wenn der Präskribent dem Pfandgläubiger gegenüber wahrscheinlich machte, daß er bei dem Erwerb der Sache pfandfreies Eigentum erworben habe, half diese Wahrscheinlichkeit nichts gegenüber einer Verpfändung durch den Präskribenten selbst, die nach dem Besitzerwerbe lag, auf den sich der Verpfänder berief. Dagegen bedurfte es zur Begründung einer dauernden Unfähigkeit des Verpfänders zur *ltp.*, wenn wirklich der hier angenommene Gedanke vorlag, einer eigenen Interpretation, wie Ulpian sie hier unternimmt.

[2] „*si debitores vel qui in iura eorum successerunt obligatae rei possessioni incumbant.* Also war der Erbe, wenn der Erblasser veräußert hatte, weil er nicht Erbe an dem Pfande war, zur *ltp.* berechtigt. Hatte er die Sache im Nachlasse gefunden, so traf ihn die Unfähigkeit zur *ltp.*, mochte er auch die Sache verkauft und wieder erworben haben.

unterbrochen wie durch Klagerhebung, und LENEL[1] hat die Frage aufgeworfen, ob das unleserliche Reskript von Severus und Caracalla an einen Julianus,[2] auf welches Ulpian an dem Ende der eben besprochenen Stelle Bezug nimmt, mit dem in Cod. 7, 33, 1 überlieferten gleicher Addresse, das von der Unterbrechung der Präskriptionsfähigkeit durch Klagerhebung handelt, identisch sein könnte. Schon oben wurde darauf hingewiesen, daß die Quellen dem zur *ltp.* unfähigen Besitzer in beiden Fällen den Namen *possessor* (sc. im Sinne der *ltp.*) abzusprechen geneigt sind.[3] Ob ein näherer Zusammenhang zwischen dem in Fragm. b erwähnten Reskript und unserer Frage bestand, muß man mit LENEL[4] dahingestellt sein lassen.

Gegenüber andern Klagen als der *rei vindicatio* und der *a° Serviana* ist die *ltp.* an Sachen bei den klassischen Juristen nicht nachweisbar. Die Unmöglichkeit, sie einer *hereditatis petitio*, den Teilungsklagen, entgegenzustellen, wird mehrfach von den Kaisern in Reskripten betont.[5]

e) Die *ltp.* in ihrer Beziehung auf provinziale Rechtsverhältnisse.

In der Zeit, aus der unsere Quellen stammen, kommt die *ltp.* unterschiedslos im Prozesse der Hauptstadt wie in den Provinzen vor. Wenigstens enthalten die klassischen Quellen keine Andeutung einer Beschränkung. Jedoch dürfte die Geltung der *ltp.* während der klassischen Zeit durch eine Bestimmung eingeengt gewesen sein, die aus Justinians vielumstrittener Reformverordnung (Cod. 7, 31, 1) nur undeutlich geahnt werden konnte.

Das von LENEL veröffentlichte Fragmentum a aus Ulpians

---

[1] Sitzungsber. d. Berl. Akad. 1904, 1170 f.

[2] Über eine erledigte Vermutung zur Persönlichkeit dieses Adressaten vgl. bei BORGHESI, Oeuvres X, 87, 107.

[3] Vgl. oben S. 37 Anm. 4 u. 5.

[4] a. a. O. S. 1171.

[5] *her. pet.*: Cod. 3, 31, 7; 6, 30, 8; 7, 34, 4; *a° comm. div.*, *fam. herc.* 7, 34, 3.

disputationes[1] zeigt, daß die *ltp. adversus creditorem* nur an einem *pignus in provincia contractum* möglich war, und beschäftigt sich mit der Frage, wann ein *pignus in provincia contractum* vorliege: es kommt hier auf den Ort des Pfandvertragsschlusses oder auf den für das Schuldverhältnis verabredeten Erfüllungsort an: liegt dieser in der Provinz, so ist das *pignus provinciale*; ist kein Erfüllungsort verabredet, so ist das *pignus*, wenn der Pfandvertrag in der Provinz abgeschlossen ist, *provinciale*. Dabei kann also die *ltp.* im hauptstädtischen Prozesse geltend gemacht werden, wenn bei Fälligkeit der Schuld der Besitzer des Pfandes in Rom oder Italien seinen Wohnsitz hat. Auch italische Grundstücke können hiernach Gegenstand einer *ltp. adversus creditorem* sein, wenn der Pfandvertrag in der Provinz geschlossen ist, oder wenn der Erfüllungsort in der Provinz liegt. Für eine Einschränkung auf bewegliche Pfänder sehe ich keine Gründe.[2]

Es liegt nahe zu vermuten, daß auch die *ltp. adversus dominum* einer gleichen Beschränkung auf provinziale Rechtsverhältnisse unterlag: der Abschlußort des Veräußerungsgeschäftes, welches *initium possessionis* war, kann dafür nicht in Betracht gekommen sein, weil er bei der *ltp. adv. creditorem* bedeutungslos war. Es bleibt nur übrig, die *ltp.* als Einrede gegenüber dem Provinzialeigentümer zu fassen. Für Grundstücke müßte natürlich die Lage des Grundstückes in der Provinz entscheidend gewirkt

[1] Lenel, Sitzungsber. d. Berl. Ak. 1904 (XXXV), 1165. [*Nec tamen ideo quod obligationi in Italia contractae pignus accessit, pign*]*oris dandi in Italia contractus est, sed si pignus in Italia contractum est, hoc est conventio de pignore: ut in Furia lege spectamus, ubi sponsor acceptus est, non ubi obligatio contracta, cui sponsus accedit. Denique ex duobus sponsoribus quorum alter in Italia alter in provincia acceptus est, eum demum relevat qui Italicus est.*

Si in Italia pignus datum est, convenit tamen, ut in provincia solvatur, puto nomine eius exceptionem locum habere: sed in provincia datum, (si) convenerit, ut in Italia solvatur, magis Italicum pignus videbitur. Unde si renovata pactione licet in provincia heres redemerit, cessare exceptionem placet: e contrario si redemerit, exceptionem locum habituram, nam si Romae pignus acceptum sit, in provincia eadem . . .

[2] Lenel a. a. O. S. 1165 hat einen solchen in der von ihm angenommenen Behandlung der Stelle im Abschnitt *de furtis* gefunden. Zu dieser Annahme ist nach dem oben S. 18 Gesagten kein Grund.

haben. Für Mobilien war die Frage nach der Verleihung des Bürgerrechtes an die Provinzialen irrelevant, da hier seitdem die *usucapio* allein in Betracht kam.[1] In der Rechtsordnung aber muß die *ltp. adv. dominum* an beweglichen Sachen auch nach der *Constitutio Antonina* weiter bestanden haben,[2] — wir wissen nicht, mit welcher Bestimmung des Begriffes der *res provincialis*.

Ist es richtig, daß die *ltp. adv. dominum* an Sachen ihre älteste Anwendung an Provinzialgrundstücken fand, so ist die wichtigste These der bisher in der Literatur herrschenden Auffassung der ältesten *ltp.* im wesentlichen bestätigt.

Zeichen für diesen ältesten Rechtszustand sind in den Quellen von jeher eifrig gesucht[3] und nie gefunden worden. Daß in Konstitutionen, welche von der *ltp.* sprechen, Ausdrücke wie *praesidem provinciae adire* vorkommen,[4] gibt keinen Beweis für die besondere Beziehung des Institutes zum Provinzialboden. Vielleicht darf auf eine inschriftliche Überlieferung hingewiesen werden, aus der wahrscheinlich wird, daß zu der Zeit, aus der sie stammt, die *ltp.* nicht am *fundus Italicus* galt.

Im 2. oder 3. Jahrhundert erging eine Entscheidung des Subpraefectus classis praetoriae Misenatis Alfenius Senecio[5] in einem Grundeigenstreite zwischen einem Soldaten P. Aelius Rufinus und den Erben eines Patulcus Diocles.[6] Der Vater des Rufinus hat von diesen ein in Misenum gelegenes Grundstück, Gebäude mit Land, gekauft. Die Verkäufer vindizieren nach Jahr und Tag das Grundstück mit der Begründung, es befänden sich Gräber darauf, so daß die Veräußerung durch den Erblasser unwirksam gewesen sei. Der Subpräfekt entscheidet, nachdem er die Kläger bezüglich der Gebäude abgewiesen hat:

Loci vero sive agri quem adiacentem aedificis Aelius Abascantus, pater Rufini, ab heredibus Patulci Diocletis aeque mercatus est,

---

[1] Dafür ist charakteristisch Cod. 7, 34, 2 (Diocl. et Max.).

[2] Marc., D. 44, 3, 9; Mod., D. 44, 3, 3; Cod. 7, 34, 2.

[3] Reinhardt S. 193; Hameaux S. 79; Voigt, Röm. Rechtsgesch. II, 384.

[4] Cod. 2, 19, 3; 4, 51, 1; 5; 7, 32, 6; 3, 19, 2, hervorgehoben schon von Hameaux S. 79.

[5] Identisch mit L. Alfenus Senecio proc. Aug. Mauretaniae Caesariensis, C. I. L. 8, 9046. (Prosopogr. I, 375. 376) —?

[6] C. I. L. 10, 318, n. 3334; Bruns, Fontes[6] S. 361.

cum habeat plurima et dispersis locis sepulchra, ius per venditionem transferri ad emptorem non potuit; set, cum pater Rufini et postea Rufinus, quamquam non iure facta emptione, semper in possessionem fuerint, nullo iure eum locum vindicare sibi Patulci possunt ...

Der Mangel eines gültigen Besitzbegründungsgeschäftes hätte hier die *ltp.* ausgeschlossen. Wahrscheinlich ist diese Entscheidung des Subpräfekten, die keine Begründung im Rechte der klassischen Juristen hat, mit Mitteis[1] daraus zu erklären, daß die römische Praxis in manchen Fällen auch ohne Rechtsboden eine Verjährung anerkannt hat. Gleichgültig, ob man diese Erklärung annimmt, jedenfalls ist kaum glaublich, daß der entscheidende Offizier hier auf das *semper in possessione esse* allein mit bewußter Hervorhebung des Mangels einer *iusta causa* Wert gelegt hätte, wenn eine bestimmte Frist, ein *iustum initium possessionis* für die Berücksichtigung des langjährigen Besitzes kaiserrechtlich festgelegte Voraussetzung gewesen wären.

Wenn man als sicher betrachten könnte, daß die *ltp.* zur Zeit dieser Entscheidung[2] schon galt, ergäbe sich aus dem Urteil des Offiziers, welcher das Recht der *ltp.* ignoriert, eine starke Wahrscheinlichkeit dafür, daß die *ltp.* am italischen Boden nicht anwendbar war. Aber da das Alter der Inschrift unsicher ist und die *ltp.* wahrscheinlich erst am Ende des 2. Jahrhunderts reichsrechtliche Anerkennung fand (unten S. 105 ff. 112), ist auch hier keine Sicherheit zu gewinnen.

2. Der Schutz des langjährigen Besitzers gegen Besitzentziehung.

In den klassischen Quellen galt die *exceptio* bis in die jüngste Zeit als der alleinige Rechtsschutz des langjährigen unangefochtenen Besitzes. Von jeher suchte man, da man die *ltp.* als Ersitzung betrachtete, sich von der Gestaltung des klassischen Rechtsschutzes des Besitzers gegen Besitzverlust einen Begriff zu machen.

[1] Z. Sav.-St. 26, 486.

[2] Borghesi (Oeuvres VIII, 121) und v. Rohden Pauly-Wissowa, art. Alfenus: Zeit Severs; Mommsen (C. I. L. ad h. l.); Bruns, Fontes[6], 360: 2. oder 3. Jahrhundert.

Allgemein gilt stets als ausgemacht, daß der langjährige Besitzer, wenn er die verlorene Sache, das entzogene Grundstück, im Besitze eines Dritten wiederfand, gegen diesen die *a° Publiciana* anstellen und gegen eine *exceptio iusti dominii* mit der replikativen Berufung auf die *ltp.* antworten konnte.[1] Jedenfalls hat dieser Schutz, den die Quellen nicht erwähnen, wenn er für die Praxis in Betracht kam, in der Wirksamkeit der *a° Publiciana* seine Grenze gehabt.

Der langjährige Besitzer forderte seine Sache zunächst als *bonae fidei possessor.* Also war er vielleicht gegen einen *bonae fidei possessor,* der von einem anderen Nichteigentümer erworben hatte, schutzlos.[2] Ferner war der langjährige Besitzer dem Eigentümer gegenüber sicherlich geschützt, wenn dieser sich auf *iustum dominium* gegen die *actio Publiciana* berief. Aber der Nachweis der *bona fides* bei dem *iustum initium,* auf welche die älteste *ltp.,* weil sie wohl einen Gegenbeweis für das Recht des Beklagten führte und den Beklagten nicht als Nichteigentümer gelten ließ, keine Rücksicht zu nehmen brauchte, konnte zur *actio Publiciana* dem langjährigen Besitzer fehlen. So deckte dieser Schutz jedenfalls nicht alle, die unangefochtenen langjährigen Besitz aus *iusta causa* für sich behaupten konnten.

Von jeher war die Lehre, schon in klassischer Zeit habe der langjährige Besitzer eine eigene Prozeßformel gegen jeden jüngeren Besitzer gehabt, vertreten. Man folgerte, ohne sich Gedanken über die formulare Gestalt dieser *actio* zu machen, das Bestehen einer solchen aus mancher Stelle der Kompilation, die nichts beweist.[3] Nur eine von diesen fordert besonderes

---

[1] Unterholzner, Verjährung durch fortges. Besitz S. 280f., Verjährungslehre[2] II, 80 ff. Ebenso die gesamte Pandektenlehre. Gegen die von alten und neuen Meinungen vertretene Lehre, daß die *actio Publiciana* an nicht usukapionsfähigen Sachen, also auch an Provinzialgrundstücken nicht möglich gewesen sein könne, vgl. Erman, Z. Sav.-St. 11, 275; Lenel, L'édit I, 194, 2; meine „Schriftformel" S. 109.

[2] Jul., D. 6, 2, 9, 4.

[3] Reinhardt, S. 206, läßt angesichts D. 6, 2, 12, 2 u. 4 eine *actio Publiciana* auf Grund der *ltp.* auftreten. Puchta, Inst. II[10], 211 f. will Cod. 7, 33, 7) *nec partam diuturnitate possessionis securitatem maleficium alterius turbare potest)* „auch auf einen Kläger" beziehen. Auf Grund eines nun-

Interesse, da dort die offenbare Interpolation „*post longi temporis praescriptionem*" MITTEIS zu einem interessanten, meines Wissens fast nicht beachteten Erklärungsversuche Gelegenheit gegeben hat:

D. 12, 2, 13, 1; Ulp. 22, *ad edictum.*

Julianus ait eum qui iuravit fundum suum esse post longi temporis praescriptionem etiam utilem actionem habere debere.[1]

Post longi temporis praescriptionem ist eine anerkannte[2] Interpolation. MITTEIS[3] will „*longi temporis*" als Kompilatorenglossem streichen. Der Sinn wird dann: der Beklagte, welcher auf Grund *iusiurandum voluntarium* die *exceptio* (gen. *praescriptio*) *iusiurandi* hat, soll auch bei Besitzverlust eine *actio* gegen den Prozeßgegner auf Herausgabe der Sache haben. Die Möglichkeit einer solchen *actio* ist kaum zu bestreiten.[4] Ob die Verbindung „*post praescriptionem*" in dem von MITTEIS gewollten Sinne („nachdem er die günstige Stellung des exzipierenden Besitzers verloren hat" oder „nach der *praescriptio*, die ihm das Edikt gibt, ist es in der Ordnung, ihm auch eine Klage zu geben") für den Klassiker sprachlich denkbar ist, mag hier dahingestellt bleiben. Daß der Name *praescriptio* im Ediktskommentar für die *exceptio iusiurandi*, welche sonst wenig der gajanischen *praescriptio* ähnelt, anstößig ist,[5] steht

mehr erledigten Irrtums wollte MADAI, Beitr. z. Dogmengesch. (1839) 19f. aus der offenbar interpolierten Gaiusstelle D. 21, 2, 54 pr. (*post longi temporis praescriptionem!* vgl. LENEL ad Gai., fr. 368) Eigentumserwerb durch langen Besitz annehmen, da mit der Vollendung der *ltp.* nach dieser Stelle die Eviktionshaftung aufhöre.

[1] Die älteren Deutungen bei GLÜCK XII, 246; UNTERHOLZNER, Verjährungslehre[2] II § 174; J. SCHMITT: l. 13 § 1, D. 12, 2 und l. 5 pr. Cod. II, 39, Würzburger Diss. 1864 S. 35 ff.; APPLETON, Hist. de la propr. prét. I, 353 ff. Die Schlüsse auf die *ltp.* bei GALVANUS, Diss. var. de usufr. IX p. 92; HAMEAUX S. 25 not. 55; STEPHAN, Arch. f. civ. Prax. 34, 184 ff.; BRINZ, Pand.[2] I, 599; DERNBURG, Pand.[6] I, 1, 118.

[2] Ulp., fr. 673. „*Post praescriptionem*" im Sinne von „nach Ablauf der Verjährungsfrist" kommt nur noch in D. 21, 2, 54 pr., dort ebenfalls interpoliert, vor.

[3] Symbolae Pragenses (Festgabe der Deutschen Ges. f. Altertumsk. in Prag zur 42. Versammlung Deutscher Schulmänner und Philol. in Wien 1893), Wien 1893 S. 130 ff.

[4] Dann wäre „*non ut et habeat actionem*" in D. 6, 2, 7, 7 Kompilatoreneinschiebsel.

[5] Vgl. oben S. 77.

vielleicht nach dem oben (S. 77) Gesagten fest. Die Mitteissche Deutung, die Stelle als ein Zeugnis für eine *actio in factum ex iureiurando* aufzufassen, wäre auch möglich, wenn man das ganze „*post . . . praescriptionem*" striche.

Der stärkste Anhalt für die Annahme einer *actio* aus dem langjährigen Besitze war Cod. 7, 39, 8 pr. Justinian gab dem langjährigen Besitzer, der die *ltp.* hätte geltend machen können, bei Besitzverlust eine *actio ad vindicandam rem* und fügte hinzu: *hoc enim et veteres leges, si quis eas recte inspexerit, sanciebant.*[1] Aber angesichts dieser Stelle konnte eine vorsichtige Auslegung nur zu der Frage gelangen, ob nur Justinians Zeit aus klassischen Texten die *actio* folgerte, oder ob wirklich die Klassiker dem langjährigen Besitzer im Falle des Besitzverlustes eine *actio* zugestanden[2] hätten.

Eine Sicherheit für das Bestehen einer klassischen *formula in factum* auf Grund des langen unangefochtenen rechtlich begründeten Besitzes wird erst aus dem neuesten Ulpianfragment, das Lenel aus Papyrusfunden veröffentlicht hat, gewonnen:

. . . exceptio ei prosit et, quod attinet ad formulae conceptionem, possederit, quia extraneus possessor est. sed si ipse qui pigneravit, rem distractam redemit, tunc quaeri potest, an exceptione quasi extraneus is uti possit, et magis est, ne ei Papinianus decennali exceptione et in factum formula concepta sit ut supra subventurus.

Diese *formula in factum concepta*, in deren *intentio* das *possidere* zum Streitpunkt *in iudicio* gemacht war, kann Justinian in Cod. 7, 39, 8 pr. vorgeschwebt haben, als er seine *actio ad vindicandam rem* für den Fall der *ltp. adversus dominum* und *adversus creditorem* zugleich schuf. Man wird gerade wegen dieser gemeinsamen Reform für beide Fälle unbedenklich behaupten können, daß dieselbe *formula in factum* auch in klassischer Zeit ohne Unterschied für beide Präskriptionen galt. Die Scheidung von Eigentums- und Pfandfreiheitsersitzung entspringt der modernen

---

[1] Für die *a°* aus dem langen Besitze Reinhardt S. 206; Puchta, Inst.[10] II, 211 f.; Voigt, Rechtsgesch. II, 212; Girard, Manuel[5] 293, 5.

[2] So Schmitt in der S. 86 Anm. 1 angef. Diss. S. 17; Jörs bei Birkmeyer[1] S. 113; Leonhard, Inst. 304; Longo, Bull. dell' ist. di dir. rom. 14, 227, 1.

Dogmatik. Eine Formel: *si paret A^{um} A^{um} ... possedisse, nisi ea res arbitratu tuo restituetur, quanti ea res erit, tantam pecuniam, iudex, NN^{m} A^{o} A^{o} condemna s. n. p. a.*, konnte gegen den Eigentümer ebensogut wie gegen den Pfandgläubiger wie jeden Dritten wirken, da sie kaum das dingliche Recht, dessen Verwirklichung die *ltp.* entgegenstand, nannte.

Wie die *intentio* dieser Formel des weiteren gestaltet war, ist unbekannt. Wahrscheinlich waren die übrigen in den Reskripten (B. G. U. 267; Paul. 5, 2, 4) genannten Erfordernisse der *ltp.*, die 10/20 Jahre, die unangefochtene Ruhe im Besitze genannt. Jedenfalls befand sich keine ausdrückliche Erwähnung des *iustum initium* in der Formel.[1] Das *possidere* allein bedeutete die *possessio ex iusta causa* In dem eben zitierten Fragmentum b heißt nämlich der Dritte, welcher vom Verpfänder das Pfand erworben hat, *possessor*, weil er gekauft hat.[2] Nachher ist das *redimere* auch für den Verpfänder selbst vorausgesetzt, und daraus entsteht die Frage für Ulpian, ob nicht jetzt auch für den Verpfänder selbst das *possidere* und damit die Fähigkeit zur *ltp.* anzunehmen sei. Das *possidere* bedeutet also hier den auf *iusta causa* begründeten Besitz wie das *possidere* in der Fiktion der *a° Publiciana.*[3]

Daß die Formel die Weisung zur Kondemnation nur von dem langen unangefochtenen Besitze des rechtmäßigen Erwerbers abhängig machte, dafür spricht auch die gleichartige *formula in factum* der Servitutenersitzung.[4]

Dürfen wir für die *ltp.* die nur auf den langen unangefochtenen rechtmäßig erworbenen Besitz abstellende *intentio*, zu welcher auch Lenel geneigt scheint,[5] als wahrscheinlich annehmen, so ist Lenels Fragestellung, warum die Klassiker eine *a° in factum* auch gegenüber dem Pfandgläubiger befürworteten, wohl nicht glücklich.

---

[1] Dazu neigt wohl auch Lenel a. a. O. S. 1169.

[2] Vgl. oben S. 80 Anm. 1 und auch das Ende des Stückes: ... *exceptione eam uti non potuisse dixeris quia possessoribus, non ei qui pignori dedit, competit.* Cod. 7, 36, 1; Cod. 2, 50, 3, „*ius possessoris*".

[3] *actio Publiciana*: Gai. IV, 36: *si ... possedisset*: hier bedeutet *possidere* den Usukapionsbesitz.

[4] Über diese vgl. unten S. 98.

[5] a. a. O. 1168 f.

Die *actio* aus dem langen unangegriffenen Besitze hat jedenfalls ebensowenig wie eine andere *actio in rem* eine Passivlegitimation des Besitzers bestimmt, sondern sie ging doch wohl gegen jeden Besitzer. Weshalb hätte man dann dem *praescriptione munitus* bei Besitzverlust, auch wenn er vom Verpfänder Eigentum erworben hatte und die *rei vindicatio* ihm zustand, für seine Klagegegen den besitzenden Pfandgläubiger durch Ausschluß von jener auch hier gangbaren Formel einen schwereren Beweis auferlegen sollen als er bei einer Klage gegen den wahren Eigentümer führen mußte?

Welchen praktischen Wert die *formula in factum* gegenüber dem Pfandgläubiger hatte, ist von Lenel[1] dargelegt worden: hatte der *praescriptione munitus* vom Verpfänder Eigentum erworben, verlor er den Besitz, gelangte dann der Pfandgläubiger in den Besitz des Pfandes und veräußerte dieser kraft seines *ius distrahendi* das Pfand, so nützte dem langjährigen Besitzer die *exceptio*, die ihm auch gegenüber dem Erwerber vom Pfandgläubiger zustand,[2] nichts. Eine *rei vindicatio* war ausgeschlossen, da der Gläubiger an den Dritten Eigentum übertragen hatte. Hier war für den Präskriptionsberechtigten eine *formula in factum* auf Grund des langen unangefochtenen Besitzes ein Bedürfnis. Aber auch abgesehen von diesem Falle war die Klage aus dem langen Besitze gegen den Pfandgläubiger wichtig für den Ausbau des Schutzes, den man dem unangefochtenen rechten Erwerber gegen den Pfandgläubiger gewährte. Die Quellen erwähnen allerdings nirgends einen Fall, in dem der *praescriptione munitus* nicht Eigentum erworben hätte. Aber da der Eigentumserwerb nirgends im Tatbestande der Fälle erwähnt wird, muß man doch wohl annehmen, daß die *ltp. adversus creditorem* ohne Rücksicht auf das Eigentum oder eine *ltp. adversus dominum* des langjährigen Besitzers auftritt. War der Besitzer nicht Eigentümer und durch eine Klagerhebung des Eigentümers von der *ltp. adversus dominum* ausgeschlossen, so war auch hier die *formula in factum adversus creditorem* nötig, um den Besitzer vor einer Befriedigung aus der Sache wirksam zu schützen: sonst hätte der Eigentümer die Herausgabe des

---

[1] a. a. O. 1169

[2] D. 44, 3, 12 (Paul. 16 respons).

Pfandes erlangen und der Gläubiger sich daraus befriedigen können, ohne daß der Besitzer ein Mittel gehabt hätte, den Schutz, den er gegenüber einer Pfandklage durch eine *praescriptio* genoß, zu verwerten. Der Gedanke, den langjährigen Besitzer gegen das Recht des Gläubigers auf Befriedigung aus der Sache zu schützen, wäre illusorisch geworden, wenn dem Besitzer nicht auf Grund der *ltp.* auch eine *actio* gegen den Pfandgläubigr zugestanden hätte.

B. Die *longi temporis praescriptio* zum Schutze der Ausübung der verschiedensten Herrschafts- und Persönlichkeitsrechte.

Die *ltp.* ist früh im vollen Anwendungsbereiche des Begriffes *possessio* zu deren Schutz verwandt worden. Es handelt sich in den Quellen um die *possessio libertatis iuris sepulchri, civitatis* und das Verhältnis der Servitutenersitzung zur *ltp.*

I. Die Quellen für die *ltp. libertatis* sind zwei diokletianische Reskripte,[1] von denen eines[2] die Anwendung der *ltp.* zugunsten des Sklaven *in possessione libertatis* als längst (*iam pridem*) bestehend zeichnet und dabei deutlich auf die Terminologie der ältesten bekannten Konstitutionen über die *ltp.* zurückgreift (*ex iusto initio longo tempore obtenta possessio . . ., qui . . . in possessione libertatis per viginti annorum spatium sine interpellatione morati essent*).

Die Juristen des zweiten Jahrhunderts haben das *sine dolo malo in libertate esse*, das zur Beklagtenrolle in der *petitio in servitutem* befähigt,[3] *possessio libertatis* genannt,[4] und nach Julians[5] Vorgang bezeichnet Ulpian[6] mit *possessio libertatis*: „*quotiens quis*

[1] Cod. 7, 22, 1 u. 2.

[2] Cod. 7, 22, 2.

[3] Alfen., D. 40, 12, 10; Ulp., D. 40, 12, 7, 5.

[4] Das Wort findet sich bei Pomp. (ad Qu. Muc. 12), D. 40, 12, 28; Ulp. (ad ed. 9), D. 3, 3, 33, 1; (ad ed. 55) D. 40, 12, 10; Paul., (quaestion. 4) D. 15, 1, 52 pr.; (l. singul. de art. lib. causae) D. 40, 12, 41 pr.; Cod. 3, 22, 3.

[5] D. 40, 12, 10.

[6] (ad ed. 55) D. 40, 12, 12, 3.

iustis rationibus ductus vel non iustis, sine calliditate tamen putavit se liberum et in libertate moratus est." Diese Definition entspricht der Gesamtauffassung Julians von der *iusta possessio*:[1] auf die rechtliche Gültigkeit der *causa* wird keine Rücksicht genommen, die *bona fides* ersetzt die *iusta causa*, und ohne sie ist keine *iusta causa* möglich.

Es ist nicht bekannt, ob hier vor Diokletian einmal die Bedeutung des *iustum initium* ausschließlich als das Erfordernis eines Erwerbsaktes, der, wenn er vom Berechtigten ausgegangen wäre, dem Beklagten die Freiheit verschafft hätte, scharf aufgefaßt worden ist. Daß aber auch das diokletianische Recht sich nicht nur mit der Gutgläubigkeit des Beklagten begnügte, wie es nach Ulpian bei der Ordination der Parteirollen für die *petitio in servitutem* geschah, dürfte aus dem diokletianischen Satze hervorgehen: *praestat firmam defensionem libertatis ex iusto initio longo tempore obtenta possessio.* Dieses *iustum initium* war — nach den Entscheidungen Diokletians über den Putativtitel[2] zu schließen — sicher nur ein *titulus verus.* Meiner Meinung nach mußte sich der Beklagte stets auf eine legitime oder prätorische Freilassung beziehen. Dies sind ja auch nach Ulpian die *causae* der *possessio libertatis,* auf welche die Berechtigung zur Beklagtenrolle im Freiheitsprozesse begründet werden konnte.[3] In dieselbe Richtung deutet, daß Diokletian mit dem Ablauf der *ltp. libertatis* den Präskribenten Bürgerrecht erwerben läßt (Cod. 7, 22, 2). Dafür lag kein Anlaß vor, wenn nicht eine entsprechende *iusta manumissio* das Verweilen des Sklaven *in libertate* herbeigeführt hatte.

Keinesfalls genügte zur Begründung der *ltp. in servitutem* das *morari in libertate,* das tatsächliche Verweilen „*in forma libertatis*" auf Grund einer in irgend einer Form abgegebenen Erlaubnis des *dominus.* Wlassak[4] hat neuestens den Unterschied zwischen diesem *in libertate esse volente domino,* dessen von Wlassak vermuteter Zusammenhang mit der Kaution des *assertor* sehr wahrscheinlich ist, und der Freilassung durch eine prätorische Manu-

[1] Pernice, Labeo II, 1², 368 f. (oben S. 9).

[2] Cod. 7, 33, 5; 7, 29, 4.

[3] Ulp., D. 40, 12, 12, 2; Cod. 6, 21, 4.

[4] Z. Sav.-St. 26, 392.

mission (*per epistulam, inter amicos, per mensam*) scharf betont. Der Beweis dafür, daß zur Begründung der *ltp. libertatis* nicht nur jene tatsächliche vom *dominus* gestattete Freiheit, sondern die *possessio libertatis*, die bei der Ordination des Freiheitsprozesses zur Beklagtenrolle berechtigte, nötig war, ist in der Erwähnung der Ediktsworte *sine dolo malo in libertate esse* in Cod. 7, 22, 1[1] enthalten.

D. 40, 12, 12, 2 nennt als *iusta causa* der *possessio libertatis* noch den Fall: *ut puta . . . educatus est quasi liber cum servus esset.* Zweifellos besteht die Frage, ob die Behauptung des Beklagten, stets als *ingenuus* behandelt worden zu sein, für das *iustum initium* der *possessio libertatis* in Betracht kam. Aber aus den Quellen kann meines Wissens für diese Frage kein Ergebnis gewonnen werden.

Welche Bedeutung dieser Rechtszustand für die Wirkung der *ltp.* hat, liegt auf der Hand. Die *ltp. libertatis* konnte nur dazu dienen, die Gefahr auszuschalten, die einem durch scheinbar rechtmäßige *manumissio* Befreiten vom wirklich berechtigten *dominus* droht. Es war auch hier nötig, daß der Erwerbsakt, der *initium possessionis* war, an sich fähig gewesen wäre, dem Beklagten die Freiheit zu geben.

Es fragt sich, ob die 10/20 Jahre der *ltp.* die älteste römische Ersitzung der Freiheit darstellen. Pernice[2] hat eine Spur von Freiheitsersitzung in einer Stelle angenommen, in welcher ein Sklave durch längeres Verweilen in der Freiheit unangreifbar für eine Klage wird, welche ihn in die Sklaverei zurückziehen könnte. Paulus (ad leg. Ael. Sent. 3) überliefert als Entscheidung des Aristo[3]:

Aristo respondit a debitore fisci, qui solvendo non erat, manumissum ita revocari in servitutem debere, si non diu in libertate fuisset, id est non minus decennio . . .

Die Fristangabe betrachtet Pernice als Kompilatorenglossem.[4] Jedenfalls handelte es sich im klassischen Texte, wenn überhaupt

---

[1] Vgl. D. 40, 12, 10.

[2] Labeo II, 1², 368 f. Darauf bezieht sich wohl auch Cuq, institutions 2, 250, 4.

[3] D. 40, 9, 16, 3.

[4] Bremer, iurpr. antehadr. II, 2, 369 will den ganzen Passus „*si non diu . . .*“ als Interpolation erklären. Dafür sehe ich keinen zwingenden Grund.

um eine bestimmte Frist, nicht um die *ltp. libertatis.* Im übrigen ist zweifelhaft, ob, wie PERNICE behauptet, wirklich die Freilassung durch den zahlungsunfähigen Schuldner des *fiscus* nach der *lex Aelia Sentia* nichtig ist. Denn ein Senatsbeschluß und Kaiserkonstitutionen unbekannten Alters mußten die Nichtigkeit der *in fraudem fisci* oder *civitatium* vorgenommenen Freilassung besonders aussprechen (Marcian, D. 40, 9, 11), und gegenüber dem *fiscus* ist *fraus creditoris* nur die vorsätzliche Schädigung durch eine Manumission (l. c.), nicht — wie sonst (D. 40, 9, 10) — jede Freilassung seitens des zahlungsunfähigen Schuldners. Ausdrücklich sprechen Paulus (S. de iure fisci V, 12, 1) und das fragm. de iure fisci (II, 19) von einem fiskalrechtlichen Anspruch auf *retrahere* der Freilassungen, Aristo hier vom *revocare in servitutem* analog dem *revocare* der *in fraudem fisci* veräußerten Sachen (Paul. II, 12, 1a). Wenn hier wirklich Aristo nur einen Anfechtungsanspruch kannte, so könnte es sich nur um eine Fiskalverjährung handeln, nicht um eine Ersitzung der Freiheit durch den unwirksam freigelassenen Sklaven.

Wohl aber kann auf ein anderes *quinquennium* hingewiesen werden: der *ex testamento* freigewordene oder freigelassene Sklave durfte, wenn erst nach 5 Jahren das Testament sich als nichtig erwies oder mit der *querela inofficiosi testamenti* angefochten wurde, nicht in die Sklaverei zurückgezogen werden:[1] vom Rechte des *quinquennium* der Querel ist diese Frist verschieden: jenes *quinquennium* kann *ex magna et iusta causa* ruhen, auf die Freiheitsersitzung hat dies *favore libertatis* keinen Einfluß.[2] Dieses eigenartige *quinquennium* ist in seiner Verjährungswirkung rechtshistorisch wohl als Vorgänger der *ltp.* anzusprechen;[3] den Geltungsbereich der *ltp.* hat es kaum eingeschränkt. Denn hier gelangt ein nichtiges, hinfällig werdendes Testament, das nicht als *iustum initium* in Betracht käme, zur Geltung zugunsten der Freilassungsanordnungen.

[1] Scaevola, (digest. 23) D. 40, 4, 29; Ulp., (ad ed. 14) D. 5, 2, 8, 17; Modestin, (lib. sing. de inoff. test.) D. 5, 2, 9.

[2] D. 5, 2, 8, 17.

[3] Vgl. unten S. 117.

II. Cod. 3, 44, 6 (Alex. a° 224) enthält eine interessante Entscheidung, welche eine *ltp.* am Begräbnisplatze zeigt:

Idem A. Primitivo et aliis. Monumentorum inscriptiones neque sepulchrorum iura neque dominium loci puri ad libertos transferunt. praescriptio autem longi temporis, si iustam causam initii habuit, vobis proficiat.

Mitteis[1] hat die Stelle neben die oben behandelte[2] Entscheidung des Alfenius Senecio gestellt und meint, die von der Praxis sonst auch tatsächlich anerkannte Verjährung trete hier eben unter dem Namen der *ltp.* auf. Sicherlich kann die Erwähnung der *iusta causa initii* hier nicht auf eine *possessio ex iusta causa* am *locus religiosus* bezogen werden. Auch einen Erwerb des Grabrechtes durch die langjährige Ausübung läßt Ulpian (D. 11, 8, 4: 2. respons.) nicht zu. Aber vielleicht kann eine andere Auslegung zur Diskussion gestellt werden.

Zunächst könnte das Reskript die Entscheidung enthalten, daß die bekannte Klausel der Grabinschriften „*libertis posterisque-orum*" den *liberti* kein Grabrecht und auch kein Eigentum an dem noch nicht mit der Leiche belegten Begräbnisplatze verschaffe. Für das Grabrecht der Liberti könnte hier die Bedeutung, welche die Klausel auf dem *monumentum* des *sepulchrum familiare* hatte, in Frage gestanden haben. Denn bei dem *sepulchrum hereditarium* kam die Eigenschaft als *liberti* nicht in Betracht für die Berechtigung, welche ausschließlich durch die Erbfolge bestimmt wurde. An dem *sepulchrum familiare* hat der Libertus nach dem Rechte der Juristen kein Bestattungsrecht, die ausdrückliche Verleihung des Sepulkalrechtes an die *liberti* auf dem Monumentum war ungültig.[3] Das könnte auch unsere Stelle sagen, und so hat Mommsen ihren ersten Satz gedeutet.[3]

Vielleicht ist es aber nach der Stelle wahrscheinlicher, eine der Begräbnisstiftungen zugunsten der *liberti* anzunehmen, welche die Inschriften und die literarischen Nachrichten mehrfach bezeugen. Darauf führt vor allem die Nennung des *dominium loci*

---

[1] Z. Sav.-St. 26, 486.

[2] S. 30, 83.

[3] Mommsen, Z. Sav.-St. 16, 212, 3.

puri. Es war möglich, den aus der Stiftung Berechtigten oder einem von ihnen das Eigentum an einem *locus purus* zu übertragen mit der stipulationsweise beigefügten Verpflichtung, dieses Grundstück zu einer Begräbnisstätte der *liberti* zu verwenden; oder aber der Grundstückseigentümer räumte selbst in seiner Grabstätte einigen seiner *liberti* ein abgeleitetes Grabrecht ein, sei es durch Verkauf, Schenkung oder durch Legat.[1]

Geschah dies nicht vom wahren Grundeigentümer, so war eine solche Zuwendung, soweit von den *liberti* Besitz am *locus purus* erworben worden war, *iusta causa possessionis, causa pro donato, pro legato.* War dann auf Grund der Stiftung das Grab angelegt, oder hatte der Nichteigentümer in dem von ihm angelegten Grabe selbst seinen *liberti* abgeleitetes Grabrecht eingeräumt, so dürfte es nahe gelegen haben, auch hier von einer *iusta possessio pro donato* am Grabrechte zu sprechen, wie man von einer *possessio libertatis* sprach.[2] Denn war wirklich die *ltp.* ein formaler Beweis für das Recht des Beklagten, so war es möglich, hier die *liberti* behaupten zu lassen, 10 Jahre lang haben wir ungestört unser Grabrecht ausgeübt, das Grabrecht ist uns seinerzeit ordnungsmäßig konzediert worden, also besteht die Wahrscheinlichkeit, kraft der *ltp.* die nicht zu brechende Vermutung, daß wir das Grabrecht haben.

III. Staatsrechtlich ist die *ltp.* zum Schutze der langjährigen *possessio civitatis* verwendet worden. Den Quellen der Kompilation fremd, findet sich der Begriff *possessio civitatis* in dem *Edictum Claudii de civitate Anaunorum.*[3] Während hier der Kaiser der Gemeinde, die einen staatsrechtlichen Erwerbsakt für das römische Bürgerrecht ihrer Bürger nicht beibringen kann, das Privileg der Civität ihrer Bürger verleiht, „*cum longa usurpatione in possessionem eius* (sc. *civitatis Romanae*) *fuisse dicatur*“,[4] — ist die Anwendung der

---

[1] Vgl. Cod. 6, 37, 14; C. I. L. 6, 9545: *ex testamento in hoc monumento neminem inferri neque condi licet nisei eos lib(ertos) quibus hoc testamento dedi tribuique.* C. I. L. 6, 16664; Mommsen, Z. Sav.-St. 16, 216 ff.

[2] Auch Ulp., D. 11, 8, 4 spricht von *longa possessio* am *ius sepulchri.*

[3] C. I. L. 5, 538, n. 5050; Bruns, Fontes[6] p. 240, lin. 26.

[4] Vgl. die ähnliche Entscheidung des Traian, Plin. ep. 115 (116).

ltp. auf diese *possessio* von der oben besprochenen Konstitution Diokletians bezeugt: der gutgläubige *servus in libertate moratus*, der auf Grund einer *iusta manumissio* seitens eines dazu nicht Berechtigten als Bürger aufgetreten ist, soll mit Ablauf der 10/20 Jahre auch *civis Romanus* sein.

IV. Eine Anwendung der *ltp.* im staatsrechtlichen Verwaltungsstreitverfahren gehört zu den ältesten Beispielen für die *ltp.* in klassischen Quellen: vor einem nicht genannten Beamten hat sich ein Streit über die Immunität von Tyra in der Provinz Moesia inferior entsponnen, in welchem die Tyraner den Erwerbsakt für das behauptete Privileg nicht nachweisen können. Die Kaiser Septimius Severus und Caracalla[1] verleihen a⁰ 201 den Tyranern die lange tatsächlich genossene Immunität für den Kreis der derzeitigen Bürger. Eingeleitet wird diese Gewährung der geschützten *possessio privilegii*[2] mit den Worten:

quamquam Tyranorum civitas oreginem dati beneficii non ostendat nec facile quae per errorem aut licentiam usurpata sunt praescriptione temporis confirmentur . . .

Deutlich ist hier die Bezugnahme auf das *iustum initium possessionis*, das selbst durch den gutgläubigen Irrtum über sein Vorhandensein nicht für die *ltp.* ersetzt wird.[3] Angesichts dieser Stelle ist kaum daran zu zweifeln, daß die Kaiser überall dort, wo der Begriff *possessio* anwendbar war, die Voraussetzungen der *ltp.* für eine Aufrechterhaltung des langjährigen tatsächlich bestehenden Zustandes gewahrt wissen wollten.

V. Von dieser unmittelbaren Anwendung der *ltp.* bei den sämtlichen übertragenen Bedeutungen des Begriffes *possessio* ist die 10/20jährige Servitutenersitzung verschieden.

Nach dem Verbot der Servitutenersitzung durch eine lex Scribonia unbekannten Alters hat die prätorische Praxis schon früh wieder die Begründung servitutsähnlicher Rechte durch lange Zeit zugelassen. Zunächst erscheint für die Anlagen, welche auf fremdem Grundstück gehalten, dem Eigentümer eines

---

[1] C. I. L. 3, 147, n. 781, n. 1009.

[2] lin. 19/20 *possessam privilegii causam.*

[3] Oben S. 30 f.

Grundstückes den regelmäßigen Wasserabfluß sichern, ein Rechtssatz, der in Ermangelung einer lex agro dicta eingreift, um die Wiederherstellungspflicht nach der *a° aquae pluviae arcendae* bestimmen zu helfen: *si lex agri non inveniatur, vetustatem legis vicem tenere:*[1] aus der langen Dauer einer gewissen Oberflächengestalt des dem Abfluß dienenden Grundstückes soll der Eigentümer des Grundstückes, von welchem das Wasser abfließt, ein Recht gegen Veränderung der Vorflutverhältnisse haben. Während hier die Jurisprudenz aus der langjährigen Gestaltung der Vorflutverhältnisse einen Beweis für die Berechtigung des Abflußberechtigten auf die Erhaltung dieser Verhältnisse entnahm, dadurch das *reficere oportere*[2] der *a° aquae pluviae arcendae* begründete und so die Rücksicht auf die *vetustas* dem *officium iudicis* zuwies,[3] scheint die ähnliche Rücksicht auf die *vetustas*, die bei dem Nachweis der *servitus aquaeductus* genommen wurde,[4] durch *tuitio* des Jurisdiktionsmagistrats in den Prozeß eingeführt worden zu sein.[5] Der Unterschied liegt meines Erachtens darin, daß ein *reficere oportere* aus der *natura loci,* dem Verhältnis von Ober- und Unterlieger, und ebenso auch aus der *vetustas* juristisch interpretiert werden konnte; wer dagegen *ius aquae ducendae meum esse* behaupten wollte, mußte zivile Erwerbsgründe nachweisen, und hier reichte die *vetustas* nicht zur Begründung zu. Dabei mußte also der klagerteilende Magistrat entweder die Verhandlung *in iudicio* verhindern, d. h. den Beklagten durch *denegatio* der *actio negatoria* schützen; oder er mußte gegen diese mit einer *exceptio* helfen, mußte die *a° negatoria* so verändern, daß der Richter auf das lange Bestehen des für den Beklagten günstigen Zustandes Rücksicht nehmen konnte. Dieser Zustand, der für den *aquaeductus* schon aus der *tuitio eius qui iure dicundo praeest* geschlossen werden darf, ist für die allgemeine Servituten-

---

[1] Labeo, fr. 350 (Ulp., D. 39, 3, 1, 23); fr. 351 (Paul., D. 39, 3, 2, 7).

[2] Lenel-Peltier, L'édit II, 104.

[3] Ulp., D. 39, 3, 1, 23: „*legis vicem*", ferner die Gleichstellung der *fossa iure facta* und der *cuius memoria non extat* in fr. 2 pr. § 1, 7 eod. für die Begründung der *a° aquae pluviae arcendae.*

[4] Pomp., (ad Sab. 34) D. 43, 20, 3, 4; Scaevola, (resp. 4) D. 39, 3, 26.

[5] Scaev. a. a. O.

ersitzung bezeugt: wer den Rechtsinhalt einer Servitut *nec vi nec clam nec precario* durch lange Jahre ausübte (*possessio servitutis*)[1] hatte nach dem Rechte der Juristen im Zeitalter der Antonine das Interdikt und die *a° confessoria utilis* gegen den Eigentümer des dienenden Grundstückes.[2] Der Magistrat gab dem langjährigen Besitzer der Servitut, der kraft seines Rechtsbesitzes von vornherein eine *a° Publiciana* oder eine *actio utilis* gehabt hatte,[3] auch gegen den Eigentümer eine *formula in factum*,[4] deren *intentio* auf den langen ehrlichen Besitz Bezug nahm[5] — ganz ähnlich der *actio in factum*, welche auf Grund der Entstehungsbedingungen einer *ltp.* ohne nachweisbare ediktale Grundlage[6] gegeben wird. Gerade für die *servitus aquaeductus* findet sich die klassische Stelle hierfür in Ulp. (ad ed. 53), D. 8, 5, 10 pr.[7]

Si quis diuturno usu et longa quasi possessione ius aquae ducendae nactus sit, non est ei necesse docere de iure, quo aqua constituta est, veluti ex legato vel alio modo, sed utilem habet actionem, ut ostendat per annos forte tot usum se non vi non clam non precario possedisse.

Also lautete die *intentio* hier etwa: *si paret A^um^ A^um^ usum aquae per annos . . . (forte tot) non vi non clam non precario possedisse.* (Rudorff, Ed. § 178).

Aus der Nennung der *vetustas* bei Pomponius (D. 43, 20, 3, 4), bei Scaevola (D. 39, 3, 26) und aus dem *diuturnus usus* bei Ulpian (D. 43, 19, 5, 3; D. 39, 3, 1, 23; D. 8, 5, 10) scheint hervorzugehen,

[1] Von einer solchen sprechen für Grundstücksdienstbarkeiten: Jav., D. 8, 1, 20; Jul., D. 8, 2, 32, 1; Scaev., D. 8, 6, 20; Ulp., D. 43, 20, 1, 44; Paul., D. 8, 1, 44 pr.; D. 8, 2, 20 pr. — für Personalservituten: Jul., D. 7, 6, 3; Paul. V, 6, 8b; Ulp. (Pap.), D. 4, 6, 23, 2; D. 43, 17, 4.

[2] Ulp., (ad ed. 53) D. 39, 3, 1, 23.

[3] Paul., (sent. 5) D. 8, 6, 25; Ulp., (ad ed. 16) D. 6, 2, 11, 1; vgl. darüber Lenel-Peltier, L'édit I, 194.

[4] Ulp., D. 39, 3, 1, 23; Ulp., (ad ed. 53) D. 8, 5, 10 pr. Das Interdikt stand ihm, wohl auch verändert, daneben zu: Ulp., (70 ad ed.) D. 43, 19, 5, 3; D. 39, 3, 1, 23.

[5] Darüber, daß diese *a°* nicht im Edikte stand (so Rudorff, Ed. § 178), vgl. Lenel-Peltier, L'édit II, 104.

[6] Lenel, Edictum S. 403.

[7] Cuq, institutions 1², 85, 6 schließt seltsam aus der Stelle die Geltung der *vitia possessionis* als Ausschlußgründe der ältesten *usucapio*.

daß hier der Magistrat nur allgemein die Rücksicht auf „die langjährige Übung“ dem Geschworenen anempfahl und daß der Geschworene zunächst die freie Würdigung darüber gehabt hat, nach wie langer Zeit die langjährige Übung des Schutzes wert war. Im Gegensatze zu diesen Wendungen scheint die *intentio* der *formula in factum* zu zeigen, daß man spätestens im 3. Jahrhundert zu einer Formel gelangt war, in welche der Magistrat eine Frist einsetzte, so daß der Geschworene nur die ehrliche Ausübung der Servitut während so langer Zeit zu prüfen hatte. Zu gleicher Zeit[1] wird in einem Reskript Caracallas die Frist von 10/20 Jahren auf die *longa possessio* nach Analogie der *ltp.* angewendet,[2] und in seinem Munde bedeutet das in einem anderen Reskript (Cod. 3, 34, 1) sich findende *consuetudo longi temporis*[3] dasselbe. Angesichts dieser Quellen ist sicher, daß nur die Regel der Praxis: „*longum tempus exemplo longae praescriptionis decennii inter praesentes, inter absentes vicennii computatur*“,[3] zur Geltung dieser Frist bei der *longa possessio* der Servituten geführt hat.

Diese Entwickelung der Servitutenersitzung zeigt, wie unabhängig von der *ltp.* diese *longa possessio* bei aller inneren Ähnlichkeit war:[4] hier wie dort ist die Entstehung des Institutes aus dem Beweisrecht klar: die Stellen aus Pomponius und Scaevola zur *servitus aquae ducendae*[5] sprechen von dem Beweise durch *vetustas*, der *tuitione praetoria* wirkt — dort ist die Be-

---

[1] Das 53. Buch von Ulpians Ediktskommentar ist zwischen 212 und 217 entstanden; vgl. Jörs, art. Domitius b. Pauly-Wissowa, S.-A. S. 3.

[2] Cod. 3, 34, 2, vgl. oben S. 3 f. Die Frage, ob die *longa possessio* zuerst keine bestimmte Frist gehabt habe, ist von Zimmern (Zimmern und Neustetel, Römischrechtl. Untersuchungen, Heidelberg 1821 S. 102—128) zuerst aufgeworfen und bejaht worden. Französische Literatur für die Frage ist zusammengestellt von Bellaguet, De la praescriptio longi temporis en droit romain, Paris 1879 (thèse).

[3] Paul. V, 5a, 8.

[4] Vielfach wurde die *longa possessio* als unmittelbare Anwendung der *ltp.* auf die *possessio servitutis* betrachtet (Cuiacius, Paratitl. ad Cod. de praescr. l. t.; Reinhardt, Usuc. u. plt. S. 207; Hameaux, Usuc. u. plt. S. 30 ff.). Vgl. sonst Unterholzner, Verjährungslehre II², 141 ff.; v. Savigny, System 4, 493; Vangerow, Pand. § 351 Anm.; Brinz, Pand. I, 792 f. Eine treffende moderne Darstellung bei Girard, Manuel⁸ S. 373.

[5] Pomp., D. 43, 20, 3, 4; Scaev., D. 39, 3, 26.

rufung auf die Wahrscheinlichkeit des Rechtes des Beklagten in die *exceptio longae possessionis* der Formel gekleidet. Sachlich besteht enge Verwandtschaft zwischen dem Erfordernis des *iustum initium possessionis* und dem *nec vi nec clam nec precario usum possidere*; denn der Hauptfall des letzteren ist die Überlassung der Servitutsausübung ohne civile Rechtsübertragung oder die dauernde Duldung der Ausübung des Servitutsinhaltes durch den Eigentümer.[1]

Aber verschieden sind die beiden Institute durch die Terminologie „*longi temporis praescriptio*“ — „*longa (quasi) possessio, diuturnus usus, longa consuetudo*“, verschieden durch die geschichtliche Bedeutung der bestimmten Frist in beider Entwickelung. Die *longa possessio* ist mit dem auf den Rechtsbesitz erweiterten Besitzbegriff des römischen Interdiktenrechtes verknüpft, — die *ltp.* fällt eigenartig aus der Beziehung zu diesem wie zum Usukapionsbesitz heraus.[2] Die *longa possessio* endlich gehört, ohne daß eine Spur einer Beziehung zum Provinzialrecht merklich wäre, sicher von jeher der prätorischen Praxis der Hauptstadt an. — Wie stand es aber damit bei der *ltp.*?

Zusammenfassung: Die *ltp.* ein formaler Beweis.

Die *ltp.* ist in den ältesten klassischen Quellen ein Einwand (*praescriptio*), den der Beklagte im Beamtenverfahren mit formloser an kein Prozeßstadium gebundener Berufung auf Konstitutionenrecht geltend macht, ein Einwand, der im *ordo iudiciorum privatorum* in eine anscheinend außerediktale *exceptio* gekleidet erscheint. Dem zur *praescriptio* Berechtigten erkennen die klassischen Juristen auch eine *actio in factum* gegen jeden Besitzer zu. Die *ltp.* tritt dabei gegenüber den verschiedensten Klagen in verschiedenen Verfahren auf; sie steht in den besser bekannten Anwendungsfällen in besonderer Beziehung zu provinzialen Rechtsverhältnissen: nachweisbar ist sie nur an provinzialen Pfändern gegenüber der Pfandklage des Kreditors; wahrscheinlich ist gegenüber der

[1] Jav., D. 8, 1, 20; Ulp., D. 6, 2, 11, 1.
[2] Vgl. S. 31 f.

Eigentumsklage das erste Objekt ihres Schutzes der Besitz an Provinzialgrundstücken.

Sie war nicht entstanden als Schutz des Ersitzungsbesitzes, als honorarisches Nachbild und Ergänzung der zivilen *usucapio*. Vielmehr ist anzunehmen, daß sie im Rechte der klassischen Juristen ein formaler Beweis war, mit dem der Beklagte einen Gegenbeweis gegen die klägerische Rechtsbehauptung unternahm: aus dem langen, unangefochtenen, rechtmäßig erworbenen Besitze des Beklagten wird die Wahrscheinlichkeit[1] entnommen, daß dieser, nicht der Kläger in der *rei vindicatio*, der Eigentümer sei —, daß der Beklagte entgegen der Behauptung des Klägers pfandfreies Recht erworben habe.

Diese Auffassung wird wahrscheinlich:

I. Durch die Gestaltung der *ltp. adversus dominum.* Es ist unmöglich, anzunehmen, daß die *ltp.*, die nur eine *possessio ex iusta causa* voraussetzte, anfangs als ein Schutz auch des bösgläubigen *possessor ex iusta causa* gedacht war.[2] Sollte eine *possessio ex iusta causa* ohne Rücksicht auf Gutgläubigkeit des Erwerbers die *ltp.* begründen, so muß hier eine andere Auffassung vorgelegen haben, welche nicht den Beklagten als unberechtigten Besitzer gegenüber einem wahren Berechtigten schützen wollte. Eine solche andersgeartete Auffassung scheint nur denkbar, wenn man prozessual die Rechtsbehauptung des Klägers noch nicht als bewiesen dachte und den dafür erbrachten Beweis als verdächtig deshalb betrachtete, weil der Beklagte für sich den langen, rechtmäßig erworbenen, unangefochtenen Besitz hatte und daraus eine Wahrscheinlichkeit dafür, daß er der wahre Eigentümer sei, schöpfte. Dazu könnte stimmen, daß die älteste *ltp. adv. dominum* wahrscheinlich einem provinzialen Grundstücksbesitzer Schutz gewährte. Denn hier war Besitzerwerb *ex iusta causa* der juristisch allein wesentliche Erwerbsakt des an Provinzboden möglichen Privateigentums. Hier würde also der Beklagte behaupten: ich habe Recht erwerben wollen durch den dazu geeigneten Erwerbsakt,

---

[1] Eine Laienvermutung, deren der Gesetzgeber sich bedient, würde Hedemann, Lehre von der Vermutung, 1903 S. 2, sie nennen.

[2] Oben S. 31 f.

habe lange unangezweifelt besessen, es ist also wahrscheinlich, daß ich in jenem Erwerbsakte Eigentum erworben habe. Ebenso wäre es für die *ltp. libertatis*, wenn hier, wie oben angenommen, nur eine Manumission *iustum initium possessionis* war, für die *ltp.* am Grabrecht, wenn in Cod. 3, 44, 6 wirklich der angenommene Fall vorlag. Auch die Tatsache, daß bei Verpfändung von *res mancipi* (italischem Boden, beweglichen *res mancipi*) das Erfordernis der *possessio ex iusta causa* nicht auf den zivilen Eigentumserwerbsakt abstellte, schließt wohl den hier vertretenen Gedanken nicht aus. Denn der Beklagte konnte ja wohl stets in diesem Falle einen zivilen Eigentumserwerbsakt behaupten.

Die Auffassung, daß mit der ältesten *ltp. adv. dominum* Eigentumserwerb wahrscheinlich gemacht wurde, findet offenbar eine Stütze an dem Erfordernis des „unangegriffenen“ Besitzes, das dem Ersitzungsrechte fremd ist.

II. Gewisse Entscheidungen und Auffassungen im Rechte der *ltp.* lassen sich einfach erklären, wenn man die älteste *ltp.* als formalen Beweis für das Recht des Beklagten betrachtet, während sie sonst als unerklärte Eigentümlichkeiten des Präskriptionsrechtes erscheinen.

Zunächst die Behandlung des Erbganges: Der Ausschluß der *ltp.* von der *hereditatis petitio*[1] erscheint seltsam neben der allgemeinen Anwendbarkeit der Einrede aus dem langen Besitze auf die in *rem actiones.* Diokletian begründet diesen Ausschluß damit, daß die *hereditatis petitio* eine *a° mixta*, nicht eine *a° in rem* sei. Eine juristische Bedeutung hat diese Begründung kaum, denn eine derartige Kategorie der *actiones mixtae* fehlt in der Klassifikation bei Gaius IV, 1 ff. und wohl auch sonst in der klassischen Jurisprudenz.[2] Die Annahme, daß die *ltp.* einen Gegenbeweis für das Recht des Beklagten führte, kommt hier zu einer besseren Begündung: mochte immerhin der Beklagte wahrscheinlich machen, daß er den Nachlaß als Erbe auf Grund der von ihm behaupteten Erbberechtigung besessen habe. Wenn

---

[1] Vgl. oben S. 81.

[2] Vgl. Girard, Manuel³, 1004, 3; Leonhard, bei Pauly-Wissowa I, 316 zu *actio mixta.*

der Kläger hier, wie für sein Obsiegen nötig, auf bessere Erbberechtigung als der Beklagte sein Recht stützte, vermochte die vom Beklagten aufgestellte Wahrscheinlichkeit den Rechtsbeweis des Klägers nicht zu verdächtigen, da sie nur die Wahrscheinlichkeit für ein Erbrecht aus schwächerer Berechtigung erbrachte, als sie der Kläger behauptete.

Auf einem ähnlichen Gedanken könnte der Ausschluß der *ltp.* von den *a^{nes} fam. herc.* und *comm. div.* beruhen.

Daß für die *ltp. adversus dominum* der *titulus pro herede* nicht galt,[1] kann sehr wohl Konsequenz des Standpunktes gewesen sein, daß der Besitzer selbst Eigentum und zwar als Erbe Nachfolge ins Eigentum des Erblassers behauptete. Denn lag diese Auffassung vor, so mußte der Besitzer notwendig behaupten, daß der Erwerbsakt durch Rechtsgeschäft unter Lebenden, durch den der Erblasser den Besitz erworben hatte, fähig gewesen war, Eigentum zu verschaffen. Sogar die Frage erscheint, ob nicht die *ltp.* für den Singularsukzessor unmöglich sein solle,[2] wenn der *auctor* von der *ltp.* ausgeschlossen war. Dazu könnte der Gedanke Anlaß gegeben haben, daß mangels einer strengen Beweisführung für das eigene Recht der Besitzer nur dann einen Wahrscheinlichkeitsgegenbeweis mit der *ltp.* führen könne, wenn die Wahrscheinlichkeit dieses Rechterwerbes vom *auctor* nicht ausgeschlossen wäre durch einen Prozeß, der dessen Berechtigung angezweifelt hätte.

In welcher Weise die Bedeutung der *ltp.* als formalen Beweises für das Recht oder das pfandfreie Recht des Beklagten vielleicht bei der Herausbildung der Unfähigkeit des Verpfänders zur *ltp.* mitgespielt hat, ist oben (S. 80, 1) angedeutet worden.

III. Ein Zeichen dafür, daß wirklich die *ltp.* formales Beweisrecht war, liegt wohl in ihrer Geltung zum Schutze der verschiedensten Rechtsausübungen. Es wäre nicht zu erklären, wie ein Institut, das wesentlich Eigentumsersitzung gewesen wäre, zur *ltp. adversus creditorem*, zur *ltp. libertatis*, *iuris sepulchri*, *civitatis*, *privilegii* hat führen können. Man könnte allerdings ver-

[1] S. 26 ff.

[2] S. 47.

muten, daß die *ltp.* kraft der bekannten Reskripte (B. G. U. 267; Paul. 5, 2, 3; arg. „*etiam*" in Cod. 7, 36, 2) gegenüber der Eigentumsklage galt und, weil nur *possessio* in den Konstitutionen verlangt wurde, auf alle Tatbestände, die sich als *possessio* konstruieren ließen, übertragen wurde. So wenig ein solcher Gedanke eine Grundlage in den Quellen hat, welche nirgends von einer Entkräftung allein der *rei vindicatio* sprechen, so kann er doch nicht mit Notwendigkeit ausgeschlossen werden. Gleichviel, ob man eine solche Ausdehnung der *ltp.* am Sachbesitz, oder was meines Erachtens allein wahrscheinlich ist, die ursprüngliche Geltung der *ltp.* für die verschiedensten Rechtsinhalte annehmen will —, jedenfalls wird das Nebeneinander der *ltp.* an *res, libertas, ius sepulchri, civitas, possessa privilegii causa* erklärt, wenn die *ltp.* von vornherein ein Beweis dafür war, daß das vom Kläger behauptete oder dem Beklagten bestrittene Recht dem Beklagten zustand. Denn nichts stand im Wege, denjenigen Beweis, den man gegenüber der Eigentumsklage als durchschlagend gelten ließ, auch gegen alle anderen Behauptungen von Herrschaftsrechten auftreten zu lassen.

Ob vielleicht die *ltp.* am *ius sepulchri* sich gegenüber der nachweisbaren Unmöglichkeit einer Ersitzung des Grabrechtes gerade deswegen hat durchsetzen können (oben S. 94f.), weil sie nicht als Rechtserwerb sondern als Beweisrecht betrachtet wurde, steht dahin.

Es bleibt die Frage, ob für ein solches Argument des Beweisrechtes, dessen durchschlagende Kraft an einen Zeitablauf von 10/20 Jahren gebunden war, eine historische Entwickelung glaubhaft gemacht werden kann.

Zweiter Teil.

Die Entstehung der *longi temporis praescriptio.*

1. Die Theorien.

Die Frage, zu welcher Zeit, zu welchem Zweck und aus welcher Quelle die *ltp.* entstanden ist, hat verschiedene Antworten gefunden.[1]

Schon in die Zeit der Republik, als Rechtsschutz für den Besitz am *ager publicus privatusque,* wird die *ltp.* von einer Meinung zurückversetzt, die jüngst noch von M. Voigt vertreten ist.[2] Das *habere possidere frui,* welches an dieser Gattung römischen Gemeindelandes allein möglich war, konnte nicht durch Ersitzung erworben werden; daher habe hier die *ltp.* eingegriffen. Die späteren Kaiserkonstitutionen hätten dann die *ltp.* auf alle Eigentumsobjekte erstreckt und den Erfordernissen der *iusta causa* und der *bona fides* bei dem Besitzerwerbe unterworfen. Die Jurisprudenz habe das Institut „als Eigentumserwerbstitel konstruiert".[3]

Die Quellengrundlage für diese Lehre ist einerseits Hygin, De cond. agr. (Lachmann, Feldm. I, 116):[4] *vetustas tamen longi temporis plerumque paene similem reddidit occupatorum agrorum condicionem.* Aber *vetustas longi temporis* bedeutet hier offenbar

---

[1] Die ältere Literatur vgl. bei Madai, Beiträge zur Dogmengeschichte 1835, S, 11—34.

[2] Schröter, Arch. f. Zivilrecht und Proz. 1829, II, 240, 1; Hameaux, Us. und ltp. S. 14 ff.; Voigt, Rechtsgesch. I, 384 f.

[3] Voigt, Rechtsgesch. II, 648.

[4] Bruns, Fontes[6] 2, 90.

kein Rechtsinstitut,[1] sondern ist nur die lange Zeit, welche den Unterschied zwischen dem *ager arcifinius* und dem in festen Landlosen veräußerten *ager quaestorius* verwischt hatte.[2] Anderseits stützt sich VOIGT auf die zahlreichen Stellen der Digesten, in denen *longa possessio* als Name für die Grundstücksersitzung steht.[3] Aber wenn man diese Stellen, die als Kompilatorenwerk seit langem anerkannt sind, ausscheidet, bleiben allein die bekannten Fragmente über die *ltp.* aus der Antoninenzeit als Quellengrundlage für VOIGTS republikanische *ltp.*, auf die sich nach seiner Vermutung die lex Julia de vi bezogen haben soll.[4]

Eine viel bessere Grundlage hat die im 19. Jahrhundert herrschende Lehre, welche die *ltp.* als provinziales Usukapionssurrogat auffaßt. Die Quellen zeigten im vorjustinianischen Rechte — und, wie man glaubte, von jeher — die *ltp.* und die *usucapio* mit den gleichen Erfordernissen und verschiedenen Wirkungen nebeneinander: man wußte aus Gaius (II, 46) wie aus Cod. 7, 31, 1, daß die *usucapio,* die ziviles Volleigentum gab, auf Grundstücke italischen Rechtes beschränkt war. Also mußte die *ltp. adversus dominum,* die stets allein im Mittelpunkt der rechtsgeschichtlichen Erörterungen stand, nur an Provinzialgrundstücken praktisch gewesen sein. Da man außerdem richtig auf Grund D. 44, 3, 9 die Geltung der ältesten *ltp.* an beweglichen Sachen verneinte, war der Schritt zur Annahme kurz, daß die *ltp.* für

[1] Verkannt auch von CUQ, institutions 2, 250.

[2] Ähnlich ist die Berufung auf die *vetustas possessionis* in Cic., de leg. agr. II, 21, 57, welche BEAUDOUIN, Nouv. rev. hist. 5, 177 als Zeichen für eine Geltung der *ltp.* am republikanischen *ager provincialis* verwertet, zu beurteilen: Dort handelt es sich um Provinzialboden, dessen Besitzer sich gegen die Besitzentziehung wehren, mit der sie das neue Gesetz bedrohte. Wenn ihnen ihr Boden genommen werden sollte, sollte dies doch auf Grund der Enteignung kraft des staatsrechtlichen *dominium populi Romani* geschehen, nicht durch eine privatrechtliche bessere Berechtigung.

[3] Vgl. die Sammlung der Stellen oben S. 11.

[4] Gai. II, 45 berichtet, die Usukapion sei an *fundi vi possessi* ausgeschlossen (*vi possessam* [sc. *rem*] *rem usucapi prohibet lex Julia et Plautia*). D. 41, 3, 33, 2: *lex Plautia et Julia ea demum vetuit longa possessione capi quae vi possessa essent.* Daraus folgt für VOIGT, die lex Plautia habe die *usucapio*, die lex Julia die *ltp.* ausgeschlossen! (Rechtsgesch. I, 835, Beil. VIII.)

die Provinzialgrundstücke als Usukapionssurrogat entstanden sei.[1] Unterholzner,[2] Reinhardt,[3] Lauenstein[4] waren sich noch bewußt, daß sie eine von den Quellen nicht recht begründete Vermutung aufstellten. Für Puchta[5] und Rudorff[6] ward diese Hypothese zur historischen Gewißheit; Puchta setzte die Entstehung der *ltp.* „in die Zeit, als die Römer in den Provinzen sich auszubreiten und Eigentum daran zu erwerben anfingen".[7] Demelius,[8] Walter,[9] Kuntze,[10] Baron,[11] Dernburg,[12] Beaudouin,[13] Esmein,[14] Karlowa,[15] Mommsen,[16] Girard,[17] Jörs,[18] Cuq,[19] folgen der Theorie, welche die Entstehung des Institutes am Provinzialboden behauptet. An einer neueren Stimme gegen die Sicherheit, mit welcher die älteste *ltp.* als Usukapionssurrogat für die *fundi provinciales* erklärt wird, fehlt es meines Wissens.[20] In der Provinz soll die *ltp.* vielleicht nicht ohne Einwirkung volksrechtlicher Bildungen,[21] in den Statthalteredikten[22] entstanden und durch die bezeugten Konstitutionen Reichsrecht geworden sein.[23, 24]

---

[1] Schon Cuiacius (Paratitl. ad Cod. de praescr. l. t. 7, 33); van de Water, Observ. Lugd. Bat. (1713) S. 227 f.; Heineccius, Antiqu. II, 6, 7.

[2] Verjährungslehre I, 39 f.

[3] *us.* u. *praescr.* S. 191.

[4] a. S. 70 a. O. S. 8.

[5] Inst. II[9] § 240 (S. 210).

[6] Rechtsgesch. II, 176.

[7] Ähnlich die älteren französischen Arbeiten im 19. Jahrhundert; vgl. die Dissertationen von Bellaguet (Paris 1879) und Talagrand (Uzès 1883).

[8] Untersuchungen I, 83.

[9] Gesch. d. röm. Rechts II Nr. 571.

[10] Kursus I § 505.

[11] Pand.[5] 240; Rechtsgesch. S. 146.

[12] Pand.[6] I, 2, 118.

[13] Nouv. rev. hist. 5, 176.

[14] Nouv. rev. hist. 9, 300.

[15] Rechtsgesch. II, 1, 1276.

[16] Strafr. 489, 2.

[17] Manuel[3] 298.

[18] bei Birkmeyer[1] S. 113.

[19] institutions 2, 249.

[20] Vorsichtig äußerten sich Schweppe, Rechtsgesch. § 274; Vangerow, Pand.[14] § 315 Anm.; Arndts, Pand.[14] § 157; Brinz, Pand. I[2], 598.

[21] Daran denken Unterholzner, Verjährungslehre I, 41; Puchta, Inst. II § 240; Brinz, Pand. I[2], 598; Karlowa, Rechtsgesch. II, 1, 1276.

[22] Lenel, Ed. S. 403; Karlowa, Rechtsgesch. II, 1, 1276; Cuq, institutions 2, 249.

[23] Karlowa a. a. O.

[24] Die bei fast allen älteren Schriftstellern auftretende Anschauung, die *ltp.* sei zum Teil zu dem Zwecke eingeführt worden, eine Ersitzung für

Diese Lehre wird sich in wesentlichen Punkten aufrecht erhalten lassen. Zu bestreiten ist aber, daß die *ltp.* als Usukapionssurrogat[1] für Provinzgrundstücke entstand: die Voraussetzungen einer *ltp.* in den klassischen Quellen sind von denen der *usucapio* verschieden. Zudem ist unnachweisbar, daß irgend einmal die *praescriptio adversus dominum* die einzige Erscheinungsform des Institutes war. Ferner: sollte die *ltp.* wirklich in dem Gebiete der Rechtsquellen entstanden sein, das man vor den Fayumer Funden das provinziale Honorarrecht nannte? Die Edikte der Statthalter, welche als Programm ihrer jurisdiktionellen Amtsführung bei dem Amtsantritt proponiert wurden, haben wohl außer verwaltungsrechtlichen Bestimmungen für die Provinz nur das honorarische privatrechtliche Edikt enthalten, das dem Stadtedikt nachgebildet war.[2] Lenel[3] hat keine Spur von der *ltp.* in den Ediktskommentaren gefunden. Übrigens wäre eine von dem Ediktalrecht der Statthalter geschaffene *ltp.* das einzige bekannte Institut des römischen Sachenrechtes an *fundi provinciales*, das wegen der Theorie des Volkseigentums an den Provinzen geschaffen wäre und nicht an römische Begriffe anknüpfte: als *habere possidere frui* war das Privateigentum am Provinzgrundstück,[4] durch Konsekration auf Volksbeschluß wurde es *pro sacro*,[5] auf Grund einer Bestattung *pro religioso*[6] behandelt; die *traditio vacuae possessionis* wurde hier, wenn auch nicht mit rechtlich bedeutsamer *mancipatio*, vorgenommen,[7] *pactiones et stipulationes* bestellten die Servitut,[8] *ex aequo* wurde eine *vindicatio* am *ager provincialis* gegeben.[9] Überall liegen hier Anwendungen bekannter Gestaltungen des städtischen Honorarrechtes vor. Die *ltp.* hingegen fällt aus

die Peregrinen zu schaffen, ist haltlos, wenn die *ltp. adversus dominum* in klassischer Zeit noch auf Provinzialgrundstücke beschränkt war. Eine Ablehnung mit anderer Begründung vgl. bei Cuq, institutions II, 249.

[1] „succédané de l'usucapion" sagt Esmein, Nouv. rev. hist. 9, 300.

[2] Cic., Ep. ad Att. VI, 1, 15.

[3] Ed. S. 403.

[4] Gai., II, 7.

[5] Gai., II, 7a.

[6] Gai., II, 7.

[7] Gai., II, 21, dazu die *mancipatio* in den siebenbürgischen Kaufurkunden.

[8] Gai., II, 31.

[9] Frontin., De contr. p. 36 (Lachmann, Feldm. I).

dem Vergleich mit den honorarrechtlichen Institutionen: Die *possessio ex iusta causa* bei ihr zu einer Zeit, in der die *bonae fidei possessio* den Rechtsschutz des Nichteigentümers ausnahmslos beherrschte, der seltsame Begriff der *νομὴ ἄνευ ἀμφισβητήσεως* scheiden sie von den Instituten des Honorarrechtes, ebenso wie ihre lange Frist und deren anfänglich straff durchgeführte Berechnung als *continuum*[1] nicht unter den *temporales exceptiones* des magistratischen Rechtes ihresgleichen finden.

Diese Eigenart der ältesten *ltp.* zu begreifen, Zeit und Art der Entstehung des Institutes durch historische Vertiefung der herrschenden Lehre deutlicher zu erfassen, als es bisher möglich war, soll mit Bildungen der römischen Rechtsgeschichte, welche augenscheinlich der *ltp.* verwandt sind, wie aus bisher weniger beachteten Quellen versucht werden.

2. Entstehungszeit der *longi temporis praescriptio.*

Die älteste[2] Quelle für die *ltp.* außerhalb der Kompilation ist das Reskript des Severus und Antoninus vom 29. XII. 199 p. C., das sich in B. G. U. 267 findet. Aus der gleichen Zeit stammt die Bezugnahme auf die *ltp.* in der epistula derselben Kaiser ad Tyranos[3] (von 201) und das Reskript in Cod. 7, 33, 1 wird von Krüger[4] auf a° 202 angesetzt. Ferner stellt die Forschung über das Alter der römischen Juristenschriften Papinians Schrift der *responsa*, aus der D. 41, 3, 45 pr. und Vat. fr. 7 entnommen sind, in dieselben Jahre.[5] Dem gleichen Zeitalter gehört die Tertullianische Schrift *de praescr. haer.* an, in deren Kap. 37 (*olim possideo ..., habeo origines firmas ab ipsis auctoribus quorum fuit res*) wir vielleicht eine Andeutung der *ltp.* vermuten dürfen.

---

[1] Karlowa (Rechtsgesch. II, 1, 1278) faßt das Ruhen der *ltp.* als ursprünglich und nimmt es dann als Zeichen für die milde Behandlung der Fristvorschrift durch den Magistrat. Aber die *tempora* des Honorarrechtes werden mittels *in integrum restitutio* verlängert, die der *ltp.* werden ohne solche als nicht abgelaufen betrachtet.

[2] Über die angeblich älteren Quellen vgl. oben S. 86, 105 f.

[3] C. I. L. 3, 781; Bruns, Fontes[6] S. 247.

[4] Editio ad h. l.

[5] Fitting, Alter d. Schriften S. 31; Karlowa, Rechtsgesch. II, 1, 1276.

Von den außerhalb der Digesten erhaltenen Juristenschriften nennt also Gaius das Institut noch nicht,[1] wohl aber Paulus. In den Digesten beruhen die drei älteren Fragmente,[2] in denen „*longi temporis praescriptio*" nach Ausweis des Berliner Index auftritt, gerade in dieser Beziehung auf anerkannten Interpolationen. Außerdem haben die zahlreichen Interpolationen, durch welche die justinianischen Kompilatoren die Erwähnungen der *usucapio* zugunsten der justinianischen Grundstücksersitzung überarbeiteten, eine große Zahl von Wendungen wie *longa possessio,*[3] *longi temporis possessio,*[4] *longa (diutina) possessione capere,*[5] *longum tempus,*[6] *per longum tempus capio,*[7] *longo tempore capere,*[8] *dominium per longum tempus adquirere*[9] in die Quellen eingeführt,[10] die einst manche irrige Vorstellung veranlaßten.[11]

In viel ältere Zeit als die ersten Quellen dürfte die *ltp.*, wie wir sie kennen, kaum zurückgehen. Vielleicht ist Frontins Nachricht über die Provinzialgrundstücke (grom. lat. I p. 36 „*nec*

[1] Unterholzner, Verjährungslehre I², 42, 44 hatte die *ltp.* in Gai. IV, 133 vermutet, was natürlich bei der völligen Wesenverschiedenheit der Einrede aus dem langen Besitze von dem Formelteil (S. 70 oben) ausgeschlossen ist.

[2] Javol., D. 41, 3, 21; Julian., D. 12, 2, 13, 1; Gai., D. 21, 2, 54 pr. Über die letzten vgl. oben S. 85, über die erste Lenel, Jav. fr. 98.

[3] D. 41, 4, 7 pr. [4] D. 23, 5, 16.

[5] D. 41, 2, 36; fr. 43, 1; D. 41, 3, 13, 2; fr. 18; D. 41, 4, 7, 2; fr. 13; 14; D. 41, 1, 10, 2; D. 41, 2, 3, 3, 23; fr. 26; 43; D. 41, 3, 33, 2; D. 41, 4, 4 pr.; fr. 7 pr. §§ 1, 2, 6; vgl. auch D. 41, 3, 21; D. 41, 2, 43.

[6] D. 41, 1, 48, 1. [7] D. 41, 1, 48, 1.

[8] D. 39, 2, 12; fr. 15, 16; D. 41, 1, 7, 11; fr. 48 pr.; D. 41, 3, 4, 22; fr. 17; 33, 3; D. 41, 4, 2, 6; fr. 7, 6; 14.

[9] D. 39, 2, 15, 27. Dazu vgl. Lenel, Ulp. fr. 1277. Gegen die Ausführungen von Saleilles, Rev. nouv. hist. 12, 568, 1; Karlowa, Rechtsgesch. II, 1277, die mit Berufung auf D. 41, 3, 9 die Zulässigkeit jeder *usucapio* gegenüber einer Stadtgemeinde bestreiten und deshalb eine Interpolation für *usucapio* für unmöglich halten, genügt wohl der Hinweis auf den *curator cuius officio usucapiones interpellantur* in D. 50, 4, 14.

[10] Der Ausdruck *longa possessio* als Name für die *ltp.* findet sich bei Justinian in Inst. II, 6 pr. *diutina possessio*: Inst. II, 6 § 12. *longi temporis possessio* R. Inst. II, 6.

[11] Heute sind die Interpolationen für *usucapio* in Lenels Palingenesia iur. civ., soweit ich sehe, vollständig angegeben.

possidendo ab alio quaeri possunt) ein Beleg für einen Rechtszustand des Reichsrechtes, der überhaupt keinen Erwerb durch langen Besitz am Provinzialland kannte.[1] Jedenfalls wird mannigfach bezeugt, daß Konstitutionen die *ltp.* eingeführt hätten: Inst. II, 6, 7: *principalibus constitutionibus cavetur, ne cui longa et indubitata possessio auferatur.*

Paul. (6. respons.), D. 18, 1, 76, 1: *si utriusque possessio impleat tempora constitutionibus statuta.*

Par. Pap. 69. (a° 232.) lin. 20 *Αἱ γὰρ θεῖαι διατάξεις τῶν π[ροτέρων αὐτοκρατόρων κελε]ύουσι τὴν νομὴν κυρίαν εἶναι* .... c. 23 Buchst. *μ]ὲν εἰκοσαετῆ [χρόνο]ν ὥρισαν* ....[2]

Im Munde des Paulus kann man das schlichte „*constitutionibus*" wohl als eine Verweisung auf bekannte, allgemein in frischer Erinnerung stehende Konstitutionen betrachten. Da die paulinischen Responsen spätestens unter Elagabal begonnen und unter Alexander abgeschlossen wurden,[3] darf man mit der Ansetzung jener *constitutiones* kaum über Septimius Severus zurückgehen. Seit Severus und Caracalla ist eine ziemlich lebhafte Behandlung des Institutes durch kaiserliche Reskripte[4] nachweisbar. Auch die Nennung der *πρότεροι αὐτοκράτορες* unter Severus Alexander[5] könnte auf sie deuten. Die 10/20jährige Frist scheint gerade auf diese Kaiser öfter zurückzugehen: ausdrücklich die allgemeine Geltung in der Fiskalverjährung;[6] eine 10/20jährige Verjährung der Ansprüche von Gemeinden gegen ihre Beamten aus fahrlässigen Schädigungen bei der Rechnungsführung[7] erscheint am Ende dieser Zeit in Modestins regulae zuerst, und Paulus[8] berichtet, daß nach Analogie der *ltp.* die 10/20jährige Frist als Normalzeit

---

[1] Daß der Frontinsche Text wenig für das Zeitalter dieses Schriftstellers beweist, dafür vgl. „meine Schriftformel" S. 60, 1.

[2] Vgl. auch Cod. 7, 36, 2 i. fi.

[3] Krüger, Quellen S. 211, 104.

[4] Septimius Severus und Caracalla, B. G. U. 267; Cod. 7, 33, 1; Ulp., fragm. b; Caracalla, D. 44, 3, 9; Cod. 2, 18, 8; Alexander, Cod. 7, 30, 1; 7, 35, 1.

[5] P. Par. 69. lin. 20.

[6] D. 49, 14, 1, 3; D. 48, 17, 3.

[7] Mod., D. 50, 8, 10; Hermog., D. 44, 3, 13, 1.

[8] V, 5a, 8.

für das *longum tempus* auch in der Verjährung der gegen das rechtskräftige Urteil zustehenden Aufhebungsklagen gelte.

Zu der Annahme, daß die *ltp.* durch Severus allein oder erst in seiner Samtregierung mit Antoninus eingeführt worden ist, könnte die Ausführlichkeit gut stimmen, mit welcher die beiden Kaiser in B. G. U. 267 die gesamten rechtlichen Voraussetzungen des Präskriptionsschutzes aufzählen — gerade, als solle der Fragestellerin eine Belehrung über ein junges Rechtsschutzmittel zuteil werden.

So glaube ich die Ansicht aufstellen zu dürfen, daß die *ltp.* mit der 10/20jährigen Frist, so wie wir sie kennen, als Institut des Reichsrechtes, auf Kaiserkonstitutionen aus den 90er Jahren des 2. Jahrhunderts fußt.

3. Die Verwandtschaft mit kaiserrechtlichen Verjährungen.

Die Unmöglichkeit, die vorwiegende Bezeichnung der Einrede aus langem Besitze als *praescriptio* mit dem Formularprozeß in eine besondere Verbindung zu bringen,[1] anderseits die Begründung der *ltp.* auf Konstitutionenrecht führt dazu, dem Institut verwandte Erscheinungen in den Präskriptionen des Kaiserrechtes zu suchen.

Im Akkusationsprozesse heißt *praescriptio* die Einrede, welche vor der *receptio nominis*, der Eintragung des Angeklagten in die Anklageliste, aufgestellt wurde.[2] Insbesondere trug diesen Namen die Berufung des Angeklagten auf den Ablauf einer der Anklage gestellten Präklusivfrist.[3] Dem älteren römischen Rechte der *iudicia publica* war die Kriminalverjährung fremd.[4] Neben einem *quinquennium* für das Strafverfahren wegen *peculatus* tritt zuerst[5]

[1] Oben S. 70 ff.

[2] D. 48, 5, 16, 7; Rudorff, Rechtsgesch. II, 31; Mommsen, Strafrecht 391, 488 f.

[3] Die Quellen dafür vgl. oben S. 71, 2 u. 3.

[4] Mommsen, Strafrecht 488.

[5] Heymann, Vorschützen der Verjährung S. 47, will in „*quo tempore*" bei Cic., De invent. rhet. II, 19, 57 schon die erste Andeutung einer Kriminalverjährung erblicken. Aber dem allgemeinen Satz, in welchem sich das *quo tempore* findet, folgen Beispiele auch aus dem Zivilprozesse.

dieselbe Frist für Ehebruchsanklagen auf Grund der lex Julia auf.[1] Wann die 20jährige Verjährung entstand, ist unsicher.[2]

Diese 5 Jahr-Frist der Kriminalklagen, deren Zusammenhang mit der attischen Kriminalverjährung[3] wahrscheinlich ist, war eine Legalbefristung. — Neben deren grundsätzlicher Ausprägung in Stellen wie D. 48, 5, 30 (29), 5—7; D. 48, 16, 1, 10 findet sich in D. 48, 5, 32 (31) (Paulus, 2. de adult.) eine interessante Verleugnung des theoretisch festgehaltenen Standpunktes, daß die Frist *continuo* laufe: wenn während des Prozesses gegen die Ehebrecherin der Ablauf des *quinquennium* eintritt und so einer Anklage gegen den *adulter* entgegensteht — oder, wenn der Ankläger von der Verfolgung dolos zurückgetreten ist und nach dem Ablauf ein anderer die Anklage aufnimmt, dann soll die Zeit, die über dem ersten Verfahren vergangen ist, für die im zweiten Prozesse auftretende *praescriptio* nicht als verstrichen gerechnet werden. Der Fristlauf kommt für diese Zeit entschuldbarer Zurückhaltung des Anklägers nicht in Anrechnung: er hat „geruht".[4] Die Paulinische Schrift

---

[1] D. 48, 13, 9; D. 48, 5, 30 (29), 6 ff.; MOMMSEN a. a. O.

[2] Deutlich erwähnt wird sie zuerst (MOMMSEN, Strafrecht 489, 2) in Cod. Just. (Diocl.), 9, 22, 12. Bezieht es sich vielleicht schon auf eine allgemeine 20 jährige Kriminalverjährung, wenn in der statthalterlichen Kriminalkognition die vor Plinius als Christen Angeklagten zu ihrer Verteidigung zum Teil angeben: vor 20 Jahren Christen gewesen zu sein? (Plin., ep. ad Trai. 96 [97] § 6.)

[3] Dort war die allgemeine Klagverjährung 5 Jahre, vgl. THALHEIM, Rechtsaltertümer 122, 4. Allerdings führt keine Quelle uns diese 5 jährige Verjährung praktisch vor. Die Unmöglichkeit einer Verjährung in Blutsachen muß feststehen (THALHEIM, Rechtsaltertümer S. 123; PASSOW, Hermes 25, 466 ff.). Aber da die Verjährung für die Klage wegen Ausrottung heiliger Ölbäume ausdrücklich ausgeschlossen ist (Lys. VII, 17 [p. 110], CAILLEMER, Traité des prescriptions p. 24 ss.), da Lysias (XIII, 83 [p. 138]) hinsichtlich der *δίκη φόνου* das gleiche sagt (CAILLEMER S. 25 ss.), muß daraus notwendig die Statthaftigkeit einer Verjährung von Kriminalklagen geschlossen werden. Diese 5 jährige Verjährung wurde mit einer *παραγραφή* geltend gemacht (Pollux VIII, 57), die ebenso wie die *praescr. quinquennii* der *lex Julia de adulteriis* vor der Verhandlung zur Hauptsache erledigt wurde. Vgl. MEIER-SCHÖMANN-LIPSIUS, Att. Proc. 819 ff.

[4] Vgl. UBBELOHDE, Berechnung des *tempus utile* S. 7 gegen SAVIGNY, System 4, 441 f.

stammt aus der Regierung des Severus Alexander.[1] Noch a° 223 hatte dieser Herrscher das *continuo numerandum* für diese Frist scharf betont.[2] Um dieselbe Zeit hat sich auch im Rechte der *ltp.* der Übergang von dem unnachsichtlichen Ausschluß des *absens* durch die 20 Jahre zu dem Ruhen der Frist während der *iusta absentia* des Ausgeschlossenen vollzogen.[3] Das deutet auf eine Verwandtschaft der *ltp.* mit dem *quinquennium* der Kriminalverjährung.

Schon einige Zeit vorher tritt eine ähnliche Ausschaltung gewisser Zeitteile in der Berechnung anderer kaiserrechtlichen Fristen auf.

1. Bei dem *quinquennium,* welches eine *oratio divi Marci* für die Zurückziehung *per collusionem* freigelassener Sklaven in die Knechtschaft anordnete:[4] während der Unmündigkeit des Eigentümers oder sonst aus wichtigem Grunde tritt eine Hemmung dieser Frist ein. Das Ulpianische Fragment, welches entgegen der Bezeichnung dieser Frist als *continuum* zu dieser Entscheidung gelangte,[5] stammt aus dem unter Caracallas Alleinregierung verfaßten[6] Werke de officio consulis.

2. Für das *quinquennium,* das der *querela inofficiosi testamenti* offen stand, ist auch die Möglichkeit einer Ausschaltung des Fristlaufs *ex magna et iusta causa* bezeugt.[7]

In sichtlichem Zusammenhange mit der Kriminalverjährung hat sich im ersten Jahrhundert des Prinzipates die Verjährung

---

[1] Fitting, Alter d. Schr. S. 49; Mommsen, Z. f. Rechtsgesch. 9, 109; Karlowa, Rechtsgesch. I, 749.

[2] Cod. 9, 9, 5.

[3] Oben S. 56 ff.

[4] Die *quinquennia* in Statussachen (D. 40, 14, 4; 5; D. 40, 15, 1 pr.; D. 5, 2, 8, 17), für Anstellung der Querel (D. 5, 2, 8, 17) finden hier keine ausführliche Berücksichtigung. Über ihre rechtsgeschichtliche Verknüpfung mit Lustrum und Census vgl. Bodemeyer, Die Zahlen des römischen Rechts 1855, S. 44 f.; Demelius, Untersuchungen I, 37, 26.

[5] D. 40, 16, 2, 2: „*dicendum est*" deutet wohl auf die Neuheit der Entscheidung.

[6] Fitting, Alter der Schriften S. 35; Jörs bei Pauly-Wissowa, Art. Domitius Ulpianus, S.-A. S. 9 (E. 20).

[7] D. 5, 2, 8, 17. Für die spätere Zeit (a° 258) vgl. Cod. 2, 40, 2; 3, 28, 16.

fiskalischer Ansprüche ausgebildet. Der Einfluß der Kriminalverjährung auf diese ist nicht in dem allzu modernen Gedanken[1] zu suchen, daß der römische Staat in einem Falle strafend, im andern als Privatrechtssubjekt auftrete, sondern er liegt wohl in jener historischen Entwickelung, an deren Anfange Kaiser Tiberius usurpationsweise alle Strafgelder für seinen Fiskus einziehen ließ, und deren Abschluß die Legalisierung dieser Anmaßung durch Septimius Severus war.[2] Seit dem ersten Jahrhundert des Prinzipates bedeuteten somit jene Fälle der Kriminalverjährung, bei denen die Verurteilung auf Geld ging,[3] zugleich eine Begrenzung der fiskalischen Ansprüche.[4]

Wenn die oben (S. 113, 2) unter Vorbehalt geäußerte Vermutung über das Auftreten der 20jährigen Kriminalverjährung im ersten nachchristlichen Jahrhundert das Richtige träfe, wäre die Beziehung zwischen einer solchen und der *praescriptio viginti annorum* klar, über deren Frist Kaiser Titus eine „*constitutio*" erließ und die auch die Fiskalansprüche auf Einziehung des Vermögens steckbrieflich Verfolgter betraf.[5]

Neben dieser 20jährigen Verjährung, deren Anwendungsgebiet in seinem vollen Umfange unbekannt ist, haben die Kaiser Fristen für einzelne fiskalische Ansprüche aufgestellt.[6] Erst die Samtregierung von Septimius Severus und Antoninus hat zu einer allen

[1] Ihn vertritt Heymann, Vorschützen der Verjährung S. 46.

[2] Mommsen, Strafrecht 1027 f.

[3] Das war bei den ältesten nachweisbaren Fällen der Kriminalverjährung gerade der Fall: vgl. die Tempeldedikation von Furfo in C. I. L. 9, 3513; Bruns, Fontes[6] S. 261. Über die durch die *lex Julia de adulteriis* bestimmten Konfiskationen vgl. Mommsen, Strafrecht S. 698.

[4] Ein ähnlicher Gedanke schon bei Unterholzner, Verjährungslehre I[2], 48 f.

[5] Callistr., D. 49, 14, 1, 3.

[6] *quinquennium* für Zollhinterziehungen Cod. 4, 61, 2; *quadriennium* für *nuntiatio ad fiscum* über *bona vacantia* D. 49, 14, 1, 2; D. 44, 3, 10; D. 29, 4, 6, 7; *quinquennium divi Marci* Inst. II, 6, 14; Cod. 2, 36 (37), 3 (Diocl.); ein entsprechendes *quadriennium*: Cod. 2, 50 (51), 5 (Gord.). Das Nebeneinander der beiden Fristen ist unverständlich.

Sonderfristen subsidiären allgemeinen 20jährigen Fiskalverjährung geführt.[1]

Bei einer dieser fiskalrechtlichen Verjährungen[2] ist die gleiche Erscheinung des Ruhens wie für die *ltp.* bezeugt. Zwiefach ist im Fiskalrecht zu beobachten, was die moderne Dogmatik als Unterbrechung der Verjährung bezeichnet hat. Neben der Nachricht, daß die *causa mota,* also wohl die Prozeßeinleitung durch *denuntiatio* an den Beklagten, die Berufung auf die 20 Jahre für den Beklagten dauernd ausschlösse,[3] findet sich für die *nuntiatio ad fiscum* über *bona vacantia* die Entscheidung, daß die einmal geschehene *nuntiatio* ohne Rücksicht auf Durchführung des Verfahrens einer *praescriptio quadriennii* entgegenstände.[4]

Neben diesen in der Fristbehandlung des römischen Rechtes neuen Entscheidungen, welche die kaiserrechtlichen Fristen der *ltp.* nahebringen, verdient der Ausdruck Beachtung, mit dem Marcian die Berufung auf diese Verjährungen als Berufung auf das „Schweigen" des Gegners bezeichnet:[5] *quamcumque quaèstionem apud fiscum ..., viginti annorum silentio praescribi*: ein ähnlicher Gedanke liegt in der Berufung des *praescriptione munitus* auf die Unangefochtenheit des Besitzes: *„cum omnium adversariorum silentio ac taciturnitate firmetur"*, sagte das späte Reskript in Cod. 7, 32, 10; *„praescriptio longi silentii"*, *„diuturnum silentium longi temporis praescriptione corroboratum"* heißt das Institut im Munde Gordians.[6]

Die fiskalrechtlichen Verjährungen und wohl auch das *quinquennium,* welches die Rückziehung eines testamentarisch Freigelassenen in die Sklaverei verwehrte, müssen zuerst kaiserrecht-

[1] D. 48, 17, 3. Die noch aus der Alleinregierung des Severus stammende (Krüger, Quellen S. 202) Schrift des Callistratus, De iure fisci, aus der D. 49, 14, 1 entnommen ist, kannte die 20 jährige Frist nur für einzelne Ansprüche (arg.: *etiam circa annotatorum requirendorum bona ...*).

[2] Für das *quinquennium divi Marci*: Cod. 2, 36 (37), 3 (Diocl.); für das entsprechende *quadriennium* Cod. 2, 50 (51), 5 (Gord.).

[3] D. 49, 14, 1, 4.

[4] D. 44, 3, 10.

[5] D. 48, 17, 3.

[6] Cod. 4, 52, 1; Cod. 7, 36, 1; vgl. Cod. 7, 33, 5 (Diocl.).

liche Fristen im Zivilprozesse geltend gemacht haben. Wer vom *fiscus Caesaris* erwarb, konnte gegenüber Dritten, die ein dingliches Recht an der erworbenen Sache behaupteten, eine *exceptio quinquennii* auf Grund eines *edictum divi Marci* geltend machen.[1] Während hier die Notwendigkeit, daß diese *exceptio* im Formularprozesse auftrat, gegeben ist, trat durch die praktische Geltung des Geschworenenverfahrens im Freiheitsprozesse[2] wohl auch jenes andere *quinquennium* in das Verfahren des *ordo iudiciorum privatorum* ein. Somit galten im 2. Jahrhundert p. C. diese beiden Verjährungen, die wie die anderen kaiserrechtlichen Klagfristen zunächst wohl durch eine „*praescriptio*" geltend gemacht wurden, als Exzeptionen im Formularprozesse, ohne daß für sie eine ediktale Grundlage nachweisbar ist. Sie schützten einen *possessor ex iusta causa* (hier *rei*, dort *libertatis*, wenn es sich um die Anfechtung des Testamentes mit der Querel handelt), gegen den innerhalb der Klagfrist keine Klage vom Berechtigten angestellt war: man kann diese Bildungen wohl als Vorläufer der *ltp.* bezeichnen, wenn man als wahrscheinlich annimmt, daß die *ltp.* reichsrechtlich durch Konstitutionen von Severus und Antoninus geschaffen worden ist.

„*Tempora constitutionibus statuta*" waren nach Paulus' Ausdruck die Fristen der *ltp.* Und in der Tat finden sich die Eigentümlichkeiten der *ltp.* in den kaiserrechtlichen Fristen wieder: Die lange 20jährige Frist allein wie in der Fiskalverjährung galt in der *ltp.* noch in dem Falle, wenn der Kläger eine Gemeinde war.[3] Das scheint auf eine unmittelbare Übertragung der 20jährigen Frist von der Fiskalverjährung auf die *ltp.* zu deuten. Daneben zeugen von enger Verwandtschaft der Ausschluß weiteren Fristlaufs durch die Prozeßeinleitung, während in den zivilrechtlichen und den honorarischen Fristen nur die fixierende Wirkung der *litis contestatio* dem obsiegenden Kläger die Befriedigung seines Rechtes in dem Umfange sicherte, wie es zur Zeit der *litis contestatio* bestand —, endlich die eigentümliche Ausbildung

[1] Inst. II, 6, 14; Cod. 2, 36 (37), 3 (Diocl.).

[2] Jörs, Untersuchungen zur Gerichtsverfassung der röm. Kaiserzeit 1892, S. 46, 2. Wlassak, Art. centumviri in Pauly-Wissowa VI, 1942.

[3] Paul., Sent. V, 2, 4; Cod. 7, 33, 1, 2.

einer Hemmung des Verjährungslaufes ohne *in integrum restitutio.* Auch die *ltp.* war anfangs noch das *continuum tempus* wie das *quinquennium* der *lex Julia de adulteriis,* der *oratio divi Marci de collusione detegenda,*[1] und die 20 Jahre waren für den Eigentümer, den Pfandgläubiger praktisch eine Legalfrist ihrer Aktionen. Ebenso wie in jenen Fristen hat sich allmählich (vgl. unten S. 157 ff.) in der *ltp.* wie noch nirgends vorher im römischen Rechte eine echte Verjährung herausgebildet,[2] deren Lauf vom Schweigen des Berechtigten getragen war, und die gehemmt war, wenn jenen eine rechtlich anerkannte Veranlassung an der Verfolgung seines Rechtes hinderte.

4. Die rechtsgeschichtliche Bedeutung des langen unangefochtenen Besitzes in der *longi temporis praescriptio.*

Wenn wirklich die 10/20 jährige Frist und deren Behandlung Konstitutionenrecht sind, bleibt die Frage, warum ein Schutz des langjährigen Besitzers mit den eigenartigen rechtlichen Voraussetzungen der *ltp.* ausgestattet worden ist. Der Gedanke, die Antwort im griechischen Rechte zu suchen, ist alt.[3] Aber bei den älteren Gelehrten fehlte die Vorstellung von den geschichtlichen Mittelgliedern einer Entwickelung von dem griechischen Rechte der attischen Redner zu dem Rechte der klassischen Juristen Roms, und man suchte vergeblich nach analogen Normen des attischen Ersitzungsrechtes,[4] weil man aus den klassischen Quellen der *ltp.* eine Extinktivverjährung mit acquisitivem Charakter herauslas. Ein Vergleich der *ltp.* mit der allgemeinen 5 jährigen

---

[1] Vgl. oben S. 114; D. 40, 16, 2.

[2] Die dogmatische Festlegung des Verjährungsbegriffes vgl. statt aller bei Grawein, Verjährung und gesetzliche Befristung (1880) I, 90 f.

[3] Unterholzner, Verjährungslehre I, 41; Caillemer, Études sur les antiquités juridiques d'Athènes VII, la prescription (1869); Brinz, Pand. I², 598; Voigt, Rechtsgesch. I, 385, 52. Karlowa gibt die Möglichkeit zu (Rechtsgesch. II, 1, 1276); Cuq, institutions 2, 250.

[4] Grundstücke sind nach attischem Rechte unersitzbar, Isaios X, 24, p. 82; Caillemer, a. a. O. p. 4—8; Thalheim, Rechtsaltertümer 123, 3; Leist, Der attische Eigentumsstreit im System der Diadikasien (Diss. Jena 1886) S. 60; Beauchet, Histoire du dr. pr. de la rép. ath. III, 145 ff.

attischen Extinktivverjährung der Ansprüche[1] führte auch auf keinen wahrnehmbaren historischen Zusammenhang.

Diese Darstellung hat bisher zu zeigen versucht, daß mit der klassischen *ltp.* der Beklagte ein Beweisargument geltend machte: ich habe erworben, lange Jahre besessen, ohne daß jemand ein dingliches Recht an der Sache mir gegenüber behauptet hätte —: es ist wahrscheinlich, daß ich der Eigentümer bin, daß die Sache frei von dem behaupteten Pfandrechte ist.

Ein ähnliches Argument findet sich nun im attischen Prozesse. Schon Dareste[2] hat angedeutet, daß ein Zusammenhang zwischen ihm und der *ltp.* bestehe.

Bei den attischen Rednern begründet im Verfahren aus persönlichen Ansprüchen die Berufung auf das Schweigen des Klägers mannigfach die Behauptung, das klägerische Vorbringen sei unwahrscheinlich. Weil der Gegner so lange geschwiegen habe, deshalb sei nicht wahrscheinlich, daß wirklich die von ihm behauptete Rechtsverletzung vorliege. Dieses Vorbringen findet sich bei privaten Schuld- und Strafklagen.

In deutlicher Scheidung von der Berufung auf die 5jährige

---

[1] So besonders Caillemer, Cuq a. a. O.

[2] Das finde ich nachträglich nach einer Notiz in Dareste, Les plaidoyers civils de Démosthène II, contre Macartatos p. 57 n. 35 in Revue de législation 1870/71, 290 f.: *les Athéniens ne connaissent pas l'usucapion, mais c'est à leur droit que les Romains ont emprunté la longi temporis praescriptio en la mêlant avec l'usucapion.* Dareste meint hier die attische Begründung des vom Beklagten geführten Rechtsbeweises auf den langen unangefochtenen Besitz. Aber er faßt die lange Dauer des Besitzes als „*titre*" des Besitzes auf, nimmt unklar an, daß das *iustum initium possessionis* bei den Griechen dem richterlichen Ermessen unterlag, daß erst die römischen Juristen hier vom *iustus titulus* gesprochen hätten. Tatsächlich verkennt Dareste, daß es sich bei der Berufung auf den langen Besitz, dessen unangefochtener Bestand für Dareste unwesentliches Merkmal zu sein scheint, um ein Indiz handelt, welches der Beklagte bei der Diadikasie neben den Nachweis seines *titulus* stellt, indem er behauptet: ich habe erworben, wie man das im Streit befangene Recht erwirbt, es ist wahrscheinlich, daß niemand besseres Recht als ich hat, da niemand so lange Zeit mit einem Anspruch hervorgetreten ist. Auch die Bedeutung als bloßes Beweisindiz, über welche vgl. unten S. 123, verkennt Dareste.

Klagenpräklusion führt Demosthenes[1] gegen die Ansprüche, welche Mündel gegen die Erben eines Vormundes erheben, an, 14 Jahre nach der Abgabe der Vormundschaft, nach dem Tode des ehemaligen Vormundes und dem Tode seiner Nachfolger in der Vormundschaft, nach dem Tode der wichtigsten Zeugen, der Richter in einem früheren mit dem gegenwärtigen zusammenhängenden Prozesse machten die Kläger ihren Anspruch geltend. Bei Lysias (*πρὸς Σίμωνα*) wird gegenüber einer *δίκη αἰκίας* zunächst das gesamte tatsächliche Vorbringen des Klägers — Beklagter soll bei einer großen Rauferei den Kläger stark geschlagen haben — im einzelnen widerlegt,[2] und am Schluß dieser Ausführungen wird „als klarster Beweis" für die Unwahrheit der klägerischen Tatsachenbehauptung hingestellt, daß Kläger erst drei Jahre nach der angeblichen Gewalttat geklagt hat.[3] Vorher war schon einmal als günstiges Indiz für den Beklagten betont worden, daß kein an der Schlägerei Beteiligter Ansprüche gegen den Beklagten erhoben, daß der Kläger selbst lange Zeit geschwiegen hätte.[4]

Neben der beiläufigen Anführung desselben Argumentes in dem Vorbringen des Beklagten gegen die *δίκη βλάβης* des Kallippos[5] gehört vor allem die interessante Stelle der demosthenischen

[1] XXXVIII, 6 (p. 986); die Berufung auf die Verjährung findet sich getrennt in § 17 f.

[2] Lys. III, 5—38.

[3] ibid. § 39 p. 100. *Τὸ δὲ μέγιστον καὶ περιφανέστατον πάντων· ὁ γὰρ ἀδικηθεὶς καὶ ἐπιβουλευθεὶς ὑπ' ἐμοῦ ὥς φησιν, οὐκ ἐτόλμησε τεττάρων ἐτῶν ἐπισκήψασθαι εἰς ὑμᾶς* (sc. die Richter). *καὶ οἱ μὲν ἄλλοι, ὅταν [ἐρῶσι καὶ] ἀποστερῶνται ὧν ἐπιθυμοῦσι καὶ συγκοπῶσιν, ὀργιζόμενοι παραχρῆμα τιμωρεῖσθαι ζητοῦσιν, οὗτος δὲ χρόνοις ὕστερον.* Vgl. auch Demosth. XXXVII, 2.

[4] ibid. § 20 p. 98.

[5] Der athenische Bankier Pasion hat von einem Herakleer Lykon ein *depositum* erhalten mit der Bestimmung, im Todesfalle des Deponenten das Geld an einen Kephisiades zu geben. Nach dem Tode des Deponenten ersucht der *πρόξενος* von Heraklea, Kallippos, da er den Nachlaß des verstorbenen Pflegbefohlenen an sich zu nehmen hat, um Auszahlung des *depositum* an ihn selbst. Diese Bitte wird wegen der letztwilligen Bestimmung des Lykon als seltsame Prätension zurückgewiesen. Das Depositum wird vielmehr an Kephisiades ausgezahlt. Drei Jahre nach den Verhandlungen zwischen Pasion und Kallippos klagt Kallippos mit der *δίκη*

Rede *πρὸς Καλλικλέα* hierher.[1] Der Kläger Kallikles behauptet Schädigung seines Grundstückes durch Eindringen von Wasser aus dem Nachbargrundstücke, das infolge einer Bebauung nicht mehr den Abfluß durch einen früher in Tätigkeit gewesenen Entwässerungsgraben verstattet. Beklagter führt vor allem anderen zunächst[2] aus: „mein Vater hat um das Grundstück kurze Zeit vor meiner Geburt eine Mauer aufgeführt. Damals war noch der Vater des Klägers, Kallippides, unser Nachbar, der genauer von diesen Dingen wußte. Und während mein Vater danach noch 15 Jahre lebte und der Vater des Klägers nicht weniger lang, ist in allen diesen Jahren niemand mit einem Anspruch noch mit einem Vorwurf an uns herangetreten,[3] obwohl doch auch damals oft starker Wasserzufluß stattfand.“ Nachdem Beklagter sich noch auf das Ausbleiben jeden Protestes bei Errichtung der Anlage berufen hat, geht er auf die Widerlegung der klägerischen Tatsachenbehauptung mit einem Übergange ein, der zeigt, daß der Beklagte jene Berufung auf das langjährige Schweigen aller zur Klage etwa Berechtigten nicht als Vollbeweis gegen den Kläger, aber doch als ein auf die Überzeugung der Richter stark wirkendes Wahrscheinlichkeitsargument betrachtete.[4]

In der Diadikasie, dem Prozesse über Herrschaftsrecht, erscheint die Berufung auf die lange Zeit in etwas anderer Form: der Beklagte führt hier aus, er h a b e auf Grund e i n e s z u m R e c h t e r w e r b g e e i g n e t e n T i t e l s l a n g e Z e i t b e s e s s e n,

βλάβης den deponierten Geldbetrag gegen den Pasion ein, weil Pasion das *depositum* ohne seine Zustimmung ausgezahlt und ihn dadurch geschädigt hat. Demosthenes (LII, 13 p. 1239) läßt den Erben des Beklagten unter anderem sagen: *οὗτος δὲ* (sc. der Kläger) *ὁ ἀξιῶν ὑφ᾽ ὑμῶν πιστεύεσθαι ὡς ἀληθῆ λέγων, τρία ἔτη διαλιπὼν . . ., λαγχάνει αὐτῷ* (sc. Pasion) *δίκην . . .* vgl. auch eod. § 19 p. 1241.

[1] Demosth. LV, 3 u. 4 (p. 1272).

[2] § 3 eod.

[3] Klagberechtigt wären die andern Nachbarn gewesen, § 20—22 eod., p. 1277.

[4] § 8 eod., p. 1274: *ἐγὼ τοίνυν ἱκανὰ μὲν ἡγοῦμαι καὶ ταῦτ᾽ εἶναι πρὸς τὴν τούτων ἀναίδειαν· ἵνα δὲ εἰδῆτ᾽ . . . ὡς οὐθ᾽ ὁ πατὴρ οὐδὲν ἠδίκει περιοικοδομῶν τὸ χωρίον . . . ἔτι σαφέστερον ὑμᾶς πειράσομαι διδάσκειν.*

ohne daß jemand die Berechtigung seines Besitzes bestritten habe.

Als rednerisch wirksames Vorbringen findet sich der Gedanke an der Spitze der Tatbestandserzählung von Isaeus' Rede über den Nachlaß des Pyrrhos:[1] „der Bruder meiner Mutter, Pyrrhos, starb ohne Leibeserben. Er hatte letztwillig meinen Bruder Endios adoptiert (d. i. zum Erben eingesetzt). Dieser trat die Erbschaft an und lebte noch mehr als 20 Jahre nach dem Erbfalle, und in der ganzen langen Zeit besaß er den Nachlaß, ohne daß jemand jemals dagegen Widerspruch erhob noch das Erbrecht meines Bruders bestritt.[2] Als mein Bruder starb, trat die Phile auf mit der Behauptung, sie sei echte Tochter unseres Oheims, und ihr Vormund beantragte Einleitung des Erbschaftsprozesses am Nachlasse des Pyrrhos, der länger als 20 Jahre tot war." — Nachher erscheint die Berufung auf lange Zeit noch mehrfach, um das langjährige Schweigen der Klägerin gegen die Glaubwürdigkeit ihrer Behauptungen auszubeuten.[3] Ähnlich findet sich derselbe Gedanke in der Tatbestandsdarstellung[4] der Rede für den Beklagten im Prozesse um den Nachlaß des Dikaiogenes. Für den attischen Eigentumsstreit fehlen bestimmte Quellen. Aber da auch im Eigentumsstreite Verfahren durch Diadikasie stattfand, ist hier mit Sicherheit anzunehmen, daß auch bei dem Eigentumsstreit das Argument aus dem langen unangefochtenen Besitze üblich war. Mehrfach bezeugt ist die Berufung auf lange unangefochtene Dauer eines Zustandes, den der römische Begriff *possessio* im Rechte der *ltp.* gedeckt hat, im Streit über das Bürgerrecht: gegenüber einer Bestreitung wird angeführt, daß der Beklagte von Eltern, die stets als Bürger galten geboren

[1] Isaeus III, 1—2 p. 38.

[2] Ähnlich auch Demosthenes XLIII, 19/20 p. 1056.

[3] Isaeus III, § 9 p. 38/39; § 57 p. 43.

[4] Isaeus V, 7 p. 51: Als sie die Erbschaft geteilt und die Eide auf den Teilungsvertrag geleistet hatten, besaß jeder seinen Teil während 12 Jahren; und während in dieser ganzen Zeit die Klagen zustanden, wagte keiner den Vergleich als unwirksam zu bezeichnen, bis der Kläger Dikaeogenes, von Melas angestiftet, gegen uns die ganze Erbschaft in Anspruch nahm, da er von unserm Oheim zum Universalerben gemacht sei.

sei, unbestritten lange Jahre hindurch allgemein als Bürger behandelt worden sei, und daß dies auf sein Bürgerrecht deute.[1] Die Erhebung der Klage, welche dem Beklagten das Bürgerrecht bestreitet, wird als eine Schmach (*ὄνειδος*)[2] empfunden, ohne daß ersichtlich wäre, ob dadurch für einen künftigen Prozeß, in dem auch das Bürgerrecht der jetzt Beklagten streitig war, den Beklagten diese Berufung auf lange unangefochtene Geltung als Bürger erschwert wurde.

Die prozessuale Kraft dieser Ausnutzung des langen Schweigens des Klägers, des langen ruhigen Besitzes des Beklagten zugunsten des letzteren ist scharf bestimmbar: allerdings hat hier dieses Vorbringen des Beklagten nicht wie bei der römischen *ltp.* die Wirkung, daß der Kläger abgewiesen wird. Aber das Vorbringen hat doch nicht nur die Bedeutung einer rhetorisch volltönenden Wendung, sondern es sollte eine rechtliche Überzeugung der Richter begründen, sollte auf diese Weise den Beweis des Klägers verdächtigen. Wie gefährlich dem Kläger dieser Hinweis auf sein langes Schweigen sein konnte, zeigt die Argumentation der Redner, wenn sie für einen Kläger gegen jenen Hinweis zu kämpfen hatten. Die Redner[3] betonen dann mit einem sichtlichen viel besagenden Aufwand rhetorischer Kraft, daß es nur auf den genauen Beweis der wirklichen besseren Berechtigung ankomme, daß die lange tatsächliche Erhaltung eines rechtswidrigen Zustandes nichts für dessen Anerkennung durch den Richter ausmachen dürfe. Aber Isaeus führt in diesem Falle doch allerlei Gründe auf, welche die lange Zurückhaltung des Klägers entschuldigen: Drohungen des jetzt beklagten Besitzers gegen den Kläger, Abwesenheit der Parteien im Feldzuge. Demosthenes

---

[1] Isaeus VIII, 44 (p. 74): *καὶ ζῶντος μὲν τοῦ πάππου καὶ τοῦ πατρὸς οὐδεμίαν αἰτίαν εἴχομεν, ἀλλ' ἀναμφισβήτητοι τὸν ἅπαντα χρόνον διετελέσαμεν.* Demosth. LVII, 19 p. 1304; *ὅτι οὔτ' ἐν τοῖς δημόταις οὔτ' ἐν τοῖς φράτερσιν οὔτ' ἄλλοθι οὐδαμοῦ τὸν ξενίζοντ' οὐδεὶς πώποτ' ᾐτιάσαθ' ὡς εἴη ξένος.* § 26 (p. 1306), § 27 (p. 1307), § 47 (p. 1393): *φαίνομαι τοίνυν, ὦ ἄνδρες Ἀθηναῖοι, τὸν μὲν ἄλλον ἅπαντα χρόνον παρὰ πᾶσι τοῖς νῦν κατηγοροῦσι πολίτης ὡμολογουμένος* . . . Speziell in Beziehung auf den Ankläger: § 49.

[2] Isaeus VIII, 44 p. 74.

[3] Isaeus X, 18—21 p. 82; Demosth. XLIII, 67 p. 1073.

spricht von *πολλαὶ καὶ ἀναγκαῖαι διατριβαί*, die den Kläger gehindert hätten.

Neben diesen Fällen im attischen Zivilprozesse erscheint der Gedanke, daß lange behaupteter nie angefochtener Besitz einen Beweis für das Recht des Besitzers liefere, in der Rede, welche Isokrates dem spartanischen Könige Archidamos in den Mund legt:[1] Der König begründet in seiner Rede, welche das Volk von der Überlassung Messeniens an die siegreichen Böoter abhalten soll, das staatsrechtliche Herrschaftsrecht Spartas an Messenien in der Weise,[2] wie die griechischen Staaten sonst im internationalen Verfahren[3] ein Recht an dem umstrittenen Gebiete behaupten und beweisen. Neben[4] diesen Beweis für den Rechtserwerb wird ein zweites Argument für die Unantastbarkeit von Spartas Besitz an Messenien aufgestellt:

Ἀλλὰ μὴν οὐδ' ἐκεῖν' ὑμᾶς λέληθεν, ὅτι τὰς κτήσεις καὶ τὰς ἰδίας καὶ τὰς κοινάς, ἂν ἐπιγένηται πολὺς χρόνος, κυρίας καὶ πατρῴας ἅπαντες εἶναι νομίζουσι.

Bei allen gilt der Eigenbesitz an Grundstücken, an privaten wie an den Gebietsteilen der Staaten, wenn er lange Zeit hindurch dauert, für rechtlich begründet und von den Vätern her ererbt.

Nach einer Ausführung über dieses Argument folgt der Gedanke: so sehr auch jemals Sparta gefährdet gewesen sei, habe doch niemand „einen Anspruch auf Messene geltend gemacht, mit der Behauptung, die Spartaner hätten zu Unrecht Besitz an Messene erworben.“[5] Also verträten die Böoter eine ungerechte Sache.

So wenig juristisch die Umgebung anmutet, in welcher sich diese Gedanken entwickelt finden, so beweisen sie doch angesichts

---

[1] Beachtet von Heineccius, Antiqu. II, 6, 1; Unterholzner I, 141; Brinz, Pand. I², 598, aber von ihnen wie von Caillemer a. a. O. als Beweis für eine attische Eigentumsersitzung betrachtet, wogegen mit Recht Leist a. a. O.

[2] Isokrates VI, 16—25.

[3] Meine „Schriftformel in den Provinzen“ S. 4, 21 f.

[4] § 16: *Πρῶτον μὲν οὖν οἶμαι δεῖν διαλεχθῆναι πρὸς ὑμᾶς, ὃν τρόπον ἐκτησάμεθα Μεσσήνην* . . . § 26: *Ἀλλὰ μὴν οὐδ' ἐκεῖν' ὑμᾶς λέληθεν* . . .

[5] ibid. § 30: *περὶ μὲν ἄλλων τινῶν ἀμφισβητήσεις ἐγίγνοντο, περὶ δὲ Μεσσήνης οὔτε βασιλεὺς οὔθ' ἡ τῶν Ἀθηναίων πόλις οὐδὲ πώποτ' ἡμῖν ἐνεκάλεσεν ὡς ἀδίκως κεκτημένοις αὐτήν.*

der bezeichnenden griechischen Übertragung privatrechtlichen Denkens ins Völkerrecht, daß die attische Rechtsanschauung aus dem langen unangefochtenen Besitz eine Vermutung für das Recht des Besitzers an der Sache entnahm und daß diese Vermutung die Tendenz hatte, den Gegenbeweis auszuschließen.

Im hellenistischen Rechte hat sich das Beweisargument aus dem langen Besitze in dieser Richtung weiter entwickelt.

Der Eigentumsprozeß des Hermias bietet mit seinen zwei gleichartigen[1] Prozessen ein gutes Bild von der Wirkung dieser Berufung auf langen unangefochtenen Besitz. Im ersten Prozesse vom 8. Payni des 51. Jahres[2] des Ptolemäus Euergetes hat der Anwalt des Beklagten nach der Berufung auf die urkundlich bezeugten Käufe über Teile des Streitobjektes in Form der Tatbestandsdarstellung wie die attischen Redner kurz gesagt: Horus und die andern Beklagten haben nach diesen Käufen, ohne daß jemand einen Anspruch erhob, während 35 Jahren besessen.[3] Dann hatte sich der Redner auf eine *φιλανθρωπία*, ein königliches Amnestie-Dekret berufen, nach welchem die tatsächlichen Besitzer in dem an einem bestimmten Datum innegehabten Besitze, auch wenn sie kein rechtmäßiges Erwerbsgeschäft nachweisen konnten, zu schützen seien.[4] Aus dieser Bestimmung der *φιλανθρωπία* geht hervor, daß ohne das Eingreifen des Dekretes nach dem Rechte der Ptolemäer der langjährige unangefochtene Besitzer, der eine *iusta causa possessionis* nachweisen konnte, als vermutlich Berechtigter im Besitze erhalten wurde, oder, mit der Rechtsanschauung des griechischen Eigentumsstreites gesprochen,[5] daß der Beweis, den der Beklagte für den Rechtsgrund seines Besitzes antrat, nicht zu brechen war, wenn er sich auf langjährigen ungestörten Besitz berief. Dasselbe, was Isokrates

---

[1] Fall und Prozeßgang im wesentlichen richtig an der Hand eines einzig dastehenden Urkundenmaterials bei Revillout, Le procès d'Hermias. Paris 1883. 1903.

[2] P. Par. 15, 1; P. Tor. I, 7, 33—8, 1.

[3] P. Par. 15, 3, 50—57.

[4] P. Par. 15, 3, 57—62.

[5] Leist, Der att. Eigentumsstreit im Systeme der Diadikasien, Jena 1886; Mitteis, R. R. und V. R. S. 499—503.

voraussetzt, war auch hier fester Rechtszustand: nach gemeiner griechischer Rechtsanschauung galt der langjährige Besitz für rechtlich unangreifbar (κύριος), für ererbt von den Vorfahren.

Im zweiten Prozesse vom 22. Athyr des 54. Jahres des Euergetes, in welchem die Beklagten noch einmal denselben Beweis gegen dieselbe Klage des Hermias führen mußten,[1] tritt das Argument aus dem langen unangefochtenen Besitze und seine prozessuale Bedeutung noch weit schärfer hervor: Zu der kurzen Anführung: „die Beklagten hätten auf Grund des Kaufes bis jetzt unangefochten besessen, niemand hätte während 37 Jahren[2] einen Anspruch erhoben", und zu der damit zusammenhängenden Berufung auf die im ersten Prozesse genannte φιλανθρωπία[3] fügt der Anwalt eine Darlegung über die Länge der Zeit, während welcher der Kläger und sein Vater schon vom Orte des Grundstückes abwesend waren: seit 88 Jahren sei des Klägers Vater und Kläger selbst in der Ferne, und nach so langen Jahren dürfe er doch keinen Anspruch mehr auf das Haus erheben.[4] Diese Ausführungen werden deutlich von der Berufung auf die ptolemäische Verjährung, die in diesem Prozesse aus unbekannten Gründen keinen Erfolg hat, geschieden.[5]

Daß die Beklagten das Grundstück laut den vorgelegten Kaufurkunden erworben und dann lange Jahre unangefochten besessen haben, erscheint in der Urteilsbegründung dieses zweiten

[1] Revillout, Le procès d'Hermias (2de partie 1903) S. 182, stellt anhaltslose Vermutungen für die Gründe der zweiten Klage auf.

[2] P. Tor. I, 5, 20/21. Ist das eine absichtliche Unwahrheit? Im Jahre 51 des Euergetes hatte doch Hermias geklagt (P. Tor. 7, 33—8, 1; P. Par. 15, 1), war allerdings abgewiesen worden (P. Par. 15, 3, 69). Vielleicht ist im griechischen Rechte an dieser Stelle der Rechtssatz zu beobachten, der oben (S. 38) für die *ltp.* als wahrscheinlich betrachtet wurde, nämlich, daß ein früherer mit Abweisung der Klage endender Prozeß nicht Zweifel an der Berechtigung des Besitzers erwecken konnte, daß durch ihn der Besitz seinen Schutz als unangefochtener Besitz nicht verlor! Daß die Urteilsbegründung auch vom unangefochtenen Besitz spricht (unten S. 127 Anm. 1), macht diese Auslegung fast sicher.

[3] P. Tor. I, 5, 20—24, vgl. P. Tor. I, 7, 17—22.

[4] P. Tor. I, 5, 24—6, 1; 9, 9—20.

[5] P. Tor. I, 7, 25/26.

Prozesses als gelungener Rechtsbeweis der Beklagten.[1] Das ist eine eigenartige von den Erläuterungen des Hermias-Prozesses nicht gewürdigte Tatsache: der Nachweis des Erwerbstitels und des langen ungestörten Besitzes erbringt hier selbständig und ausreichend den in der griechischen Diadikasie geforderten Beweis des Beklagten. Es findet kein Gewährenzug statt, wie sonst, wo es im griechischen Rechte heißt: *ἢ θέτην ἢ πρατῆρα παρέχεσθαι ἢ καταδεδικασμένον φαίνεσθαι.*[2] Im Hermias-Prozesse selbst wird klar, daß der Gewährenzug hier durch die Möglichkeit der Berufung auf langen unangefochtenen Besitz ersetzt war: Der Kläger hatte angeblich 9 Jahre früher eine Erklärung der Verkäuferin Lobais darüber, daß ihr niemals ein Recht an dem streitigen Grundstück zugestanden habe, erlangt.[3] Der Anwalt des Beklagten bemerkt hierzu:[4] wenn der Kläger wirklich und ehrlich ein Recht hätte geltend machen wollen, hätte er dies zunächst gegen alle jetzigen Beklagten, welche damals Besitzer des Grundstückes waren, tun müssen. Dann hätte der Gewährenzug ein Eintreten der neun Verkäufer zugunsten der Erwerber herbeigeführt und diese hätten die Behauptung des Hermias über sein stärkeres Recht widerlegen können. In den

[1] P. Tor. I, 9, 9 ff. *τῶν περὶ τὸν Ὧρον παρατεθειμένων ὡς οἱ πρόγονοι αὐτῶν ἐώνηντο παρὰ Ἑλήκιος καὶ Λοβάϊτος καὶ τῶν ἄλλων τῶν σημανθέντων, ὄντων ἔννεα, τὴν δηλουμένην οἰκίαν κατ᾽ αἰγυπτίας συγγραφὰς, ὧν καὶ τὰ καθήκοντα τέλη τετάχθαι εἰς τὴν τοῦ ἐγκυκλίου ὠνὴν· καὶ προσυποδεδειχότων ἀπὸ τῶν τῶν συγγραφῶν χρόνων κεκυριευκέναι τοὺς γονεῖς αὐτῶν ἐφ᾽ ὅσον περιῆσαν χρόνον, μετὰ δὲ τὴν τούτων τελευτὴν διακατέχειν καὶ αὐτοὺς μέχρι τοῦ παρόντος ἀναμφιλέκτως, οὐθενὸς ἁπλῶς ἐμποιησαμένου τὰ τοσαῦτα ἔτη.*

[2] Isaeus X, 24 p. 82; Leist, Eigentumsstreit im System der Diadikasien S. 30—38; Mitteis, R. R. u. V. R. S. 502.

[3] P. Tor. I, 2, 4—12; 3, 24—32.

[4] P. Tor. I, 6, 4—15: *καὶ ὄντων τῶν πεπρακότων ἔννεα, καὶ τῶν περὶ τὸν Ὧρον ἐνοικούντων καὶ κρατούντων τῆς οἰκίας, δέον εἶναι πρότερον κατὰ τούτων τὴν ἔντευξιν δοῦναι, ἵν᾽ οὗτοι, ἤτοι προεπισκηψάμενοι τοῖς πεπρακόσιν αὐτοῖς, αὐτοὶ καὶ τὴν πρὸς τὸν Ἑρμίαν κρίσιν ἐγδικάσαντες ἐκστήσωσιν αὐτὸν τῆς πρὸς αὐτοὺς ἀντιδικίας, ἢ παραδόντες τοῖς βεβαιωταῖς τὸν περὶ τῆς βεβαιώσεως λόγον συνστήσωνται, φανερᾶς τῆς κρίσεως γνωρισθείσης ἑκάστοις, καὶ ἑλκυσθέντων ἁπάντων εἰς τὸ κριτήριον, εἴπερ γε δὴ ἐνόμιζεν ἐκ τῆς ἀληθείας κατὰ νόμους ὁδῶι πορευόμενος τὸν ἐξ εὐθυδικίας λόγον συνίστασθαι, καὶ μὴ διὰ κεκρυμμένης σκευωρίας κακοικονομίαν ἐνεργάζεσθαι, . . .*

beiden überlieferten Prozessen vom 51. und 54. Jahr des Euergetes findet keine Berufung auf die Gewähren statt und nichts deutet darauf, daß dem Beklagten die Gestellung der Gewähren mißglückt sei: die Einwendung des langen unangefochtenen Besitzes schneidet hier wohl die Notwendigkeit des Gewährenzuges ab.

In der Zeit der römischen Herrschaft hat sich nachweislich in Ägypten für persönliche Klagen die im griechischen Prozesse übliche Berufung auf das Schweigen des Gegners erhalten. — Gradenwitz[1] hat für die „Präsumptionstheorie" in der Geschichte der Klagverjährung auf die *ἀντίρρησις* eines auf Zahlung einer Dahrlehnsschuld Beklagten verwiesen, die sich in P. Ox. 68, 11—20 findet: der Beklagte „mutmaßt, daß die *cautio mutui,* welche die Klage entstanden sein ‚lassen will' (*θέλει γεγονέναι*) bezahlt sei (*περιλελύσθαι*), weil sie schon lange her ist und insbesondere der ursprüngliche Schuldner (Schwiegervater des *nomine impuberis* verklagten Eingabeverfassers) noch 2 Jahre gelebt habe, darauf dessen Tochter noch 11 Jahre und nun noch 5 Jahre verstrichen seien, ohne daß Kläger sich gerührt habe". Dieser hier als *„argumentum ad hominem"* auftretende Gedanke ist noch für die Praxis des vierten Jahrhunderts in einer Konstitution von Constantinus und Constans bezeugt, welche die Unverjährbarkeit der persönlichen Klagen feststellt:[2]

Sed quamvis actio pecuniae postulatae exceptione temporis non finiatur, iudex tamen debet inspicere, quae temporis intervalla nullis iustis causis existentibus fluxerint, et instrumenti vetustatem, ut diligentius consideratis, ex officio iudicantis, quid pronuntiari super huiusmodi actionibus oporteat, aestimetur.

Hier fordern die Kaiser ausdrücklich die besondere Prüfung verdächtig alter Urkunden und verdächtig lange nicht geltend gemachter Ansprüche durch den Richter, — aus der Erwähnung des langen ungerechtfertigten Schweigens des angeblich Berechtigten klingt noch das alte Beweisargument der attischen Redner in der römischen Praxis nach.

[1] Einführung in die Papyruskunde S. 43.
[2] Cod. Theod. 4, 11, 2.

MITTEIS[1] hat jüngst die Frage angeregt, ob nicht in früher Zeit schon über dieses Indiz aus dem langen Schweigen hinausgehend eine Annäherung der Praxis an die Ausbildung einer Verjährung sich vollzogen hat, in der Art, daß man dem Verdachte gegen die Existenz des behaupteten und vorher lange verschwiegenen Anspruches durchschlagende Kraft verlieh, wenn der behauptete Anspruch sich auf Tatsachen gründete, die eine gewisse lange fristmäßig bestimmte Zeit zurücklagen. MITTEIS[2] berichtet über den demnächst zu veröffentlichenden Florentiner Papyrus Nr. 61. „Der Papyrus enthält eine Verhandlung vor dem Praefectus Aegypti C. Septimius Vegetus, fällt also, obwohl das Protokoll nur stückweise vorliegt und das Datum fehlt, in die Zeit von 86—88 n. Chr. Es hatte ein gewisser Phibion auf Grund eines von seinem Vater ererbten Schuldscheines gegen Kephalon, den Sohn und Erben des gleichfalls verstorbenen Schuldners, und die Frauen seiner Familie Selbsthilfe durch Privathaft in Szene gesetzt. Ob der vorliegende Prozeß ein dieserhalb gegen Phibion eröffnetes Strafverfahren (*de vi*) oder aber eine nachträgliche Forderungsklage des Phibion darstellt, ist, wie VITELLI richtig bemerkt, nicht recht ersichtlich; doch hat es auch hier, wie schon oft bemerkt worden ist, den Anschein, daß im provinzialen Prozeß Zivil- und Strafverfahren gar nicht scharf geschieden werden, indem der Präfekt sowohl die Zivilfrage als die strafrechtliche erörtert. In ersterer Richtung bemerkt er, Phibion hätte eigentlich Peitschenhiebe verdient, da er eigenmächtig einen aufrechten Mann und die Frauen einsperrte, er wolle ihm aber diese Strafe erlassen. Bezüglich des Schuldscheines nimmt er Anstoß daran, daß derselbe schon vor 40 Jahren ausgestellt ist und erst jetzt geltend gemacht wird. Der Wortlaut seines Spruches ist höchst merkwürdig; er lautet

[1] Z. Sav.-St. 26, 485. Die nachfolgenden vier Seiten sind erst nach dem Erscheinen des 26. Bandes der Savigny-Zeitschrift geschrieben. Die Kenntnis des hier angeführten Stückes von Flor. 61 und die Möglichkeit, die daraus folgenden Schlüsse für diese Darstellung zuziehen, danke ich einer älteren mündlichen Mitteilung meines verehrten Lehrers.

[2] a. a. O.

lin. 59ff. *Σεπτίμιος Οὐέγετος τῷ Φιβίωνι· Ἄξιος μ[ὲ]ν ἧς μαστιγωθῆναι, διὰ σεαυτοῦ [κ]ατασχὼν ἄνθρωπον εὐσχήμονα καὶ γυν[αῖ]κας· χαρίζομαι δέ σε τοῖς ὄχλοις καὶ φιλανθρωπ[ότ]ερ[ό]ς σοι ἔσομαι. Διὰ τεσ[σ]εράκοντα ἐτῶν ἐπιφέ[ρε]ις ἐπίσταλ[μ]α· τὸ ἥμισ[υ] σοι τοῦ χρόνου χαρίζομαι· [μ]ετὰ εἴκοσι ἔτη ἐπανελεύσῃ πρὸς ἐμέ. Καὶ ἐκ[έ]λευσε τὸ χειρ[ό]γραφον χιασθῆναι.*"

Mitteis hat hier ausgeführt, daß die in lin. 62—65 stehenden Worte des Präfekten den Sinn haben: auch wenn ich Dir von den vierzig Jahren, die Du hast verstreichen lassen, die Hälfte schenke, wärst Du doch ein solcher, der seine Forderung erst nach zwanzig Jahren geltend macht. Nach Mitteis' Darstellung hat vorher der Präfekt den Gläubiger gefragt: „Warum hast Du nicht früher gefordert? Es kann ja der Schuldschein richtig und doch schon gezahlt sein!" (*δύναται γὰρ καὶ γεγραφέναι καὶ μεμετρηκέναι.*)

Dieser Vorhalt, den der Präfekt dem Kläger macht, entspricht dem „Verdacht", den der Beklagte in P. Ox. I, 68[1] dem Kläger zur Entkräftung seines Anspruches entgegenstellt, die Forderung gründe sich auf so lange zurückliegende Tatsachen, daß ihre Tilgung zu vermuten sei. „Warum hast du nicht früher gefordert?", fragt der Präfekt, — „Nie hat der Kläger sich mit seiner Forderung hervorgewagt . . . andere Forderungen seien ihm bezahlt worden, aber diese habe er in keiner Weise erwähnt", wendet der Beklagte in P. Ox. I, 68, lin. 19/20, lin. 28/29 ein. Pap. Flor. 61 zeigt also, da Mitteis' Deutung als gesichert gelten kann, einerseits das griechische Wahrscheinlichkeitsargument aus dem langen Schweigen des Gegners, anderseits, daß diesem Beweisargumente bei einer 20jährigen Dauer dieses Schweigens eine durchschlagende Wirkung beigemessen wurde, die hier in der Durchstreichung der verdächtig alten Beweisurkunde auf Befehl des Präfekten einen scharfen Ausdruck findet.

Daß die römische Praxis nicht selbständig diesen Verdacht aus dem langen Schweigen des angeblich Berechtigten zum Ab-

[1] lin. 12: *δηλῶν ὑπονοεῖν περιλελύσθαι . . .*

weisungsgrund der Klage herausgebildet hat, sondern daß hier griechischer Einschlag ins römische Rechtsleben vorliegt, ist wohl deshalb anzunehmen, weil in den klassischen römischen Quellen meines Wissens nirgends das Indiz aus dem langen Schweigen des Gegners als Beweisrecht in scharfer Formulierung nachgewiesen werden kann.[1] In dem langen Verschweigen des vom Kläger behaupteten Anspruches wird hier wohl ein Verzicht gesehen aber niemals wird vermutet, daß eine ausdrückliche Verzichtserklärung oder eine Tilgung der Verbindlichkeit während der langen Zeit erfolgt ist: Commodus entscheidet, daß die Schwester des *heres fiduciarius* das Fideikommiß, das ihr Bruder ihr hätte auszahlen müssen, dessen Erstattung sie niemals verlangt hatte, durch einen stillschweigenden Verzicht verliere.[2] Bei Papinian steht die *exceptio pacti* dem Ehemanne entgegen, der lange Zeit nach der Scheidung die Ehefrau im Besitze der zur *dos* versprochenen Grundstücke läßt.[3] Für das Recht aus einem Zinsversprechen wird die dauernde Zahlung geringerer Zinsen als Verzicht des Gläubigers auf den Mehrbetrag der Zinsforderung ebenso angesehen (D. 22, 1, 13 pr.; 17, 1), wie anderseits die langjährige Zinszahlung eine Zinsabrede ersetzt (D. 22, 1, 6 pr.). Und ähnlich sehen die Juristen die mittelbare Erklärung eines Dereliktionswillens darin, daß der zur *cautio de damno infecto* verpflichtete nach dem ersten Dekret längere Zeit hindurch die Kaution nicht leistet (D. 39, 2, 15, 21). Scheidet man diese Fälle, in denen in der langjährigen Übung eine mittelbare Willenserklärung gefunden wird, und ferner die Fälle aus, in welchen das Komitialgesetz[4] kaiserliches Privileg[5] oder die selbstherrliche Entscheidung eines Beamten einen tatsächlich lange sich erhaltenden Zustand trotz festgestellten Mangels seiner rechtlichen Begründung aufrecht

---

[1] Zu dem Folgenden vgl. neuestens Mitteis, Z. Sav.-St. 26, 486 f., bei dem sich auch der Hinweis auf fast alle hier aufgeführten Quellen findet.

[2] D. 23, 3, 26. [3] D. 23. 3, 69 pr.

[4] Cic., De leg. agr. II, 21, 57.

[5] Ed. Claud. de civ. Anaun. C. I. L. 5, 538 n. 5050 (Bruns, Fontes[6] S. 241); Ep. Domitiani de subsicivis C. I. L. 9, 518 n. 5420 (Bruns[6] S. 243). Traian. Plin. ep. 115 (116). Marcus et Lucius, D. 23, 2, 57a; Sev. et Car., Ep. ad Tyranos C. I. L. 3, 147 n. 781 (Bruns[6] S. 247).

erhält, so ist in stadtrömischen Rechtsquellen der Gedanke nicht nachweisbar, daß aus dem langjährigen Schweigen des Klägers ein Zweifel an dessen Berechtigung erwachse, der zur *absolutio* genüge. Mag immerhin der lange dauernde Besitz des Beklagten in der mit den Sätzen des römischen Rechtes nicht zu erklärenden Entscheidung des Flottenoffiziers Alfenius Senecio als Grund zur *absolutio* auftreten,[1] mag aus der Entscheidung Traians in Sachen der Stadt Amisos gegen einen Piso[2] wegen Forderung auf Rückerstattung einer den kaiserlichen *mandata* zuwider ihm gemachten Schenkung von Gemeindevermögen zweifellos eine Anerkennung einer Verjährung dieses in seiner juristischen Begründung vom Beklagten unbestrittenen Anspruches liegen, so ist doch hier der Gedanke, der die *absolutio* begründet, ein anderer als der, daß der Anspruch des Klägers unbeweisbar sei, weil ihm das Indiz aus seinem langen Schweigen entgegenstehe.

Für die Frage nach der frühen Anerkennung einer 20jährigen Verjährung hat Mitteis weiterhin auf Plin. ad Trai. 110, 111 hingewiesen.

Amisos klagt gegen einen Julius Piso auf Zahlung von etwa 40000 Denaren: diese seien ihm den *mandata* der Kaiser zuwider aus Gemeindevermögen vor 20 Jahren durch ein Gesetz der Stadt zugewendet worden. Der Beklagte führt an, daß diese Zuwendungen der Dank der Stadt für Schenkungen gewesen seien, die fast sein Vermögen erschöpft hätten. Außerdem beruft er sich auf die lange Zeit, die seit jener Zuwendung vergangen ist, und macht die Härte geltend, die darin liege, daß der einst empfangene Lohn für seine Liberalität ihm jetzt entzogen würde. Der Kaiser entscheidet: *Quidquid ergo ex hac causa actum ante viginti annos erit, omittamus.*

Zweifellos ist, daß hieraus kein Schluß auf eine allgemein geltende Verjährung gezogen werden kann. Für den Fragesteller Plinius stand die lange Vergangenheit, die zwischen Schenkung und Rückforderungsklage lag, nicht so ausschließlich im Vordergrunde als Gesichtspunkt für die Abweisung der Klage wie für

---

[1] Oben S. 83 f.

[2] Plin. ad Trai. 110, 111.

die kaiserliche Entscheidung. Also war wohl die Absolution bei 20jährigem Alter des Anspruches nicht festes Recht, vielleicht für die Provinz Bithynien nicht durch eine feste Präjudizienpraxis gestützt, wie sie aus der Entscheidung des Septimius Vegetus für Ägypten geschlossen werden kann. Bei der kaiserlichen Entscheidung kommt ferner in Betracht, daß hier nicht notwendig nur Recht angewendet wurde, sondern daß hier ein privilegähnliches Eingreifen des Kaisers wie im Falle der Aufrechterhaltung der nichtigen Ehe nach 40jährigem Zusammenleben[1] nicht ausgeschlossen ist. Und auch wenn man in dem Reskripte Trajans unbedenklich den Gedanken finden will, daß jeder Anspruch, der durch 20 Jahre lang verschwiegen wurde, nicht mehr wirksam geltend gemacht werden dürfe, kommt in Betracht, daß in diesem Falle eine Analogiebildung zur 20jährigen Fiskalverjährung möglich ist[2] und sehr wahrscheinlich wird, wenn man die später bezeugte 20jährige Verjährung der Ansprüche von Gemeinden an ihre verabschiedeten Beamten wegen *rationes gratiose expunctae*,[3] und die Ausschließlichkeit der 20jährigen Frist bei der *ltp. adversus rem publicam* daneben hält.

Aber welchen Wert man dieser Erwähnung der 20 Jahre auch für die Annahme einer durch die römische Praxis allgemein eingeführten Verjährung zusprechen mag —, jedenfalls ist sicher: „reiner Zufall ist die zweimalige Betonung der 20 Jahre sicher nicht“.[4] Hat man vielleicht daran zu denken, daß die römische Praxis, die später von der *ltp.* die 10/20 Jahre entlehnte, um nach dieser Normalfrist jedes „*longum tempus*“ zu bemessen,[5] im ersten Jahrhundert des Prinzipates dasselbe mit der 20jährigen Frist der Fiskalverjährung tat, um an den Ablauf dieser Frist die durchschlagende Wirkung des griechischen Indizes aus dem langen Schweigen des angeblich Berechtigten zu knüpfen oder den so lange zu Unrecht bestehenden Zustand auf Grund eines Machtspruches rechtlich zu schützen —?

---

[1] D. 23, 2, 57a. [2] Arg.: „*pecuniae publicae*“ ep. 111.

[3] Hermog. (6. epitom.), D. 44, 3, 13; Mod. (8. regul.), D. 50, 8, 10. Nur für den Erben läuft diese Verjährung schon in 10 Jahren ab.

[4] Worte von Mitteis, Z. Sav.-St. 26, 487.

[5] Paul., Sent. V, 5a, 8.

Vielleicht haben wir damit zu rechnen, daß auch die 10jährige Frist, welche bei der *longi temporis praescriptio inter praesentes* auftritt und älter als die Geltung dieses Institutes im Reichsrecht sein könnte, nach einer uns unbekannten Vorlage[1] in ähnlichen Entscheidungen auftrat, wie Trajan eine in Sachen der Stadt Amisos gegen Piso fällt. Möglicherweise gehört in diesen Zusammenhang eine *sententia Hadriani,* die in dem Glossar im I. Bande des Bonner Corpus iuris anteiustiniani meines Wissens die letzte vollständige Edition gefunden hat:[2]

Διὰ βιβλιδίου λέγοντός τινος πατέρα ἴδιον ἀποπεφισκῶσθαι καὶ αὐτῷ δικουρίαν ἀφῃρῆσθαι ἣν ἀπήτει καὶ εἴ τινα ἄλλα γεγόνεισαν δίκαια· ἅτινα αἰτοῦντος τινὸς Ἀδριανὸς ἐζήτησεν. Πότε ὁ πατήρ σου ἀποπεφισκωμένος εἴη; Λέγοντος ἐκείνου. Πρὸ ἐτῶν δέκα, Ἀδριανὸς ἠρώτησεν. Διὰ τί οὐ πρότερον ἤκουσας τὸν ἔπαρχον καὶ περὶ τούτων ἐμέμψω; ἐὰν γὰρ ἀρξώμεθα πράγματα ἢ καλῶς ἢ κακῶς κεκριμμένα μετακαλεῖν, οὐδὲν τετελεσμένον ἔσται· αὐτὸς σαυτῷ ὑστέρησαι.	*Per libellum dicente quodam patrem suum confiscatum esse et sibi decuriam ablatam esse quam petebat et si qua alia fuissent iusta: quae petente quodam, Hadrianus*[3] *inquisivit. Quando pater tuus confiscatus esset? Dicente illo: Ante annos decem, Hadrianus interrogavit. Quare non antea audisti praefectum et de hoc questus es. Si enim coeperimus res aut bene aut male iudicatas revocare, nihil consummatum erit; ipse tibi defuisti.*

Wenn man den hauptsächlichen Angaben der minderwertigen[4] Quelle trauen darf, ergibt sich als wesentlicher Inhalt: durch *libellus* hat jemand an den Kaiser den Antrag gestellt, ihm den Dekurionat, dessen er angeblich infolge der Konfiskation des Ver-

[1] Über D. 40, 12, 10 vgl. oben S. 91.

[2] Divi Adr. sent. et epistolae § 9 ed. Böcking, Corp. iur. anteiust. vol. I. Editionen von zum Teil verstümmelten Codices in Corp. glossar. lat. III p. 34 p. 389.

[3] Böcking a. a. O.: Adrianus. Aber die Lesung ist hier doch wohl mit den Hermeneumata Stephani, Corp. gloss. lat. III, 389 zu berichtigen.

[4] Krüger, Quellen und Literatur 252, 52.

mögens seines Vaters verlustig gegangen war, und andere Rechte zuzuerkennen. Der Kaiser fragt zunächst, vor wie langer Zeit das Konfiskationsurteil ergangen sei. Auf die Antwort „vor 10 Jahren" fragt Hadrian, warum der Antragsteller nicht bei dem *praefectus urbi*[1] appelliert habe; er werde das rechtskräftige Urteil nicht umstoßen. Wenn dieser Bescheid des Kaisers, wie es den Anschein hat, mehr ist als die Feststellung des Satzes, daß der Kaiser nur das Rechtsmittel der Appellation für zulässig erachtet, so hat bei dieser Abweisung, welche ohne Eingehen auf die Begründung des Antrages erfolgt, zweifellos die Rücksicht auf die seit der Konfiskation verstrichenen 10 Jahre eine Rolle gespielt. Nach Paulus (S. V, 5a, 8) verhindert der Ablauf eines *longum tempus* nach dem Urteil, das ist der Ablauf der 10/20 Jahre, die Anstellung der *actio iudicati* mit Revokation auf das *duplum* und die nochmalige Verhandlung einer durch *litis contestatio* konsummierten Sache, auch wenn diese — etwa wegen Möglichkeit einer *in integrum restitutio* — zulässig wäre. Derselbe Gedanke, die Geltendmachung der Anfechtbarkeit eines Urteils nach einem längeren Zeitablauf auszuschließen, könnte hier — vor der reichsrechtlichen Einführung der *ltp.* — zugrunde gelegen haben, und es könnte der Kaiser hier wegen des Ablaufs der 10 Jahre jedes Eingehen auf diesen Antrag abgelehnt haben. Aber da nicht sicher ist, ob der Kaiser sich durch den Ablauf gerade von 10 Jahren als Normalfrist analog den 20 Jahren der älteren Entscheidungen bestimmen läßt, ist hier Sicherheit nicht zu gewinnen. Übrigens ist auch hier von einem Gedanken des Beweisrechtes nichts zu spüren.

Für die Geschichte des griechischen Beweisargumentes in der römischen Praxis zeigt Pap. Flor. 61 jedenfalls, daß das griechische Indiz aus dem langen Schweigen des Gegners mit einer Normalfrist von 20 Jahren durch die Praxis verknüpft wurde. Noch war dabei der Gedanke klar, daß hier der Anspruch des Klägers durch dessen langes Schweigen verdächtig war und daß die Klage als unbeweisbar abgewiesen wurde. Aber die durchschlagende Kraft dieser Vermutung, die sich gerade an das 20jährige Alter

---

[1] Dieses ist wohl der ἔπαρχος, vgl. Mommsen, Staatsrecht III, 965, 984.

der geltend gemachten Forderung knüpft, leitet hier schon deutlich in das Wesen der Verjährung über.[1] Mitteis hat betont, daß an eine Festlegung dieser Praxis durch allgemeine Regulative, etwa durch provinziale Edikte, kaum zu denken sein wird. Provinziale Präjudizien, vielleicht auch gelegentliche Äußerungen in der kaiserlichen Reskriptenjustiz könnten diese Praxis gebildet haben.

Angesichts dieser Übernahme des griechischen Beweisargumentes aus dem langen Schweigen des Gegners in die Behandlung der persönlichen Ansprüche durch die römische Provinzialpraxis wird sehr wahrscheinlich, daß auch für dingliche Klagen die gleiche Einwirkung des griechischen Prozeßrechtes stattfand. Wir können aus keiner Quelle schließen, in welcher Gestalt dieses Stück griechisches Beweisrecht aus der Diadikasie sich in der römischen Provinz erhielt: war es nur das Argument, das auf die Überzeugung des Richters wirkte? War es eine notwendig durchschlagende Berufung auf rechtmäßig erworbenen lange behaupteten unangefochtenen Besitz, wie sie im Hermiasprozesse dem Beklagten den Gewährenzug ersparte, die in der römischen Herrschaft analog zur Abweisung des Klägers geführt hätte? Hat schon das römische Provinzialrecht auch für die dinglichen Klagen eine bestimmte Länge des *longum tempus* als maßgeblich aufgestellt? Dies alles sind Fragen ohne Antwort. Aber sicherlich haben die griechischen Anwälte vor den römischen Beamten die alte griechische Argumentation aus dem langjährigen unangefochtenen Besitz, der durch einen zur Rechtsübertragung geeigneten Akt erworben war, nicht vergessen. Die Muster der Rhetorik waren immer noch die Attiker, und der Anwalt in den griechischen Provinzen versuchte noch in der Kaiserzeit durch die wortreichen Plaidoyers, die ihm in dieser Schule anerzogen waren, mit den griechischen Gedanken zu wirken.[2] Endlich haben wir mit einer

---

[1] Allerdings ist der Rechtsgedanke der „Präsumptionstheorie", wie sie aus Raves Schrift „De praescriptione", Jena 1780, in §§ 568, 569, I, 9 A. L. R. überging (Dernburg, Pr. Priv.-R. I § 169, 3; vgl. auch Gradenwitz, Einführung in die Pap.-Kunde S. 43) nur insoweit nachweisbar, als in Ox 68, Flor. 61 die Tilgung der früher bestehenden Verbindlichkeit vermutet wird.

[2] Mitteis, Reichsrecht und Volksrecht 141 f.

unmittelbaren Wirkung der Diadikasie auf die römische Provinzialjurisdiktion zu rechnen, wie Mitteis (R. R. u. V. R. 499 ff.) gezeigt hat. Und es wäre nicht wunderbar, daß das Beweisargument des Beklagten in der Diadikasie von der römischen Rechtsprechung übernommen worden wäre.

Jedenfalls darf als wahrscheinlich gelten, daß die provinziale römische Rechtspflege in hellenistischen Provinzen einen Schutz des langen unangefochtenen Besitzes aus ähnlichen Gesichtspunkten anerkannt hat, wie sie den persönlichen seit mehr als 20 Jahren nicht geltend gemachten Anspruch wegen Verdachts gegen die Glaubwürdigkeit der Klagbehauptungen oder wegen Verdachts inzwischen eingetretener Befriedigung abwies. Denn die offenbare Anlehnung des reichsrechtlichen Institutes, das mit dem seltsamen unrömischen Begriffe des unangefochtenen Besitzes arbeitete, an ein aller Wahrscheinlichkeit nach im griechischen Volksrecht der Provinz fortlebendes Gebilde ist ohne diese Vermittelung der römischen Provinzialjurisdiktion kaum denkbar.

Es wäre verlockend, ein Zeichen dafür, daß die *ltp.* ins Reichsrecht aus einer provinzialen Praxis übernommen ist, welche die Geltung dieses Beweisargumentes aus dem langen Schweigen des Klägers gegen alle Klagen wirken ließ und daher praktisch zu einer allgemeinen Verjährung gelangt war, in dem schon mehrfach beachteten Kampfe[1] zu finden, den das Reichsrecht schon in den ältesten Quellen gegen eine Ausdehnung der *ltp.* auf persönliche Ansprüche führt. Papinian stellt fest, daß nicht die *a° empti* der *ltp.* unterliege,[2] und die Kaiser des dritten Jahrhunderts haben oft genug Gelegenheit zu betonen, daß die *ltp.* nicht persönlichen Klagen entgegenstünde.[3] Daß gegenüber der *hereditatis petitio* die *ltp.* unmöglich war, mußte öfters reskribiert werden.[4] Wäre es nicht möglich, daß Papinian den Anlaß

---

[1] Demelius, Untersuchungen I, 89, 97; Lüders, Über den Ursprung der 40jährigen Verjährung der *speciales in rem actiones* mit Rücksicht auf Cod. 8, 53, 2. Heidelberg 1864.

[2] Vat. fr. 7: *Quo minus possessio rei venditae tradatur empti iudicio, decem annorum praescriptione non impeditur.*

[3] Caracalla, Cod. Just. 2, 18, 8; Diocl. 5, 51, 8; 7, 35, 5; 8, 44, 21.

[4] Diocl., Cod. Just. 3, 31, 7; 6, 30, 8; 7, 34, 4.

zu seiner Feststellung in der allgemein in der provinzialen Praxis angenommenen Geltung des Argumentes aus dem langen Schweigen des Klägers fand, daß die Kaiser gegen die Tendenz der Provinzialjurisdiktion kämpften, das Institut des römischen Reichsrechtes und damit die notwendig durchschlagende Wirkung des Beweisargumentes ebenso allseitig anzuwenden wie das griechische Beweisrecht es tat? Die zahlreichen offenbar provinzialen Namen der Adressaten in jenen Reskripten könnte auch in dieser Richtung deuten.[1]

Man darf wohl voraussetzen, daß die römische Rechtspflege in den Provinzen, wenn sie versuchte, das hellenistische Beweisargument aus dem langen Besitz in ihr Verfahren in bürgerlichen Rechtsstreitigkeiten einzuführen, in der Formulierung der rechtlichen Voraussetzungen des Schutzes wie in der prozessualen Einkleidung dieselben Wege ging wie später das Reichsrecht. Die ersteren konnte man dem Volksrecht unverändert entlehnen: denn Besitzerwerb *ex iusta causa*, das war der juristisch allein in Betracht kommende Akt, mit dem nach der Theorie der römischen Juristen das *habere possidere frui* am Provinziallande übertragen wurde,[2] mochte auch für diesen Eigentumserwerb die römische Urkundenpraxis in der Provinz die Erwähnung der Manzipation[3] beibehalten. Soweit das Verfahren in Zivilprozessen nicht im *ordo iudiciorum privatorum* in der Provinz behandelt wurde, war für die Praxis keine eigenartige römische prozeßrechtliche Ausgestaltung des griechischen Argumentes aus dem langen unangefochtenen Besitze nötig. Anders im Formularverfahren: wenn hier in der *intentio* der Formel das nach Analogie des quiritischen Eigentumes geltend gemachte[4] Bodenrecht in Frage stand, hatte der Geschworene freie Würdigung des Beweises, den der Kläger für sein Recht erbrachte. Das römische Beweisrecht band den Ge-

---

[1] Heliodorus, Cod. 8, 44, 21; Dalmatius 5, 51, 8; Serapion, Cod. 7, 29, 4; Hermos, Cod. 7, 33, 4; Zosimos, Cod. 7, 34, 5. Vielleicht gehört auch Cod. 4, 24, 12 (Heraisco) hierher.

[2] Gai. II, 21.

[3] C. I. L. 3, 944 (Bruns, Fontes[6] S. 291) lin. 1 ist hier typisch.

[4] Frontin., Feldmesser I, 36. Darüber zuletzt meine „Schriftformel im römischen Provinzialprozesse“, S. 105 ff.

schworenen, wenn er einmal die Formel als Beweisprogramm des Verfahrens *in iudicio* erhalten hatte, nirgends an eine *law of evidence*: das Recht des Beklagten als bewiesen annehmen zu müssen, weil er lange Zeit unangefochten besessen hatte, wäre aber eine solche gewesen. Um den Richter zur Achtung vor dem langen Besitz zu verpflichten, war daher eine magistratische Instruktion in der Formel nötig; dafür aber war eine *exceptio* die geeignete Form. So würde sich wenigstens meines Erachtens der Übergang des griechischen Beweisargumentes in eine römische *exceptio* am leichtesten erklären. Als Seitenstück dazu kann auf die magistratische *tuitio* der *vetustas* bei der *servitus aquaeductus*,[1] kann ferner darauf verwiesen werden, daß der formale Beweis, den das *iusiurandum voluntarium* für das Recht des Schwörenden liefert, auch mit einer *exceptio* geltend gemacht wurde.

Wenn die geschichtliche Entwickelung wirklich von dem Beweisargument des griechischen Prozesses zur Ausbildung eines Institutes des Provinzialrechtes, dann zu einem reichsrechtlichen Institut für die Provinzen führte, ist klar, daß die *ltp.* nicht als Usukapionssurrogat entstand, mit bewußter Verbindung mit dem Ersitzungsbesitze. Die Anwendung der *ltp.* gegenüber dem Pfandgläubiger, für den *servus in libertate*, auf die „*possessio civitatis*“ findet ihr Vorbild in der allgemeinen Geltung des griechischen Beweisargumentes gegen alle Klagen privaten und öffentlichen Rechtes, welche sich gegen einen lange unangefochten dauernden, angeblich einem dinglichen Rechte widersprechenden Zustand richten.

Immerhin ist dunkel, ob und wie der Kreis der Rechtsobjekte, an denen die *ltp.* galt, seine Abgrenzung schon in der provinzialrechtlichen Form des Institutes erhalten hat. 1°. Das attische Beweisargument trat auch dem Erbschaftsanspruch entgegen. Wenn der Kläger sich auf besseres Erbrecht berief, als

[1] Vgl. oben S. 97.

der Beklagte behaupten konnte hielt der attische Redner ihm entgegen, die behauptete nahe Verwandtschaft sei doch recht zweifelhaft, wenn Kläger so lange sein Recht aus ihr verschwiegen habe.[1] Die *ltp.* dagegen war gegenüber der *hereditatis petitio* schlechthin ausgeschlossen. Schon oben[2] wurde vermutet, daß hier eine Anwendung der *ltp.* vielleicht deshalb unmöglich war, weil die Berufung auf langen Besitz des Nachlasses auf Grund Erbberechtigung doch nur die Wahrscheinlichkeit für die Berechtigung aus dem vom Beklagten behaupteten Erbrechte erbracht hätte und dadurch der Behauptung eines besseren Erbrechtes nicht entgegenstehen konnte. Möglicherweise geht dies auf die verschiedene Auffassung der beiden Rechte über die Stellung des Beklagten im Beweisrechte zurück: in der griechischen Diadikasie behauptet der Beklagte einen Rechtsgrund zum Besitze, und der Kläger versucht diese Behauptung des Beklagten durch den Nachweis ihrer Unrichtigkeit oder durch den Nachweis besserer Berechtigung zu erschüttern.[3] Hier soll das Indiz aus dem langen Schweigen jeden Versuch des Klägers, dies zu tun im attischen Rechte als frivol verdächtigen, — im späteren Rechte abschneiden. Im römischen Rechte dagegen behauptet der Kläger Erbe zu sein als *suus*, oder auf Grund einer besseren prätorischen Berechtigung als der Beklagte sie für sich behaupten könne. Der Beklagte, der einen Gegenbeweis führen will, muß hier gegen das vom Kläger behauptete Herrschaftsrecht seinen Beweis richten, und dieser kann nicht logisch mit dem Indiz aus dem Besitze geführt werden. In der griechischen Diadikasie ist der Punkt, um den die Verhandlungen und Beweise sich gruppieren, die Behauptung des Beklagten, er habe den bestimmten Rechtsgrund des Besitzes,und hier kann das Indiz aus dem langen Schweigen jeden Versuch des Klägers diskreditieren, welcher sich auf den Nachweis eines besseren Rechtes richtet. Im römischen Prozesse dagegen steht im Vordergrund die Behauptung des Klägers:

---

[1] Vgl. oben S. 122.

[2] Vgl. oben S. 102f.

[3] Leist, Griech. Eigentumsstreit im Syst. d. Diadikasien. Jena 1886; Mitteis, R. R. u. V. R. S. 501.

meam esse hereditatem ex iure Quiritium, und das legt den Beklagten mit seinen Gegenbeweisen auf dieses Thema fest. Bei den Singularklagen, bei denen der Beklagte einen Erwerb von einem Dritten behauptet, ohne daß der Kläger aus diesem Rechtsgeschäfte besseres Recht als der Beklagte herleiten könnte, wird dieser Gegenbeweis durch das Indiz aus der *longa iusta inconcussa possessio* geliefert, bei der *hereditatis petitio* dagegen, bei welcher der Kläger aus demselben Rechtsgrunde für die Bewerbung desselben Erblassers, als dessen Erbe der Beklagte auftritt, besseres Recht als dieser behauptet, versagt die *ltp.*

2⁰ Ziemlich ratlos steht ein Erklärungsversuch vor der Beschränkung der reichsrechtlichen *ltp.* auf Grundstücke. Jedenfalls ist der Gedanke abzulehnen, daß der Mangel einer provinzialen Grundstücksersitzung anfänglich zu einer Übernahme des griechischen Beweisargumentes aus dem langen Besitze erst ins offizielle römische Provinzialrecht, dann ins Reichsrecht geführt habe, daß die Anwendung gegenüber dem Pfandgläubiger wie auf die verschiedensten Fälle, auf welche der Begriff *possessio* übertragen wurde, erst Ergebnis einer Entwickelung gewesen seien. Selbst wenn man diese Entwickelung in das Dunkel einer von keiner geschichtlichen Quelle beleuchteten provinzialrechtlichen Geltung der *ltp.* verwiese, bestände die Schwierigkeit, zu erklären, warum das Institut, das nach dieser Lehre wesentlich Grundstücksersitzung sein sollte, Anfang des dritten Jahrhunderts doch auf bewegliche Sachen ausgedehnt wurde.

Vielleicht bleibt die Möglichkeit, daß auch der ursprüngliche Ausschluß der *ltp.* an Mobilien sein Vorbild im hellenistischen Rechte fand. Wir haben zwar meines Wissens keine historische Nachricht[1] über eine griechische Mobiliarersitzung. Aber es ist vielleicht nicht ohne Bedeutung, daß Isaeus (X, 24 p. 82) die unbeschränkte Notwendigkeit der Gestellung der Gewähren (ἢ θέτην

[1] Unsicher ist, ob die Bestimmungen über Mobiliarersitzung bei Plato, Leg. XII p. 954c ihre Grundlage im attischen Rechte finden: vgl. THALHEIM, Rechtsaltertümer 123, 4; LEIST, Eigentumsstreit S. 60; BEAUCHET, Hist. du dr. pr. de l. rép. ath. 3, 143 ff.

ἢ πρατῆρα παρέχεσθαι ἢ καταδεδικασμένον φαίνεσθαι) nur für *χωρία ἀμφισβητήσιμα* ausspricht. Wenn wirklich, wie nach der Entwickelung der Klagverjährungen und der Mobiliarersitzung in Platons Idealrecht (S. 141, 1) wahrscheinlich sein könnte, griechische Mobiliarersitzungen mit kurzen Fristen bestanden, wäre für Mobilien das Beweisargument aus dem langen unangefochtenen Besitze bedeutungslos gewesen. Doch jede Sicherheit fehlt hier.

Welche Vorstellung kann man sich von der Zeit und der Art machen, in welcher die wahrscheinliche provinzialrechtliche Form der *ltp.* in römische Rechtsquellen eintrat? Über ihr Alter wissen wir nichts, können nur vermuten, daß das Institut, das der römischen Rechtspflege in den griechischen Provinzen schon im 1. Jahrhundert v. Chr. entgegengetreten sein muß, auch frühzeitig von seiten der römischen Provinzialjurisdiktion eine Behandlung erfahren haben dürfte. Dem ediktalen Amtsprogramm der Statthalter dürfte es kaum angehört haben;[1] oder wenigstens, wenn es in diesem oder jenem Provinzialedikt eines Statthalters formuliert war, hat dies doch bis zur Entstehung des *edictum perpetuum*, das auch für den provinzialen Formularprozeß Bedeutung gehabt haben muß,[2] keine dauernde Wirkung gehabt. Aber neben jenem programmatischen Edikte standen, wie jetzt Ägypten zeigt, einzeln erlassene Dekrete der Statthalter. Die ägyptischen Beispiele dieser dauernden Ausübung des *ius edicendi* durch die Statthalter betreffen vielfach Gegenstände des enchorischen Rechtslebens, die im Prozesse vor den römischen Beamten zur Verhandlung kamen: so die Regelung des Urkundenbeweises,[3] die Sicherstellung dieses Beweises durch Ordnung des landrechtlichen

[1] Oben S. 108.

[2] Darüber vgl. meine „Schriftformel in den römischen Provinzen" S. 98 f.

[3] P. Ox. II, 237, VIII, 13—18.

Grundbuchverkehrs,[1] durch Vorschriften über das Quittungswesen.[2] Aus senatorischen Provinzen fehlt meines Wissens ein Beispiel für solche privatrechtliche Spezialedikte. Aber gefehlt haben sie wohl nicht. In ihnen hat, wenn man ihre Existenz als wahrscheinlich betrachtet, allerdings nicht die staatsrechtliche Kraft der ägyptischen Dekrete gelegen, die auf kaiserlicher Ermächtigung beruhten und daher ihre Geltung nicht mit dem Ablauf der Ablauf der Amtszeit verlieren konnten. Immerhin führten sie unter dem Statthalter, der sie erließ, zu einer Praxis, und das mußte in den meisten Fällen die Einbürgerung der von ihnen gegebenen Ordnung herbeiführen. Ob nicht auch ohne solche allgemeine Regulative die Praxis durch Präjudizien das griechische Indiz aus dem langen unangefochtenen Besitze in der römischen Rechtsprechung eingebürgert haben könnte, ist die Frage. Diese Möglichkeit, die von Mitteis (Z. Sav.-St. 26, 487) aus dem Spruche des Septimius Vegetus geschlossen worden ist, könnte immerhin bestehen. Wir kämen in beiden Fällen zu einem außerediktalen Schutze des langen unangefochtenen Besitzes, wie ein solcher in dem Schutze der langjährigen ehrlichen Ausübung einer rechtlich nicht begründeten Servitut auch in dem städtischen Formularprozesse nachweisbar ist,[3] — zu einer *praescriptio*, deren Formulierung als *exceptio* ebensowenig auf ediktaler Bestimmung zu beruhen brauchte, wie eine solche etwa für die auf Kaiserrecht beruhende *praescriptio fideicommissi*[4] nachweisbar ist.

Wenn auf diese Weise die provinzialrechtliche *ltp.* in einigen Provinzen honorarisches Recht wurde, wäre ein kaiserliches interprovinziales Reichsrecht in der Zeit des Septimius Severus, das den Besitzer eines Provinzialgrundstückes gegenüber dessen Eigentümer, den Sachbesitzer gegen den Pfandgläubiger aus provinzialem Pfandvertrage schützte, erklärlich. Das Fristrecht der *ltp.* könnte dann ohne Schwierigkeit auf die Kaisergesetzgebung

---

[1] P. Ox. II, 237, col. VIII, 28 ff.; Ox. I, 34 vs.

[2] P. Fay. 21.

[3] Lenel-Peltier II, 104.

[4] Vgl. oben S. 73, 2.

zurückgeführt werden, ohne daß gerade behauptet sein soll, daß die *ltp.* in einer provinzialrechtlichen Geltung noch nicht eine Normalfrist gekannt habe,[1] an deren Ablauf die durchschlagende Kraft des Beweisargumentes geknüpft wurde.

Soweit ich sehe, ständen dieser Hypothese über die Entstehung der *ltp.* erhebliche Schwierigkeiten nicht entgegen.

[1] Behauptet von GLÜCK, Pand.-Kommentar 7, IX S. 116; für möglich gehalten von SAVIGNY, System 4, 493. Dagegen schon UNTERHOLZNER, Verjährungslehre 1, 41.

Dritter Teil.

Die Entwickelung der *longi temporis praescriptio.*

I.

In den Quellen des diokletianisch-konstantinischen Zeitalters und bis auf Justinian finden sich noch vielfach die Spuren von dem alten Gepräge, das die ursprüngliche Bedeutung als notwendig durchschlagendes Beweisargument der klassischen *ltp.* aufdrückte; es handelt sich hier hauptsächlich um das Fortleben des Rechtsbegriffes „*inconcussa possessio*", der deutlich zeigt, daß man vielfach noch dem Einwande des Beklagten die Bedeutung einer Berufung auf sein wahrscheinliches Recht beilegte.

Darauf, daß sein Besitz nie angefochten worden war, also wohl darauf, daß er der vermutliche Berechtigte sei, berief sich der langjährige Besitzer in dem Zeitalter Diokletians;[1] nach Constantins Reskript kann nur eine *possessio quae „omnium adversariorum silentio ac taciturnitate firmetur"*, als „*legitima*" gelten, während der einmal beklagte Besitzer an „seinem Recht zum Besitze zweifeln" muß.[2] In mancher Quelle des vierten und fünften Jahrhunderts tritt dieser Gedanke bei der *ltp.* und den

---

[1] Cod. 7, 35, 4: *si possessio inconcussa sine controversia perseveraverit.* Cod. 7, 33, 2: *possessio non interrupta inquietudine litis . . .*

[2] Cod. 7, 32, 10 vgl. oben S. 37, vgl. auch die von Cuiacius in Cod. Theod. 4, 11, 1 eingeschobene *generalis constitutio* Constantins, in welcher der Kaiser zur Feier seiner *decennalia* die Ansprüche des Fiskus gegen Private kassiert, welche bis zu jener Feier unangefochten fiskalisches Gut in Besitz hatten: . . . *sine aliqua interpellatione possidentes — secundum ius enim haec intelligitur esse possessio.*

aus ihr entstandenen Verjährungen hervor;[1] aus dem römischen Vulgarrechte haben noch die germanischen Rechte den Begriff der *inconcussa possessio* übernommen,[2] der in ihnen allerdings sein Fortleben wohl zum Teil dem Rechtsgedanken der germanischen Verschweigung verdankt.

Abgesehen von diesen Resten des ältesten Zustandes, die vielleicht zum Teil (S. 155) vulgarrechtlichen Einflüssen entstammen, mußte doch die Tatsache, daß in der *ltp.* kraft Reichsrechtes, nicht mehr bloß durch die Wirkung auf des Richters Überzeugung mit gewissen rechtlichen Verhältnissen die Folge der Klagabweisung, sogar eine Klage, verbunden war, das Institut zu einem Satze des materiellen Rechtes stempeln. Mochte auch der Besitzer mit der *ltp.* nur den Beweis für sein Recht sich erleichtern, oft genug schaffte die Einrede aus dem langen Besitz einem ursprünglich nicht Berechtigten ähnlichen Schutz wie die *usucapio,* schloß den wirklich Berechtigten von der Geltendmachung seines Eigentums, seines Pfandrechtes aus. Praktisch schaffte die Beweiserleichterung, die nach langem unangefochtenem Besitze eintrat, durch Gewährung von *exceptio* und *actio* Ersitzungs-

---

[1] Cod. Th. 4, 11, 1; Symm., Ep. V, 54 (52), 3: *inveterata iura supplicationibus quatit, . . . non possessionis antiquitatem . . . sinit inconcussam manere*; Ep. V, 66 (64), 2: *contractus istius origo iusta, aetas prope saecularis, intemptata possessio est*; Anast. Cod. 7, 39, 4, 2: *quicumque super quolibet iure, quod per memoratum tempus inconcussum et sine ulla re ipsa illata iudiciaria conventione possedit, superque sua condicione, qua per idem tempus absque ulla iudiciali sententia simili munitione potitus est, sit liber et praesentis saluberrimae legis plenissima munitione securus*; Cod. eod. c. 6, 1: *Ideoque iubemus eos qui rem aliquam per continuum annorum quadraginta curriculum sine quadam legitima interpellatione possederunt, de possessione quidem rei seu dominio nequaquam removeri . . .*; Cassiodor. var. 3, 45, 1 vgl. unten S. 152, 4.

[2] Decr. Childeberti II c. 3 (Monum. Germ. leg. sectio II, 1 p. 15 vgl. oben S. 55 Anm. 2); praeceptio Chlot. II c. 13 (a. a. O. II, 1, 19 vgl. unten S. 156); lex Visigoth. X, 2, 6. Chindasvind: *nam quod XXX quisque annis expletis absque interruptione temporis possidet, nequaquam ulterius per repetentis calumniam amittere potest.*

schutz und wirkte als Anspruchsverjährung gegenüber dem Berechtigten. Unter beiden Gesichtspunkten hat die *ltp.* schon durch die Praxis in der letzten Zeit der Klassiker eine Entwickelung erfahren. Unsere Kenntnis von dieser beruht nicht auf Schriften klassischer Juristen, sondern ausschließlich auf den Reskripten im Codex Justinianus.

II. Die *bona fides* als Erfordernis der *longi temporis praescriptio.*

In Reskripten[1] Gordians vom Jahre 238 wird zum ersten Male die *bona fides* bei dem *iustum initium* der *ltp.* ausdrücklich gefordert: die Erbin eines *tutor impuberis* hat das Mündelgrundstück an einen Dritten veräußert: hielt dieser das Grundstück für ihr Eigentum, so konnte er gegen den Mündel die *ltp.* erwerben; war er bösgläubig, so war eine *ltp.* trotz des Kaufes, der *iustum initium possessionis* war, unmöglich.

Nach dieser Quelle finden sich Konstitutionen, welche die *ltp.* mit einer *bonae fidei possessio* verbinden.[2] Die *bona fides* erscheint dabei als Unkenntnis des Käufers vom fremden Rechte an der Sache bei dem Vertrage und der Besitzergreifung[3] und

[1] Cod. 5, 73, 1; Cod. 3, 32, 4; Cod. 4, 52, 1 (Jahr unbekannt). Cuq, institutions 2, 250 spricht hier erst von diokletianischen Reskripten.

[2] Cod. 7, 33, 2; 9; 10. 7, 35, 7. Valentinian und Valens, Cod. 11, 48 (47), 7, 3 über die *vindicatio* der gegen das Veräußerungsverbot veräußerten *servi rustici censitivique.*

[3] Dahingestellt bleibt hier die Frage, wie sich das vorjustinianische Recht der *ltp.* zur *mala fides superveniens* des Beschenkten verhielt. Bei der *usucapio* war der Rechtszustand anscheinend der, daß der Usukapient *pro donato* dauernd gutgläubig sein mußte. (In diesem Endergebnis ist wohl den Ausführungen von Zanzucchi, Archivio giur. 72, 227 ff. zuzustimmen.) Für die *ltp.* hat Appleton, Hist. de la propr. prét. I, 321 (no. 182) das gleiche wegen Cod. 7, 33, 11 (*sive ex donatione sive ex alia lucrativa causa bona fide per . . decem vel viginti annos rem detinuisse*) behauptet. Das beweist nichts, wie Bonfante, Riv. Ital. per le scienze giur. 17, 375, 7 und Zanzucchi, Arch. giur. 72, 232 f. mit dem Hinweis auf ähnliche Wendungen in Cod. 7, 39, 8 pr.; 7, 31, 1 pr. § 7 richtig dargelegt haben. Anderseits ist auch die Behauptung von Baron, Rechtsgesch. 147; Zanzucchi, Arch. giur. 72, 233 ohne Grundlage in den Quellen: Es kann nicht aus den Quellen bewiesen werden, daß die *ltp.* im Gegensatz zur *usucapio* bei *mf. superveniens* des Beschenkten möglich war. Auch Cod. 7, 31, 1, 3 ist hier kein Beleg, da nach dem von

zugleich als ehrliche, ohne Verstoß gegen die Sittlichkeit geschehende Vollziehung des Erwerbes.[1] Daher begründet auch kein Kauf, der *dolo et fraude* oder durch Erpressung, durch Kollusion mit dem Vertreter des Veräußerers abgeschlossen wird, die *ltp.*[2] zugunsten des Erpressers oder Betrügers.[3]

Der Weg, auf dem die Verbindung der *ltp.* mit der *bonae fidei possessio* vor sich ging, darf wohl vermutet werden: die *ltp.* schützte im Prozesse den Besitzer aus rechtem Geschäfte, weil man in ihm den wahren Berechtigten vermutete. Die Praxis durfte es auf die Dauer kaum ruhig ansehen, daß der *praescriptione munitus* die Frage nach seiner Gutgläubigkeit durch die Behauptung seines infolge langen Besitzes wahrscheinlichen Rechtes abschnitt, während er tatsächlich offenbar bei Erwerb der Sache im Bewußtsein, ein Unrecht zu tun, gehandelt hatte. Hätte man des prozessualen Charakters der *ltp.* wegen den Beweis über die *mala fides* des Beklagten nicht erhoben, so hätte man mit der *ltp.* ein Institut ausgebildet, das z. B. an beweglichen Sachen dem *mala fide emptor* einen Schutz gewährte, den ihm die *usucapio* versagte. Vermutlich war der Rechtszustand in der spätklassischen, die älteste *ltp.* fortbildenden Praxis, wie wohl auch bei der Usucapion der, daß man dem *ex iusta causa possidens* die *ltp.* zuschrieb, bis seine *mala fides* am *initium possessionis* nachgewiesen war. Dieser Vermutung entspricht es, daß das einfache „*secundo loco emere*“ für den zur *ltp.* berechtigenden Erwerb von einem *malae fidei possessor* in Fällen steht,[4] in denen eine Betonung der *bona fides* bei dem Besitzbeginn des zweiten *possessor* nahe läge.

Unverkennbar kam hier die Entwickelung der *ltp.*, welche

Paul Krüger festgestellten Texte hier durchaus nicht, wie Zanzucchi meint, gesagt ist, daß nach Analogie der *ltp.* auch für die *usucapio pro donato* die *mf. superveniens* des Beschenkten bedeutungslos sein solle (vgl. unten Beil. I S. 169).

[1] Vgl. Pernice, Labeo II, 1², 481 ff.

[2] Gord., Cod. 2, 19, 3 (Gord. a° 238); Cod. 4, 26, 10; Cod. 7, 33, 6.

[3] In Diocl., Cod. 7, 39, 1 läuft das *quinquennium* des *edictum divi Marci* (Inst. 2, 6, 14; Cod. 2, 36, 3) oder das gleichartige *quadriennium* (Cod. 2, 50, 5) wohl deshalb trotz *dolus* des Veräußerers, weil diese Verjährungen nur die gültige Veräußerung durch den *fiscus* voraussetzten.

[4] Cod. 2, 19, 3 (Gord.); 5, 73, 3 (Diocl.).

sich aus den praktischen Verhältnissen ergab, den Strömungen der juristischen Theorie, die unter den späten Klassikern erkennbar sind, entgegen. Die *ltp.* war ein Rechtsschutz der *possessio ex iusta causa.* Dadurch trat das Institut wohl auch unter den Einfluß des von Julian stark vertretenen Gedankens,[1] daß der *possessor ex iusta causa* nur zu schützen sei, wenn er gutgläubig vom Nichtberechtigten erworben hatte. Jene Lehre war für das Usukapionsrecht soweit gegangen, das *bona fide possidere* ohne Rücksicht auf das wirkliche Vorliegen eines rechten Erwerbsgeschäftes für wesentlich zu erklären.[2] Aber gegen diese weitgehende Entscheidung, die das ursprüngliche Gepräge der *ltp.* als einer Berufung auf ein zur Rechtsübertragung geeignetes *initium possessionis* vernichtet hätte, kämpfte die Reskriptentätigkeit der Kaiser an.[3]

Außerdem muß der Verbindung der *ltp.* mit einer *bonae fidei possessio* die Begriffsbildung in der Besitzlehre günstig gewesen sein, welche gegen die Bedeutung der *causa* in der *possessio* für einen Begriff des Besitzes als der tatsächlichen Gewalt, verbunden mit Herrenwillen, stritt. Der Begriff der *possessio ex iusta causa* stammt in den Instituten des reinen römischen Rechtes, in der *usucapio*, der *a° Publiciana* aus einer Zeit, welche die *possessio* als begrifflich bestimmt durch ihren Erwerbsgrund betrachtete:[4] „man sah nicht auf die einzelnen Augenblicke (*singula momenta*) des Gewaltverhältnisses, sondern auf dessen Beginn (*initium negotii*).“[5] Dieser ältere Besitzbegriff, den Pernice erschlossen hat, war auch in der Interdiktenlehre bedeutsam für das Nebeneinander zweier *possessiones* bei Besitz des Pfandgläubigers und des Verpfänders, bei dem *precarium.*[6] Der letzte bezeichnende Ausdruck dieser alten Besitzlehre ist die *possessio duorum in solidum*, welche Ulpian[7] für das Ver-

---

[1] Pernice, Labeo II, 1², 340 ff., 351 ff., 423.
[2] Jul. in Afr., D. 41, 4, 11; Pomp., D. 41, 5, 3; Neratius, D. 41, 10, 5.
[3] Diocl., Cod. 7, 33, 5; Cod. 7, 29, 4.
[4] Pernice, Labeo II, 1², 424.
[5] Worte von Pernice a. a. O. S. 427.
[6] Pernice a. a. O. S. 414 ff.; Pomp. ad Sab., D. 43, 26, 15, 4.
[7] D. 43, 17, 3 pr.

hältnis eines *possessor „ex iusta causa“* zu einer *vitiosa possessio* an derselben Sache annimmt. Schon Labeo hatte dem gegenüber die Tatsache der Innehabung der Sache, die mit Herrenwillen erworben war, als Begriff des Besitzes definiert.[1] Mit erhöhter Schärfe betont Paulus die Natur des Besitzes als eines Zustandes tatsächlicher Gewalt an der Sache:[1] als herrschende Meinung galt seit lange der Besitz der Gattin an der vom Ehemanne geschenkten Sache gegenüber der alten Lehre,[2] die hier wegen der Ungültigkeit der Schenkung auch keine *possessio* annehmen will,[3] der Theorie der Abhängigkeit des Besitzes von einer *causa* wird von Paulus das *possidere ex pluribus causis* entgegengehalten,[4] die *possessio duorum in solidum* wird *ad absurdum* geführt mit der Berufung auf das Wesen des Besitzes als der tatsächlichen Gewalt.[5] Bei Paulus wird der Besitz von seiner *causa* grundsätzlich getrennt: er ist hier dasselbe begrifflich stets gleiche tatsächliche Verhältnis der Person zur Sache, dessen durch die mannigfaltigen *causae* bedingte „Erscheinungsformen“[6] sich untereinander nicht wesentlich unterscheiden.

Für diese Auffassung mußte es nun anstößig sein, daß die *ltp.* einen Besitz um seiner *causa* willen privilegierte. Paulus selbst hatte die Schilderung, welche er in den *sententiae*[7] von der ältesten *ltp.* gab, noch unvermittelt neben die Lehre vom Besitzerwerbe gestellt. Aber seine Besitzlehre, welche als berechtigte[8] Kategorien des Besitzes nur das *bona fide* und das *mala fide possidere* anerkennen wollte, mußte einem Anschlusse dieses vereinzelten Anwendungsfalles der *possessio ex iusta causa* an den Rechtsschutz der *bona fidei possessio* günstig gegenüberstehen.

---

[1] Paul., D. 41, 2, 1 pr.

[2] D. 41, 2, 1, 4.

[3] Cassius, D. 41, 6, 1, 2; Pernice, Labeo II, 1², 419.

[4] Paul., D. 41, 2, 3, 4.

[5] Paul., D. 41, 2, 3, 5.

[6] Pernice, Labeo II, 1², 427, 2 übersetzt so das *„species“* in D. 41, 2, 3, 21.

[7] Paul. V, 2, 3 ff.

[8] *„vel etiam“* in D. 41, 2, 3, 22.

So hat sicherlich die vom Kaiserrecht begünstigte Praxis zusammen mit der juristischen Theorie zur Verbindung der *ltp.* mit der *bonae fidei possessio* geführt. Das Ergebnis war eine Annäherung der *ltp.* an die *usucapio,* und in der Tat tritt seit Gordian die *ltp.* in den Quellen als ein der *usucapio* wesensverwandtes Institut auf.[1] Wie in klassischer Zeit galten beide an beweglichen Sachen im ganzen Reiche, aber die *ltp.* war hier gegenüber der Eigentumsklage wegen ihrer langen Frist unpraktisch.[2] An Grundstücken hat die *ltp.* sicherlich vor Justinian, der ihre Geltung am *solus Italicus* voraussetzt,[3] vielleicht schon im Zeitalter Diokletians auch in Italien Anwendung gefunden. Denn an den *corrector Italiae* erging ein Reskript dieses Kaisers[4] über das Ruhen der *ltp.* zugunsten eines minderjährigen Eigentümers, das sich also nur auf Grundstücke bezogen haben kann. Ist hier die Möglichkeit nicht ausgeschlossen, daß die *ltp.* in der Jurisdiktion des *corrector Italiae* nur zum Schutze des Besitzers an einem Provinzialgrundstück auftrat, so ist jedenfalls ein deutlicher *terminus ad quem* für die Übertragung der *ltp.* auf den italischen Boden in Symm., ep. V, 54 (52), 66 (64) (a° 396—397):[5] ein Senatorier, Ampelius, hat in Rom ein Haus gekauft und 30 Jahre lang als Eigentümer besessen. Ein Kläger hat ihm dieses Grundstück streitig gemacht, mit dem Vorbringen, es sei dem Verwandten, von dem es der Erblasser geerbt hatte, durch einen Delatoren Eusebius abgestritten worden. Der Kläger ist in irgend einer unbekannten Weise Rechtsnachfolger des Eusebius geworden, der das ganze Vermögen jenes Verwandten vom Fiskus für seine Delatorentätigkeit erhalten hatte. Von diesem Kläger, der die Klage im ordentlichen Prozesse aufgibt, heißt es: *inveterata iura supplicationibus quatit, . . . non possessionis antiquitatem . . . sinit*

---

[1] Gord., Cod. 3, 32, 4; 4, 51, 2; 4, 52, 1; Diocl., Cod. 3, 31, 7, 1; 7, 34, 2.

[2] Cod. 7, 34, 2: *In servorum proprietatis negotio cum usucapio locum habeat, ad quaestionem longi temporis praescriptionis superfluo pervenitur.*

[3] Cod. 7, 31, 1 pr. *cum . . . communes exceptiones in omni loco valeant.* Eine Ausdehnung der *ltp.* auf Italien durch justinianische Reform wäre sicherlich nicht unerwähnt geblieben.

[4] Cod. 7, 35, 4, auch herangezogen von Cuq, institutions 2, 251, 4.

[5] Beachtet bei Demelius, Untersuchungen I, 86 f.

inconcussam manere (ep. 54, 3). Dann in ep. 66 (64), 2: *contractus istius* (jener Kauf des Ampelius) *origo*[1] *iusta, aetas prope saecularis, intemptata possessio est.* Deutlich ist hier der Gedanke an das *iustum initium,* die *longa possessio inconcussa* der *ltp.*[2] Und diese Frist konnte hier am italischen Grundstück zur Anwendung kommen, da gegen fiskalrechtliche Ansprüche die *usucapio* nicht half.[3, 4]

In diesem Verhältnis zur *usucapio* ist die *ltp.* bis zu den justinianischen Reformkonstitutionen geblieben. Subsidiär hinter der *usucapio,* wo diese, wie an *praedia vi possessa*[5], versagte, griff die *ltp.* mit der Gewährung von *exceptio* und *actio,* aber ohne die Folge des Rechtserwerbes ein. Justinians Reform änderte durch die Aufhebung der Grundstücksusukapion, durch Beschränkung der *ltp. adversus dominum* auf Grundstücke nur das Anwendungsgebiet der *ltp.* Er beließ vor allem die *ltp.* in ihrer alten Gestalt

[1] *origo iusta* wie in ep. Severi et Caracallae ad Tyranos, C. I. L. 3, 781, lin. 9, und, wenn die Beziehung auf die *ltp.* angenommen wird, in Tert. de praescr. haer. cap. 37.

[2] Demelius, Unters. I, 87; Esmein, Nouv. rev. hist. 9, 301 haben aus der Stelle auf eine 30jährige Verjährung schließen wollen. Aber Symmachus gibt doch hier Geschichtserzählung, beruft sich nicht ausdrücklich auf eine *praescriptio.* Zudem liegt es nahe, daß sich der langjährige Besitzer nicht nur auf den Ablauf der 10/20 Jahrefrist, sondern auf die ganze Dauer seines Besitzes beruft. Endlich ist die *origo iusta* allein für die *ltp.* verständlich.

[3] D. 41, 3, 18.

[4] Eine andere Anwendung der *ltp.* am *solus Italicus,* bei welcher ich den Grund, aus welchem dort nicht die *usucapio* zur Geltung kam, nicht verstehe, findet sich wohl bei Cassiodor, var. 3, 45: *defensores (itaque) sacrosanctae ecclesiae Romanae conquesti sunt beatae recordationis quondam Simplicium domum in sacratissima Urbe positam ab Eufraxio acolutho instrumentis factis sollemniter comparasse, quam per annorum longa curricula ecclesiam Romanam quieto iure suggerunt possedisse et in usus alios transtulisse securitate dominii. Nunc autem existere Samareae superstitionis improba fronte duratum, qui synagogum ibidem fuisse iniquis conatibus mentiatur, cum ad humanos usus habitacula longe aliter formata doceantur, quam potest esse memorata constructio.*

[5] Die *ltp.* ist erkennbar erst durch Justinian an *praedia vi possessa* ausgeschlossen (Cod. 7, 39, 8, 2).

eines mit einer Klage verbundenen Einredeschutzes.[1] Der Verfasser der Konstitution, welche die Geltung der alten *actio in rem* aus der *ltp.* als *actio ad vindicandam rem* außer Zweifel stellte, macht sich keinen Gedanken darüber, wie das Erwachsen der *ltp.* zugunsten eines Besitzers auf das Recht eines ausgeschlossenen Eigentümers wirkt, ob ein Dritter, der nicht Rechtsnachfolger der *praescriptione munitus* ist, sich auf den Ausschluß des Eigentümers durch eine *ltp.* berufen könne. Daß dieselbe Klage aus der Eigentums- wie der Pfandfreiheitsersitzung hervorgeht, zeigt, daß man hier nicht mit Bewußtsein eine Eigentumsersitzung sanktionierte. Erst den justinianischen Juristen, welche die Kompilation des Digestenwerkes und der Institutionen durchführten, verdankt das Institut die Umprägung zum Eigentumserwerb. In den Institutionen stand die Behandlung der *usucapio* und der *ltp.* eingeleitet durch den Satz: *modo videamus, quibus modis* (sc. *res*) *legitimo et civili iure adquiruntur.*[2] Die Interpolationen, welche die *ltp.* in die klassischen Stellen über Grundstücksusukapion einfügen, haben die *ltp.* als Eigentumserwerb des justinianischen Rechtes in der Kasuistik durchgeführt. Wenn man als sicher annehmen will, daß hier nicht der Zufall der Einsetzung in klassische von der *usucapio* handelnde Stellen der *ltp.* das Wesen der Eigentumsersitzung verschaffte, kann man den gesetzgeberischen Anstoß zu dieser Umgestaltung der *ltp.* zum Rechtserwerb in der *constitutio* Justinians *de nudo ex iure Quiritium tollendo* Cod 7, 25 finden. Denn ein *in bonis esse* konnte man wohl den Rechtsschutz von *exceptio* und *actio* nennen, den die *ltp.* gewährte.[3]

Hat die Darstellung das Richtige getroffen, so konnte die *ltp.*, die der Beklagte auf Grund einer *iusta inconcussa possessio* für sich geltend machte, durch den Nachweis der Bösgläubigkeit

[1] Cod. 7, 39, 8 pr. gibt nur eine *actio ad vindicandam rem*, kein Eigentum. Anders Grueber, Einfluß der Eigentumsklage auf die Ersitzung, S. 31. Richtig dagegen schon zum Teil die Glosse, vgl. Landsberg, Glosse des Accursius, S. 150f.

[2] Inst. 2, 5, 6 i. fi.; vgl. die Paraphrase des Theophilus zu Inst. 2, 6 pr.

[3] Klassisch ist der Begriff bei der *ltp.* nicht.

des Erwerbers bei dem Erwerb der Sache ausgeschlossen werden. Dann ist nicht wunderbar, daß für die *ltp. adversus creditorum* die diokletianischen Quellen[1] nur vom *iustum initium possessionis*, das zur *ltp.* erforderlich ist, sprechen. Zudem findet sich keine Quelle, in der die *bona* oder *mala fides* des Erwerbers einwirken müßte, wenn sie Erfordernis des *initium* auch hier war. Da außerdem Justinian den *bonae fidei possessor* als alleinigen Berechtigten zur *ltp. adversus dominum* wie *adversus creditorem* kennt,[2] besteht keine Notwendigkeit, eine besondere Entwickelung für die letztere anzunehmen. Hier lag eben die Verwendung des Ausdruckes *bona fide* weniger nahe, da die Theorie unter *bona fides* vorwiegend die Unkenntnis von fremdem Eigentum verstanden hatte.

Die Möglichkeiten verschiedenen Ablaufs der Präskriptionsfristen *adversus dominum* und *adversus creditorem* müssen durch die Betonung des Erfordernisses gutgläubigen Erwerbes eine Vermehrung erfahren haben. Man konnte bisher gegenüber dem Eigentümer die *ltp.* haben, seitens eines Pfandgläubigers aber durch Klagerhebung von einer *ltp.* ihm gegenüber ausgeschlossen sein. Nach der Verbindung des Einredeschutzes mit der *bonae fidei possessio* konnte der langjährige Besitzer bei dem Erwerb vom Pfandrecht gewußt haben, aber zur *ltp.* gegen den Eigentümer berechtigt sein.[3]

Die Gelehrten des gemeinen Rechtes haben die Frage aufgeworfen, ob die *ltp.* gegenüber dem Pfandrechte nach der justinianischen Reform in Cod. 7, 39, 8 pr. eine ähnliche Fortbildung erfahren hat wie die *ltp. adversus dominum*: war sie Verjährung der Pfandklage gegen den *bonae fidei possessor* mit *actio ad vindicandam rem*[4] oder Pfandfreiheitsersitzung mit Untergang des alten

---

[1] Gord., Cod. 7, 36, 1; Diocl., Cod. 4, 10, 7, 1; fr. 14 eod.; Cod. 4, 24, 10; fr. 12 eod.; Cod. 7, 36, 2.

[2] Cod. 7, 39, 8 pr.

[3] DERNBURG, Pfandrecht 2, 600 hält für selbstverständlich, daß dem in Kenntnis vom Pfandrecht die Sache Erwerbenden auch die *ltp. adv. dominum* verschlossen war. Mir scheint kein Grund dafür vorzuliegen. Vgl. D. 41, 2, 43, 2.

[4] So DERNBURG, Pfandrecht 2, 598; WÄCHTER, Pandekten 2, 597f., 602f.; derselbe, Superficiar- oder Platzrecht § 14 S. 114f.

Pfandrechtes?[1] Der Verfasser der justinianischen Reformkonstitution ist sich der Frage nicht bewußt gewesen. Da sich nirgends ein Quellenanhalt findet, ist diese Frage ohne Antwort für die Rechtsgeschichte.[2]

Das Reichsrecht hatte die *ltp.* zum Institut des materiellen Rechtes gemacht und sie endlich — sicher wenigstens die *ltp. adversus dominum* — zum Rechtserwerb durch lange Zeit gutgläubiger Besitzer umgebildet. Seit Mitteis' Forschungen muß neben einer solchen Feststellung stets die Frage stehen: drang nachweislich die reichsrechtliche Entwickelung im Rechtsleben der Provinzen durch oder hielt dieses an Rechtsbildungen fest, die den volksrechtlichen Anschauungen vertrauter waren als das Recht der römischen Kaiser?

Aus dem Osten und Westen des Reiches bestehen klare Zeugnisse dafür, daß das Rechtsleben die *ltp.* in der Gestalt wie die klassischen Juristenschriften sie kannten, bis in die Zeit kurz vor der justinianischen Gesetzgebung festgehalten hat.

Das syrisch-römische Rechtsbuch, dessen älteste Redaktion nach Mitteis' neuesten Forschungen[3] ungefähr in die Siebziger Jahre des vierten Jahrhunderts fällt, gibt die sämtlichen Erfordernisse des Einredeschutzes der *ltp.* ohne Erwähnung der Notwendigkeit, daß der Besitzer gutgläubig erworben habe, in allen Versionen wieder. Von der *bonae fidei possessio* findet sich im syrischen Spiegel keine Spur.

Ebenso enthält die Interpretatio zum Breviar eine Paraphrase und Erläuterung des Textes zu Paulus Sent. V, 2, 3 ff., ohne der *bona fides* zu gedenken.[4] Und vielleicht im Anklang an

---

[1] Windscheid, Pandekten § 248[17] I[8] 1120.

[2] Für die gemeinrechtliche Behandlung entspricht wohl die Annahme einer Pfandfreiheitsersitzung besser den Quellen, welche noch bei der justinianischen Reform keinen Wesensunterschied der *ltp. adversus dominum* und *adversus creditorem* kennen.

[3] Abhandlungen der Kgl. Preußischen Akademie der Wissenschaften, Berlin 1905, Sitzungsbericht vom 1. XII. 1904. Sep.-A. S. 20—22, 58f.

[4] *Viginti annorum non requisitam possessionem, si tamen iustum initium possidendi intercessisse probatur, possessori prodesse certum est.*

diese Geltung der paulinischen Sätze im Vulgarrechte der westgotischen Römer findet sich im merovingischen Reiche eine *praeceptio* Chlothars II, c. 13,[1] in welcher nach Art der *ltp.* eine 30jährige Verjährung der *rei vindicatio* der Kirchen an ihren Gütern eingeführt wird: *Quicquid ecclesia clerici vel provincialis nostri, intercedente tamin iusto possessionis inicio, per triginta annos inconcusso iure possedisse probantur, in eorum dicione res possessa permaneat, nec actio tantis aevi spaciis sepulti ulterius contra legum ordine sub álequa repeticione consurgat, possessionem in possessoris iure sine dubio permanentem.*

Schon oben wurde auf die *praescriptio decem annorum* in einer *decretio* Childeberts II. verwiesen,[2] welche *inter praesentes* läuft und — allerdings ohne den Nachweis des rechten Erwerbsgeschäftes zu verlangen — den unangefochtenen Besitzer schützt.

So war die *ltp.* für die Rechtsanschauung des Vulgarrechtes, die durch die Geltung der Juristenschriften als anerkannte Rechtsbücher befestigt war, allerdings nicht Schutz des ersitzungsfähigen gutgläubigen Besitzes. Aber der Erfolg, den die justinianische Kodifikation mit der Entwickelung der *ltp.* zum Eigentumserwerb herbeiführte, war für das Vulgarrecht selbstverständlich. Man sah die *ltp.* noch immer als Beweisargument für das Recht des langjährigen Besitzers an, und daher schrieb man diesem ein *ius*, Eigentum, zu.[3] Daß die *praescriptio* des römischen Reichsrechtes nur Einrede, verbunden mit einer *actio*, war, störte diese Auf-

---

Iustum autem initium est emptionis, hereditatis, donationis, legati, fideicommissi, et ceterarum rerum similium, quae per legitimas scripturas atque contractus ad uniuscuiusque dominium transire noscuntur. Huius autem rei praescriptio inter praesentes decennio, inter absentes vero vicennio.

[1] Monum. Germ. leg. sectio II; cap. regn. Franc. sectio I; vol. I (1883) p. 19.

[2] S. 55, 3.

[3] Vgl. oben S. 176, 1. Ohne das klare Hervortreten des Beweisargumentes vgl. Canon 18 Concilii Epaonensis (a° 517) app. Aviti Mon. Germ. auct. VI, 2, p. 170: *clerici quod etiam sine precatoriis qualibet diuturnitate temporis de ecclesiae remuneratione possederint, cum auctoritate domni gloriopissimi principis nostri in ius proprietarium praescriptione temsoris non vocetur, dummodo pateat rem ecclesiae fuisse ne videantur ... diu tentas ecclesiae facultates proprietati suae posse transcribere.*

fassung nicht; denn diese Begriffe waren längst verblaßt —; findet sich doch dieselbe unscharfe Auffassung in Konstitutionen des fünften Jahrhunderts,[1] und Justinian selbst spricht einmal von einer *exceptio per usucapionem inducta*![2]

III.

Die *ltp.* der klassischen Juristen war ein Beweisargument des Beklagten, der durch seine Berufung auf langen rechtmäßig erworbenen unangefochtenen Besitz ein Recht an der Sache für sich wahrscheinlich machen wollte, das mit dem vom Kläger behaupteten unverträglich war. Ist dieser Satz richtig, so war der Gedanke der Anspruchsverjährung zunächst dem klassischen Rechte fremd: nicht ein nachweislich berechtigter Kläger, der durch eine Verjährungseinrede an der Verfolgung seines Rechtes gehindert wird, sondern das Abschneiden jeden Rechtsbeweises des Klägers durch die Wahrscheinlichkeit, daß der Beklagte Eigentum oder pfandfreies Eigentum hat, das ist wohl das Bild der ältesten *ltp.* im Prozesse des wahren Eigentümers gegen den Besitzer. Von einer Theorie der *actio nata* über den Beginn des Verjährungslaufes mit dem Vorhandensein eines verjährungsfähigen Anspruches ist im klassischen Rechte keine Spur. Daß sie nicht bestand, kann aus D. 41, 3, 45 geschlossen werden, wenn die Stelle oben (S. 24 f.) richtig verstanden wurde. Hier beruft sich der erste Okkupant auf seinen vor der zweiten Okkupation liegenden langen Besitz, und trotzdem das Recht des zweiten nie gleichzeitig mit diesem früheren Besitz des ersten Okkupanten bestand, scheint Papinian die *ltp.* logisch für anwendbar zu halten. Wenn die hier vertretene Auffassung der *ltp.* als eines Beweisargumentes richtig ist, dürfte auch, wenn die in den Händen eines *iustus possessor* befindliche Sache durch den wahren Eigentümer verpfändet wird, der Pfandgläubiger durch die seit jenem *iustum initium* laufende *ltp.*, nicht erst 10/20 Jahre nach der Verpfändung ausgeschlossen worden sein.[3]

---

[1] Anastasius, Cod. 7, 39, 4, 2; 6, 1, vgl. oben S. 146, 1.

[2] Cod. 5, 12, 30, 2; vgl. Bethmann-Hollweg, C. P. III, 266.

[3] Über die Behandlung des Falles im gemeinen Rechte vgl. Dernburg, Pfandrecht 2, 599.

Die Vorschriften des klassischen Präskriptionsrechtes, die man nach der modernen Verjährungstheorie als sichere Zeichen einer Ausbildung des Verjährungsgedankens fassen könnte, vereinen sich alle noch mit dem Wesen des ehemaligen Beweisargumentes der griechischen Diadikasie: galt gegen den *absens* die längere Frist, ließ man später gegen einen *absens ex iusta causa* die *praescriptio* überhaupt nicht zu, so entsprach dies der Tatsache, daß einem an der Geltendmachung seines Rechtes lange verhindert gewesenen Kläger gegenüber die Berufung auf unangefochtenen Besitz logisch nicht sehr stichhaltig war. Daß die *ltp.* dauernd an dem seltsamen Begriffe der *inconcussa possessio* festhielt, zeigt, wie wenig man ursprünglich in diesem Institute die *praescriptio-exceptio* als Folge der Verschweigung des Anspruches betrachtete, und der Name der *praescriptio diuturni silentii*[1] ging ebenso sehr auf die allseitige Unangefochtenheit des Besitzes als auf das Schweigen des jeweiligen Prozeßgegners.[2]

Daß die *ltp.* für das Rechtsbewußtsein vielfach eine Verjährung wurde, dafür braucht man den Grund nicht in dem geschichtlichen Zusammenhange ihrer 10/20jährigen Frist mit den zu Verjährungen sich entwickelnden langen Fristen des Kaiserrechtes zu suchen. Vor allem muß die Tatsache, daß in der *ltp.* das Beweisargument aus dem langen Besitz kraft Reichsrechtes durchschlagende Kraft hatte, dazu beigetragen haben, daß man in ihr vielfach nur den Einredeschutz auf Grund langen Besitzes, die Lähmung des klägerischen Anspruches wegen langer Verschweigung sah. Wenn die Anwälte sich wie in Par. 69 auf die θεῖαι διατάξεις beriefen und die Erfordernisse des Einredeschutzes bei ihrer Partei nachwiesen, so mußte die *ltp.*, weil sie im einzelnen Falle nicht mehr als überzeugendes Beweisargument, sondern kraft Reichsrechtes wirkte, den Gedanken fördern, daß hier ein Berechtigter wegen seines Schweigens ausgeschlossen werden sollte. Zudem lag in der Fassung der ältesten Konstitutionen, welche dem Erwerber aus rechtem Geschäft nach

[1] Gord., Cod. 4, 52, 1; Cod. 7, 36, 1; Diocl. 7, 33, 5.

[2] Demelius, Untersuchungen I, 89, hat hier die Beweiskraft von Cod. 7, 32, 10: *quum omnium adversariorum silentio ac taciturnitate firmetur* zu wenig gewürdigt.

langjährigem unangefochtenen Besitze Schutz gewährten, eine Möglichkeit zur Anwendung der *ltp.* in Fällen, in welchen der Sinn des alten Beweisargumentes gar nicht mehr zutraf.

Unter Gordian findet sich nämlich die *ltp.* gegenüber der *actio in rem,* welche durch *in integrum restitutio* wegen *metus* entsteht.[1] Ging diese gegen den Erpresser, so drang der Kläger auf jeden Fall durch. Aber dem Erwerber vom Erpresser half die *ltp.*[2] Hier konnte der langjährige Besitzer Eigentümer sein, der Kläger behauptete kein dingliches Recht, dessen Beweis durch die *ltp.* hätte ausgeschlossen werden können. Eine Berufung auf das Beweisargument aus langem rechtmäßigem unangefochtenem Besitze wäre hier ohne Wirkung gewesen, aber die *ltp.* half kraft des Kaiserrechtssatzes: wer lange unangefochten *ex iusta causa* besessen hat, dem wird der Besitz gewahrt. Die Quellen überliefern meines Wissens kein anderes ähnlich deutliches Beispiel. Aber es ist kaum zu zweifeln, daß die *ltp.* ebenso Anwendung finden konnte auf die *actio in rem*, welche als Anfechtungsklage der gemeinschuldnerischen Veräußerungen auf Grund der *in integrum restitutio* gegen die *fraus creditorum* half.[3]

In diesen Fällen war die *ltp.* ohne Rücksicht auf ihren ursprünglichen Sinn nur eine bei langem rechtmäßig erworbenen Besitze des Beklagten wegen langen Schweigens des Klägers eintretende Hemmung des Anspruches des Klägers. Erkennbar ist ein Anzeichen für diese Anschauung in der Strömung des Rechtslebens, welche das Argument aus dem langen Schweigen des Gegners nicht nur auf die persönlichen Klagen auszudehnen versuchte sondern in ihr sogar einen Schutz eines ohne *iusta causa* Erwerbenden gegenüber dem Eigentümer finden wollte.[4] Die Kaiser haben diese schon oben (S. 137) besprochene Tendenz bekämpft. Gleichgültig ist, daß diese Strömung im zweiten Jahrhundert nicht

---

[1] Girard, Manuel[3], 415; Lenel, l'édit II, 128, 1.

[2] Cod. 2, 19 (20), 3.

[3] Girard, Manuel[3], 424, 3.

[4] Für die persönlichen Klagen vgl. oben S. 81 Anm. 5; für die *hereditatis petitio* oben S. 81 Anm. 5; für die *a° comm. divid.* Cod. 7, 34, 3 die *rei vindicatio* gegen den früheren Usufructuar Cod. 3, 33, 8.

zum Siege gelangte. Jedenfalls arbeitete sie nur mit einer Wirkung des langen Schweigens[1] auf das Recht des Klägers, und wenn sie sich an die *ltp.* anlehnte, zeugte sie von dem Bewußtsein, daß auch in diesem Institute eine wirklich Berechtigter wegen seines langen Schweigens seiner wirksamen Rechtsverfolgung gegen einen Besitzer verlustig ging.

Der Gedanke, daß durch die Entstehung der *ltp.* zugunsten eines Besitzers ein wirklich Berechtigter von seinem Rechte etwas verlor, hat im diokletianischen Rechte sichtlich Folgen gehabt. Man entlehnte für das Ruhen des Präskriptionslaufes die Fälle, in welchen der Berechtigte vor einem solchen Verlust sicher war, dem der Ediktsrubrik *de in integrum restitutionibus.* Die Kaiserreskripte kommen — nachweislich seit 240 — mehrfach auf den Satz zurück: gegen jeden, der eine *integrum restitutio* aus den im Edikt festgelegten Gründen beantragen kann, ruht der Fristlauf, der die *ltp.* erzeugt.[2]

Unter Diokletian ist die *ltp.* das hybride Institut, das der gemeinrechtlichen Theorie[3] für die Einordnung in den Verjährungs- und den Ersitzungsbegriff die bekannten Schwierigkeiten machte. Wie dann aus der *ltp.* die 40jährige constantinische Verjährung

---

[1] Schon betont von Demelius, Untersuchungen I, 89f.

[2] Gord., Cod. 2, 50 (51), 5 für die *praescriptio quadriennii* des Erwerbers vom Fiskus: *neque rei publicae causa absentibus nec aliis maioribus ad titulum in integrum restitutionis pertinentibus praescriptionem . . . obesse posse* . . . Diocl., Cod. 7, 35, 6: *adversus eos qui restitutionis auxilio quacumque ratione iuvantur, huiusmodi factum* (Gefangenschaft beim Feinde) *non opitulatur.* Diocl., Cod. 7, 35: . . . *tempus, si ex alicuius persona de petitorum parte restitutionis praetendatur auxilium, deducto eo quo si quid fuerit gestum, succurri solet, residuum computari rationis est.* Auf die vielfach vertretene irrige Anschauung, nach welcher hier gegen den Ablauf einer *ltp.* eine *in integrum restitutio* half, ist oben (S. 57, 3) eingegangen worden. Singulär ist die Bestimmung von Diocl., Cod. 2, 51, (52), 2 bezüglich des Lösungsrechtes.

[3] Klagverjährung: Unterholzner I, 39; Keller, Pandekten² 1, 199; v. Savigny, System 4, 492; 5, 273; Baron, Pand.⁵ 240; Puchta, Inst. 2, 66 einschränkend: Charakter der Klagverjährung.

Ersitzung: Demelius, Untersuchungen I, 83 ff.; Arndts Pand. § 157; Grueber, a. S. 34, a. O. S. 20: „Ersitzung der Einrede.“ Vermittelnd Brinz, Pand.² 1, 598.

der *speciales in rem actiones* wurde und an diesem Institut, das zunächst deutlich mit dem ausdrücklichen Verzicht auf den Nachweis eines *iustum initium*,[1] mit der Forderung des unangefochtenen Eigenbesitzes an die *ltp.* anknüpfte, der Gedanke des verjährenden privatrechtlichen Anspruches zum ersten Male in römischen Rechtsquellen deutlich hervortritt,[2] wie dann endlich im Theodosischen Verjährungsrechte ausdrücklich von den persönlichen und dinglichen Ansprüchen die Rede ist, die infolge langen Schweigens des Berechtigten absterben, das alles hat schon Demelius[3] erschöpfend dargestellt. Hier bleibt nur zu betonen, daß in dem Zeitalter Constantins auch bei der *ltp.* der Gedanke des Verjährungslaufes nachweisbar wird: vom *interrumpere longi temporis praescriptionem* spricht Constantin in Cod. 3, 19, 2, 1.

Die byzantinische Theorie der Anspruchsverjährung hat im justinianischen Rechte auch die *ltp.* beherrscht. Schon oben wurde betont, daß die justinianische Reform (Cod. 7, 39, 8 pr.) die *ltp.* zusammen mit jenen Verjährungseinreden der späten Kaiserzeit als *exceptio*, verbunden mit einer Klage, behandelte, während der bösgläubige 30jährige Besitzer nur die *exceptio* hatte. Es fehlte hier im Jahre 528, also noch in der ersten Redaktion des Kodex, die Anschauung, daß die *ltp.* Rechtserwerbsart sei.[4] Es ist bezeichnend, daß Justinian die Wirkung der *ltp.* im Gegensatze zur klassischen Auffassungsweise meist als aufhebende Verjährung[5] und

---

[1] Cod. 7, 39, 2 pr.

[2] Cod. Th. 4, 11, 2: *actio . . . exceptione temporis . . . finiatur.*

[3] Untersuchungen I, 90ff.

[4] Vgl. oben S. 152 f.

[5] Cod. 5, 12, 30, 2; Cod. 7, 31, 1 pr.: *Cum . . . communes exceptiones in omni loco valeant, id est decem vel viginti vel triginta annorum . . .* Die Wirkung der *usucapio* wird als eine Härte empfunden, da der Eigentümer zu schnell ausgeschlossen wird.

§ 1: *ut tantummodo et hic decem vel viginti annorum vel triginta et aliarum exceptionum curricula currant.*

Cod. 7, 35, 8: . . . *ea tantummodo tempora, quae in eadem expeditione percurrunt, in exceptionibus declinandis opitulari:* hier ist *exceptio* geradezu der Fristlauf der Verjährung bei der Berechnung der 10/20 Jahre.

Cod. 7, 40, 2, 1: *et hoc sufficere ad omnem temporalem interruptionem sive triennii sive longi temporis sive triginta sive quadraginta annorum sit.*

Cod. 11, 48, 20 pr.: *longi temporis praescriptione . . . colonorum impetus excludente.*

nur dort vom Standpunkte des geschützten rechtmäßigen Besitzers darstellt, wo er ausdrücklich an das klassische Recht anknüpft.[1] Die Vertreter der gemeinrechtlichen Lehre, welche ein einheitliches justinianisches Ersitzungsinstitut für Grundstücke und Mobilien behaupten, haben stichhaltigen Beweis für Gestaltungen der *ltp.* nach dem Muster der *usucapio* nicht liefern können,[2] aber mit Recht hat man öfters betont,[3] daß das Ruhen der *usucapio* gegen den Minderjährigen ohne Notwendigkeit einer *in integrum restitutio* (Cod. 2, 40, 5) die Unterbrechung der *usucapio* durch die justinianische Protestation (7, 40, 2, 1) Reformen des Usukapionsrechtes sind, die aus dem von der *ltp.* getragenen

---

[1] Cod. 7, 33, 11; 12.

[2] Arndts (Pand.[14] S. 304 § 157[3]) lehrte, daß die *litis contestatio* den Lauf der Präskriptionsfrist ebensowenig unterbreche wie den Erwerb der *usucapio* (vgl. oben S. 33). Arndts und Sintenis teilen die Anschauung von der Restitution des *ex iusta causa absens* gegen die *praescriptio*, vgl. oben S. 57, 3. Auf die beliebte Schlußfolgerung, Justinian habe die *ltp.* zum Ersitzungsinstitut umgeschaffen, habe ein einheitliches Ersitzungsrecht schaffen wollen, das alte Ersitzungsrecht der *usucapio* beibehalten, also müsse die reformierte *praescriptio* vom Usukapionsrechte geregelt worden sein (Unterholzner, Verjährungslehre § 178 II[2], 91ff.; Reinhardt, usucapio 223ff.; Savigny, System 6, 58ff.; Vangerow, Pand.[7] I, 581; Vorlesungen I, § 316; Puchta, Inst.[9] II, 214; Pand.[11] 235; Vorlesungen[6] I, 349ff.; Sell, Dingl. Rechte I (1852), 126f.; Demelius 96f.; Arndts[11] § 163[2], S. 304; Grueber S. 37ff.), wird hier nicht eingegangen. Rechtshistorischen Wert kann sie nicht haben. Die justinianischen Gesetze tasten ausdrücklich nirgends die alten Normen des Präskriptionsrechtes an, und ferner stammt dieser gemeinrechtliche Gedanke, besonders bei den Schriften nach der Mitte des 19. Jahrhunderts, aus dem Begriffshimmel des gemeinen Rechts: gegenüber der Aktionenverjährung konstruierte man aus der klassischen *usucapio* einen allgemein gültigen Begriff der Ersitzung, d. h. den Rechtserwerb, der Wirkung des qualifizierten Besitzes ist und dessen sämtliche Voraussetzungen aus der Person des Besitzers stammen, auf den Ereignisse in der Person des ausgeschlossenen Berechtigten, wie Unterbrechung durch Klagerhebung, Unfähigkeit des Berechtigten zur Geltendmachung seines Rechtes keinen Einfluß haben.

[3] Besonders diejenigen, welche die *ltp.* als maßgebendes Institut im justinianischen Ersitzungsrecht ansprechen: Donellus, Comm. iur. civ. V, 4; v. Wenig-Ingenheim, Lehrbuch I, 229f.; Schmid, Handbuch des bürgerl. Rechts (1847), S. 186 Nr. 43; May, Charakt. d. ord. Eigentumsersitzung, Bamberg 1847, 75ff.; Brinz, Pand.[2] I, 602f.

Gedanken der Klagverjährung durch Verschweigung des Berechtigten stammen. Und wo Justinian das klassische Usukapionsrecht unverändert ließ, wie für die Wirkungslosigkeit des Eigentumsprozesses auf die laufende Usukapionsfrist, findet sich in der byzantinischen Rechtsentwickelung eine Spur, daß man auch hier die *usucapio* nach dem Vorbild der *ltp.* weiter bildete: das Prochiron XXXVIII, 43 enthält die Stelle:

τὰ κινητὰ πράγματα τῇ τριετίᾳ ἀνεπιφωνήτως κρατούμενα δεσπόζονται.

Also sprach man auch für die *usucapio* von der Notwendigkeit einer *inconcussa possessio!*

Das sind deutliche Zeichen dafür, daß das byzantinische Ersitzungsrecht von dem Verjährungsgedanken beherrscht war, der mit voller Deutlichkeit erst in der Zeit Constantins an der *ltp.* empfunden worden war. Der Begriff des verjährenden Anspruches freilich fand in der byzantinischen Ersitzung keinen Anhalt mehr. Sie entlehnte zwar der Entwickelung der Anspruchsverjährung die Terminologie der *exceptio longi temporis*, ja sogar eine *exceptio per usucapionem inducta* (Cod. 5, 12, 30, 2). Ruhen und Unterbrechung gelten für die justinianische *ltp.* wie für die echte Verjährung. Aber nach dem Rechte der Kompilation geht der Berechtigte in der *ltp.* durch sein Schweigen nicht nur seines Anspruches, sondern seines dinglichen Rechtes zugunsten des gutgläubigen Besitzers verlustig.

Diesem Gedanken hat Justinian noch nach Abschluß der großen Kodifikation in nov. 119, cap. 7 einen bezeichnenden Ausdruck verliehen: zum Lauf der *ltp. adversus dominum* ist nach dieser Novelle die Kenntnis des Eigentümers von der Veräußerung nötig, welche die *ltp.* in Lauf setzt.[1] Es war der Rechts-

[1] Der geläufigen Lehre, nach welcher die *ltp.* seit der klassischen Zeit bis unter Justinian ein nach Analogie der *usucapio* geschaffenes und weiter entwickeltes Ersitzungsinstitut ist, gab Nov. 119 cap. 7 zu seltsamen Auffassungen Anlaß: Für DERNBURG, Pand. § 220[15] ist es eine singuläre Bestimmung und daher auf den Fall des ersten Erwerbers vom *malae fidei possessor*, der dem Eigentümer den Besitz entzieht, beschränkt. Aber davon wissen die Byzantiner nichts (Prochiron 38, 41; Bas. 50, 11, 12; Harmenopul. II, 1, 15). Nach UNTERHOLZNER, Verjährungslehre I, 247 f.; VANGEROW,

gedanke, daß der Berechtigte durch Schweigen sein Recht verliere, der zu dieser extremen Konsequenz geführt hatte, daß ohne dieses Wissen der Eigentümer sich nicht verschweigen, sein Recht nicht verlieren konnte. Dieser Gedanke hatte die Verlängerung der 1 jährigen Usukapionsfrist an Mobilien auf 3 Jahre motiviert (Cod. 7, 31, 1 pr.). Er war für die *ltp.* in Cod. 7, 33, 12, 3b vom Kaiser ausdrücklich abgelehnt worden. Nov. 119, cap. 7 hat hier diesem Gedanken zum Siege verholfen und die Basiliken (50, 11, 12) setzen an die Stelle des *„nulla scientia vel ignorantia exspectanda"* in Cod. 7, 33, 12, 3b die Worte: *καὶ ζητοῦμεν εἴδησιν τοῦ μέλλοντος ἐκβάλλεσθαι τῇ παραγραφῇ ἵνα τότε εἴπομεν αὐτὸν ἀποκλείεσθαι, ὅτε ἠπίστατο μόνον.*

So steht das justinianische Eigentumsersitzungsrecht der *ltp.* unter dem Einfluß des Rechtsgedankens, der dinglich Berechtigte verschweige sein Recht.

Das längere Eingehen auf die nachklassische Entwickelung der *ltp.* hat zu begreifen versucht, in welchen Übergängen das alte Beweisargument aus der *inconcussa possessio* unter einer von dem Gedanken der Anspruchsverjährung getragenen Verwirkung des dinglichen Rechtes zugunsten des Ersitzungsbesitzes verschwand. Trifft diese Darstellung die Wahrheit, so hat die moderne Theorie nicht mehr nötig, einen unklassischen Begriff des dinglichen Anspruches vor der prozessualen *actio in rem* nur für das klassische Recht der *ltp.* verzeichnen zu müssen. Gerade die klassische Erscheinungsform der *longae possessionis praescriptio* erhärtet WLASSAKS[1] Lehre.

Pand. § 317; WINDSCHEID, Pand. § 182[8]; GIRARD, Manuel[3], 307 soll Justinian entsprechend der Furtivität, welche durch Veräußerung einer beweglichen Sache seitens eines *malae fidei possessor* entsteht (Inst. 2, 6, 3 i. fi.), auch die *ltp.* im gleichen Falle ausgeschlossen haben. Aber die Furtivität wird durch *„redire in potestatem domini"* purgiert, jener Hinderungsgrund für den Lauf der 10/20 jährigen Ersitzung dagegen fällt mit der Erlangung der Kenntnis durch den Eigentümer weg (arg. *τοῦτο γινώσκων*), so auch die Darstellungen der Byzantiner, vgl. auch R. I, 30 des syrischen Spiegels, oben S. 64 f. Anm. 1. (Richtig LANDSBERG, *furtum* des bösgläubigen Besitzers, S. 113, gegen PAMPALONI, arch. giur. 28, 285.)

[1] PAULY-WISSOWA, art. actio I, 314 f.

Beilage I. Inst. 2, 6, 12.

Für die Würdigung des klassischen Rechtszustandes bei der Frage der Usukapion des gutgläubigen Erben eines *mfpor.* genügte oben (S. 13 f.) der Hinweis auf die im klassischen Rechte nebeneinander stehenden Entscheidungen der römischen Juristen und den justinianischen Rechtsstandpunkt in Inst. 2, 6, 12. Diese Ausführungen, die vor dem Erscheinen von ZANZUCCHIS Schrift über *successio* und *accessio possessionis* entstanden[1] und in Druck gelangten, bevor ZANZUCCHIS Arbeit mir bekannt wurde, sind hier gegenüber den Aufstellungen dieses Schriftstellers näher zu begründen, und auch der Zusammenhang zwischen Inst. 2, 6, 12 und Cod. 7, 31, 1, 3 ist hier zu berühren.

Fest steht: die Justinianischen Institutionen überliefern mit einem Satze, der nicht aus Gaius stammt, als festen Rechtszustand der *ltp.*, daß *mala fides* dem Erben eines Ersitzenden nicht schade, daß anderseits *bona fides* des Erben eines *mfpor.* für den Erben keine *ltp.* ermögliche. An diesen Satz schließt der Redaktor in der Sprache des Gesetzgebers die Worte:

quod nostra constitutio similiter et in usucapionibus observari constituit, ut tempora continuentur.

ZANZUCCHI (S. 208, 213) hat nun nach FERRINIS Behauptung (Bull. dell ist. di dir. rom. 13, 152) als sicher hingestellt, daß der Satz über die *ltp.* in seiner wesentlichen Fassung eine klassische Stelle aus Marcians Institutionen sei, in welcher nur die Beziehungen auf die *bona fides* interpoliert seien. Das ist nachweislich unrichtig:[2] *Diutina possessio* als Bezeichnung für die *ltp.* ist kein klassischer Ausdruck, sondern nur der Name für die justinianische Grundstücksersitzung[3] in vielen anerkannt interpolierten Stellen. Außerdem ist kaum anzunehmen, daß „*possessio . . . continuatur*" eine klassische Wendung in der Terminologie

---

[1] Archivio giuridico 72 (1904), 180—275, 353—410. Vgl. seine Ausführungen a. a. O. S. 202 ff. zu oben S. 7—17.

[2] Daß ein Marcianischer Satz zugrunde gelegen haben kann, mag nicht bestritten werden (oben S. 48 Anm. 4).

[3] D. 41, 2, 36; 43, 1; D. 41, 3, 13, 2; fr. 18; D. 41, 4, 7, 2.

des Präskriptionsrechtes gewesen ist, bei welchem nicht *successio in possessionem,* sondern *accessio temporis* zwischen Erblasser und Erben gilt.[1] Es wird daher vorsichtig sein, den angeblich Marcianischen Satz nur für das anzusehen als was er sich ausgibt, — als justinianischen Bericht vom klassischen Rechte der *ltp.*, gegeben vom Standpunkte der Byzantiner, die auch bei der *ltp.* von der *bfpossessio* sprachen.

An diesen Bericht fügt sich in den Institutionen die Notiz über eine justinianische Konstitution, welche diesen Rechtszustand auch für die *usucapio* festgelegt haben soll. ZANZUCCHI (S. 209) hat hier aus dem „*ut tempora continuentur*" den kühnen Schluß gezogen, daß diese justinianische Verordnung nur auf den ersten Fall, den der Nachfolge eines bösgläubigen Erben in eine begonnene *usucapio* sich bezogen haben könne. Da aber diese *successio in usucapionem* schon deutlich für die Klassiker bezeugt ist, wird die byzantinische Konstitution mit § 3 *const. un. de transf. usucap.* auf den Fall des Erwerbs durch Schenkung bezogen (209, 227 ff.), wo die Klassiker nach der Lehre von PELLAT,[2] HUSCHKE,[3] APPLETON,[4] KARLOWA[5] für die Usukapion dauernde *bona fides* des Ersitzenden gefordert haben sollen.[6] Die Usukapionsunfähigkeit des gutgläubigen Erben eines *mfpor.* hält ZANZUCCHI für unbestrittenes klassisches Recht.

Zunächst abgesehen vom Verhältnis zum klassischen Recht, abgesehen ferner von der Bedeutung von Justinians Reform, geht jedoch aus dem Wortlaute von Inst. 2, 6, 12 und aus der Paraphrase des Theophilus wesentlich anderes hervor. Angesichts der Verbindung *quod . . . constituit* mit den vorhergehenden beiden Fällen den Schluß ziehen zu wollen, die *constitutio* beziehe sich nur auf den ersten Fall, ist schlimme Willkür. „*Ut tempora continuentur*" braucht gar nicht auf eine begonnene Ersitzung

---

[1] Cod. 7, 33, 1.

[2] Exposé des principes du droit romain sur la propriété (1853) p. 555.

[3] Recht der Public. Klage 70, 139.

[4] Hist. de la propr. prét. 1, 320 (n° 182).

[5] Rechtsgesch. 2, 1, 402.

[6] Über die *mf. superveniens* bei der *usucapio pro donato* ausführlich und im wesentlichen wohl zutreffend ZANZUCCHI S. 227 ff.

bezogen zu werden: *possessio continuatur* heißt es in dem ersten angeblich marcianischen Satz, *continuateúεσθαι τὸν χρόνον αὐτῆς* (sc. *τῆς νομῆς*) soll nach Theophilus der Inhalt jener *constitutio* gewesen sein, und man kann sehr wohl übersetzen: „die Zeiten des Besitzes des Erblassers sollen vom Erben fortgesetzt werden"; dieser Satz braucht nichts anderes zu bedeuten als die Nachfolge des Erben in die Qualifikation oder Disqualifikation des Erblassers zur *usucapio*. Zudem führt Theophilus ausdrücklich als Inhalt der kaiserlichen Ordnung auch den Satz an, daß der Erbe eines *mfpor.* nicht usukapieren könne.

Inwiefern brachte der justinianische Satz von der *continuatio possessionis* gegenüber dem geltenden Recht Neues? Soweit er zur Fortsetzung einer begonnenen *usucapio* durch den Erben führte, ist dies nicht klar: möglich wäre besonders, wie ZANZUCCHI will, angesichts von § 3 *const. un. de transf. usuc.*, daß im klassischen Recht *mala fides superveniens* des Erben des Beschenkten die vom Beschenkten begonnene *usucapio* abgeschnitten habe. Soweit die selbständige *usucapio* des gutgläubigen Erben in Frage steht, liegt die Nützlichkeit der justinianischen Bestimmung wohl auf der Hand. ZANZUCCHI redet allerdings von einer klassischen *successio in possessionem* auch in dem Sinne, daß der Erbe in die *mala fides* des Erblassers nachfolge. Aber den klassischen Quellen entspricht nur die *successio in usucapionem* des Erben d. h. die Nachfolge in die begonnene Usukapion.[1] Ebensowenig wie hier allgemein von einer Nachfolge in den Besitz gesprochen wird, ist ein solcher Gedanke für die Beurteilung der selbständigen Ersitzung des gutgläubigen Erben maßgebend. Vielmehr stehen hier, eine feste Auslegungsregel fordernd, mehrere Entscheidungen der Klassiker nebeneinander: die Meinung, nach welcher der *non levi praesumptione* gutgläubige Erbe selbständig *pro herede* oder *pro suo* usukapiert, der Satz *pro herede ex vivi bonis nihil*

[1] *heres usucapit* D. 41, 4, 2, 19; *possessio defuncti heredi prodest:* D. 41, 4, 2, 18; *possessio* (*tempus*) *defuncti — procedit:* D. 41, 3, 20; D. 41, 3, 31, 5; D. 41, 4, 7 pr.; *usucapionem posse a herede impleri* D. 41, 3, 40; *expleto tempore quod defuisset ad usucapionem:* D. 41, 4, 6, 2; *possessio*(?) — *completur* D. 4, 6, 30 pr.

usucapi potest,[1] und vielleicht, wenn die Stelle wirklich hierher gehört und nicht auf der Furtivität der vom Erben des *fur* besessenen Sache beruht, D. 41, 3, 4, 15: der *heres qui in ius defuncti succedit* kann trotz eigenen guten Glaubens, das in seinem Besitz konzipierte und geborene Kind der *ancilla furtiva* nicht usukapieren.[2]

---

[1] Über beide vgl. oben S. 14.

[2] Zanzucchi, der zunächst die Stelle als Vollbeweis für die Sukzession des Erben in die *malae fidei possessio* des usukapionsunfähigen Erblassers verwendet (S. 185, 206), entscheidet (237, 2) allerdings die von Appleton aufgeworfene, von ihm (Hist. de la propr. prét. I, 120, 4) und Ferrini (Arch. giur. 47, 455, 1) verneinte, von Bonfante (ist[3], 470n) bejahte Frage, ob Paulus hier den *partus* für furtiv hält, mit Sicherheit wie die erstgenannten. Meines Erachtens kann die Frage mit vollkommener Sicherheit nicht gelöst werden. Zunächst ist nach Ulp. D. 6, 2, 11, 2 wahrscheinlich, daß es sich um den Erben des Diebes handelt. Trifft dies zu, so ist mir wahrscheinlich, daß Bonfante, dessen von Zanzucchi zitierte Ausführungen mir leider unzugänglich sind, das Richtige getroffen hat.

Von der Wendung „*qui in ius defuncti succedit*" (vgl. Ulp. D. 6, 2, 11, 2: *quia vitiorum successor est*) ist nicht sicher, daß sie wirklich auf die persönliche Nachfolge des Erben in die ohne *causa* erworbene oder *malae fidei possessio* des Erben sich bezieht. Sie könnte auch nur der Ausdruck des Gedankens sein, daß der Erbe des *fur*, weil dieser an der Sache und ihren Erzeugnissen wegen *vitium rei* von der *usucapio* ausgeschlossen war, auch nur einen furtiven Erwerb an den bei ihm erzeugten und geborenen *partus* machen könne.

Nach den anderen bei Paul. D. 41, 3, 4, 15ff. behandelten Fällen scheint wahrscheinlich, daß Paulus trotz des Satzes *non esse partem rei furtivae partum* die Furtivität des Kindes der *ancilla furtiva*, ausgenommen den Fall des *bonae fidei emptor*, mit Marcellus (D. 41, 3, 10, 2) für richtig gehalten hat: Beweisend scheint dafür die ausdrückliche Betonung, daß nach Paulus im Gegensatze zu Julian (D. 41, 3, 33 pr.; D. 6, 2, 11, 4) auch bei zweifellos gültiger *causa* jeder Erwerber vom *fur* — ausgenommen der *bfemptor* — usukapionsunfähig ist (fr. 4 § 17 cit.). Die Annahme, daß Paulus hier die Auffassung von Scaevola (D. 41, 3, 10, 2) teile, nach welcher der nach dem Diebstahl konzipierte *partus* nie furtiv ist (so Zanzucchi, S. 236f.), widerspricht diesen Entscheidungen. Auch für Ulpian (D. 6, 2, 11, 2; D. 41, 3, 10, 2; D. 47, 2, 48, 5) ist es zweifelhaft, ob er wirklich, wie Appleton und Ferrini (a. a. O.) meinen, diesen Standpunkt Scaevolas vertritt. Nirgends ist hier allerdings ausdrücklich gesagt, daß der Erbe des *fur* den bei ihm konzipierten *partus* furtiv erwirbt. Aber wenn in D. 47, 2, 48, 5, — wie bisher noch von keiner Seite geschehen — vor „*sed si*" keine

Dieser Divergenz in den Entscheidungen konnte die Festlegung des Satzes, daß der Erbe vom *initium possessionis* des Erblassers bezüglich seiner *usucapio* abhängig sei, abhelfen.

Zanzucchi hat mit Bestimmtheit die in Inst. 2, 6, 12 angezogene Reform Justinians, wie er sie auffaßt, in Cod. 7, 31, 1, 3 erkennen wollen:

Hoc tantummodo observando, ut in his omnibus casibus ab initio bona fide eam capiat, secundum quod exigit longi temporis praescriptio, et ut continuetur ei possessio etiam anterioris iusti possessoris et connumeretur in decennium vel viginti annorum spatium vel triennium,[1] *quod in rebus mobilibus observandum esse censemus, ut in omnibus iusto titulo possessionis antecessoris iusta detentio quam in re habuit, non interrumpatur ex posteriore forsitan alienae rei scientia, licet ex titulo lucrativo ea coepta est.*

Zanzucchi (194, 2; 210) stützt sich auf eine Lesung, die im Codex Berolinensis (R.) eine handschriftliche Grundlage hat: *quod et in rebus mobilibus*; er findet in diesen Worten die in den Institutionen berufene Ausdehnung des Präskriptionsrechtes auf die *usucapio*. Paul Krüger[2] hat dem gegenüber festgestellt, daß die beste Handschrift, der Casinas, nur *quod in rebus mobilibus* mit relativer Anknüpfung an *triennium* liest. Damit entfällt die angeblich ausdrückliche Reformbestimmung des Kaisers über die Ausdehnung des Präskriptionsrechtes auf die *usucapio*. Zudem ist Zanzucchis Berufung auf das „*ut continuetur ei possessio*“ gegenstandslos: „*ei*“ bezieht sich grammatisch auf den Erwerber aus *iustum initium*, den der Anfang des Satzgefüges nennt. „*continuatur possessio*“ wäre auch, wenn man es auf die Fortsetzung einer vom *auctor* begonnenen *usucapio* durch den Singularsukzessor bezieht, nichts Ungeheuerliches für Justinian. Denn der Kaiser, dessen in Inst. 2, 6, 12 angezogene

Streichung vermutet wird, ist wahrscheinlich, daß hier Ulpian als einzigen möglichen Fall einer *usucapio* am Kind der *ancilla furtiva* den Erwerb durch den *bonae fidei emptor* und ihm gleichgestellte *possessores ex iusta causa* kennt. Von irgendwelcher Sicherheit darf bei der Auffassung dieser Frage jedenfalls nicht gesprochen werden.

[1] Über die Emendation *tricennium* vgl. Zanzucchi S. 194, 2.

[2] Z. Sav.-St. 26, 145ff.

Reformkonstitution die Abhängigkeit des Erben von dem *initium possessionis* des Erblassers als Konsequenz der *continuatio possessionis* auffaßt, hat in Nov. 119, cap. 7 den Satz aufgestellt, der Käufer vom *mfpor.* müsse, weil er Singularsukzessor eines Ersitzungsunfähigen sei, auch als *mfpor.* gelten. Dieser Satz hat zwar im übrigen keine Folge für die praktische Behandlung der Ersitzung des gutgläubig vom *mfpor.* Erwerbenden gehabt.[1] Aber er wird von allen auf die Novelle zurückgehenden Quellen wiederholt,[2] und angesichts dieses Satzes wäre es nicht verwunderlich daß der byzantinische Kaiser hier auch einmal von der *continuatio possessionis* für den Fall gesprochen hätte, in dem der Singularsukzessor sich auf die *possessio* des Vormannes berufen durfte.

Die Berufung auf den Konsekutivsatz am Ende des § 3 (Zanzucchi S. 211) ist auch wenig stichhaltig; für Zanzucchi scheint die „*antecessoris iusta detentio*" zu sprechen. Aber dieser Satzteil ist derart unverständlich, das Wort „*antecessor*" stände im Sinne von „Erblasser" so einzig in der Quellensprache[3] da, daß eine genaue Erfassung der dunkeln Worte unmöglich ist. Die Emendationen, zu denen die Stelle geführt hat, sind alle unbefriedigend.[4] Alle andern von Älteren über den Zusammenhang von Inst. 2, 6, 12 und Cod. 7, 31, 1, 3 geäußerten Meinungen[5] scheitern an der Unmöglichkeit, die beiden von den Institutionen berichteten Sätze aus dem § 3 herauszulesen. Also ist Cod. 7, 31, 1, 3 in der überlieferten Form nicht die in der Institutionenstelle genannte Reformkonstitution.

---

[1] Vgl. noch Harmenopul. II, 1, 46.

[2] Epitome Juliani cap. 110; Prochiron 38, 41; Harmenopul. II, 1, 15.

[3] Vgl. *antecessor* im Voc. iurisprud. rom. und bei Longo, Bull dell' ist. di dir. rom. X.

[4] Spangenberg (Cod. Gott.): „*ut et in omni iusto titulo possessionis antecessoris vel proantecessoris iusta detentio*"; Haloander, „*possessoris*"; Wissenbach (comm. in Cod. 7, 31): „*possessionis antecedentis vel anterioris*"; Fritz (Lindes Zeitschr. f. Civ. R. u. Proz. N. F. 4, 379) schreibt „*iusta titulo possessionis*"; Krüger, editio ad h. l., Z. Sav.-St. 26, 146: „*possessionis antece[dente poss]essoris.*" Diese Lesung kommt in die Schwierigkeit, daß nach ihr der Konsekutivsatz keine Beziehung auf das unmittelbar vorhergehende „*et ut continuetur . . . censemus*" hat.

[5] Gute Übersicht bei Zanzucchi 214 ff.

Es bleibt die Frage, ob Justinian vielleicht gar nicht eine eigene Konstitution in Inst. 2, 6, 12 gemeint hat,[1] ob das Zitat nur auf einem Irrtum der Kompilatoren beruht. Meines Erachtens entscheidet hier der Bericht des Theophilus. Er beschreibt hier den Rechtszustand der *ltp.* analog den Institutionen. Dann fährt er fort:

τοῦτο δὲ τὸ ἐπὶ τοῦ μακροῦ χρόνου διάταξις τοῦ θειοτάτου ἡμῶν δεσπότου καὶ ἐπὶ usucapionas ἐξέτεινεν, ὥστε τὴν bona fide ὑπὸ τοῦ τελευτήσαντος ἐπὶ τῷ κινητῷ πράγματι ἀρχθεῖσαν νομὴν συντελεῖν τῷ διαδόχῳ πρὸς περαίωσιν usucapionos καὶ continuateúεσθαι τὸν χρόνον αὐτῆς, εἰ καὶ οἶδεν αὐτὸς ἀλλότριον τὸ πρᾶγμα. καὶ ἐκ τοῦ ἐναντίου κακῶς ἀρξαμένου νέμεσθαι τοῦ τελευτήσαντος, ἡ bona fide νομὴ τὸν κληρονόμον οὐκ ὠφελεῖ.

Wenn hier Theophilus ausdrücklich von einer *constitutio* des Kaisers spricht, welche auch für die *usucapio* die Nachfolge des bösgläubigen Erben in die begonnene *usucapio*, die Unfähigkeit des gutgläubigen Erben zu eigener *usucapio* festlegte, ist wohl jeder Zweifel an der Existenz einer solchen Konstitution, die den geltenden Rechtszustand der *usucapio* veränderte, ausgeschlossen. Diese Konstitution handelte von der Ersitzung *ἐπὶ κινητῷ πράγματι*, also konnte sie erst nach den ersten Paragraphen von Cod. 7, 31, 1 erlassen sein. Anderseits fehlt in der Kompilation eine andere spätere Konstitution, in welcher von der Ausdehnung von Präskriptionsrecht auf die *usucapio* die Rede sein könnte. Wäre nicht vielleicht möglich, daß der Urtext dieser justinianischen Konstitution a. d. XV Kal. Nov. post cons. Lamp. et Orest., eine der *quinquaginta decisiones*, die von der Institutionenstelle berichteten beiden Sätze neben der Aufstellung des Erfordnisses des *bona fide*-Erwerbes aus wahrer *causa* für alle Fälle der Ersitzung, neben der Erwähnung der Unwirksamkeit der *mala fides superveniens* enthielt, und daß die Redaktoren der 2. Codexausgabe vom Jahre 534[2] die ausführlichen Bestimmungen, die vielleicht auch Angaben über den früheren Rechtszustand vorausschickten,

---

[1] Karlowa, de acc. poss. p. 14.

[2] Vgl. deren Befugnis zu „*permutatio*“ und „*emendatio*“ in const. „Cordi nobis“ § 2, § 4: „*transformatis*“.

auf das dunkle Satzgefüge zusammenstrichen, das jetzt den § 3 cit. bildet? Zu der Annahme, daß in § 3 die Redaktoren des 2. Codex gestrichen haben, könnte einerseits die von ZANZUCCHI richtig betonte auffällige Wiederkehr gleichlautender Wendungen in Cod. 7, 31, 1, 3 und Inst. 2, 6, 12, könnte anderseits der Anschluß von § 4 stimmen: *Ita etenim ampliatur quidem longi temporis*[1] *materia quae ei subdita est, minuitur autem usucapionum compendiosa dominis iactura et eius iura nocentia.* Das „*Ita etenim*" knüpft an das Vorhergehende, und wenn unmittelbar vorher nichts von einer Ausdehnung des Präskriptionsrechtes steht, welche die dem Eigentümer schädliche Wirkung des *usucapio* einschränkt, ist dies auffällig. Zu diesem Anschlusse des § 4 würde sehr wohl der Satz passen, daß eine selbständige Ersitzung durch den Erben im Gegensatze zu den klassischen Entscheidungen ausgeschlossen sein sollte. Dann wären allerdings einige Fälle, in denen nach manchen klassischen Entscheidungen der Eigentümer durch die *usucapio* sein Recht verlor, für die Zukunft unmöglich geworden.

Beilage II. *Longi temporis praescriptio* und *replica legis Cinciae.*

PAUL KRÜGER[2] hat in seiner Kritik von ZANZUCCHI von der Möglichkeit einer *replica legis Cinciae* gegenüber der *longi temporis praescriptio* gesprochen. Er meint, diese *replica* habe im klassischen Rechte eine *ltp.* entkräften können und deshalb habe es Justinian in Cod. 7, 33, 11 nötig gehabt, ausdrücklich die Möglichkeit eines Titels *pro donato* bei der *ltp.* „*iure perspicuo*" festzustellen.

PAUL KRÜGER muß dabei annehmen, daß hier die prokulianische *exceptio quasi popularis* als Replik auftrete. Denn der Regelfall ist, daß der Nichteigentümer verschenkt, daß darauf der Beschenkte die *ltp.* erwirbt und nun der Eigentümer von dem Beschenkten die Sache vindiziert.[3] Schon die Anwendbarkeit der

---

[1] Ins. MOMMSEN: *praescriptio et.*

[2] Z. Sav.-St. 26, 147.

[3] Auf den Fall, daß der Schenkgeber nachträglich Eigentum erwirbt und dann vindiziert, dann gegenüber der *exceptio rei donatae et traditae*

exceptio legis Cinciae auf den Fall, daß der Eigentümer vindiziert, während der Schenkgeber keine *actio* gegen den Beschenkten hat, ist Hypothese, da ja die *exceptio quasi popularis* nur zugunsten des Erben und des Bürgen des Schenkers deutlich bezeugt ist.[1] Wagt man diese Hypothese gleichwohl, weil es wahrscheinlich ist, daß die Tendenz dieser *exceptio quasi popularis* dahin geht, jede prozessuale Berufung des Beschenkten auf die Schenkung zu entkräften, so würde man damit annehmen, daß hier die Lehre von der Perfektion der Schenkung,[2] eben weil einem Dritten eine Klage gegen den Beschenkten zustand, nicht die *replica legis Cinciae* abschnitt. Aber wäre dann nicht auch wahrscheinlich, daß auch ein Pfandgläubiger, gegen den die *ltp.* auf Grund einer schenkweisen Veräußerung der Sache durch den Verpfänder lief, bei seiner Pfandklage gegenüber der Berufung auf die *ltp.* mit einer *replica legis Cinciae* antworten konnte? Und für diesen Fall ist in Cod. 7, 36, 2 (Diocl.) ausdrücklich bezeugt, daß der mit der *a° Serviana* klagende Pfandgläubiger durch die *ltp.* des Beschenkten ausgeschlossen wird. Das Reskript scheint die Möglichkeit gar nicht zu kennen, daß hier die *replica legis Cinciae* eingreife.

So ist mir die Möglichkeit einer solchen *replica legis Cinciae quasi popularis* gegen die *ltp.* unwahrscheinlich. Daß sie Justinians Entscheidung in Cod. 7, 33, 11 veranlaßt haben sollte, scheint mir durch den Wortlaut der Konstitution ausgeschlossen: *ut . . . memorata longi temporis exceptio sine dubio ei* (dem Beschenkten) *competat nec occasione lucrativae causae repellatur.* Die Zulässigkeit der *replica legis Cinciae* hätte doch keinen Zweifel an der Statthaftigkeit der *ltp.* aus einer *causa lucrativa* erwecken können; träfe Krügers Vermutung zu, so wäre die *exceptio* aus dem langen Besitze hinreichend begründet gewesen, nur durch eine *replica* entkräftet worden.

---

die *replica legis Cinciae* geltend macht, ist kaum einzugehen, da ein solcher Spezialfall der justinianischen Entscheidung in Cod. 7, 33, 11 nicht zugrunde liegt.

[1] Jav., D. 39, 5, 24; Vat. fr. 266.

[2] Vat. fr. 311.

Quellenregister.

(Die kleinen Zahlen bedeuten die Noten. Besprochene Stellen sind, wo sie zitiert werden, fett gedruckt.)

A. Literarische Quellen.

B. Inschriften und Papyri.

[1] Nach Wilckens (Arch. f. Pap.-Forsch. I, 24 ff.) Abkürzungen.

C. Gesetze, Edikte, Rechtsbücher.

Druck von Metzger & Wittig in Leipzig.

Kolibri 360 GmbH
Ferdinand-Jühlke-Straße 7
99095 Erfurt, Deutschland
produktsicherheit@kolibri360.de